O poder dos IMPERFEITOS

Dados Internacionais de Catalogação na Publicação (CIP)
(Câmara Brasileira do Livro, SP, Brasil)

Kuylenstierna, Elizabeth
O poder dos imperfeitos / Elizabeth Kuylenstierna ; tradução de Nélio Schneider. – Petrópolis, RJ : Vozes, 2015.

Título do original sueco: Good enough. Bli frân din perfektionism
Título da edição alemã: Mir reicht's! So befreist du dich aus Perfektionismus und Burnout
ISBN 978-85-326-5030-6

1. Autoaceitação 2. Bem-estar 3. Imperfeição 4. Perfeccionismo (Traço de personalidade) I. Título.

15-03717 CDD-158

Índices para catálogo sistemático:
1. Imperfeição humana : Aceitação : Psicologia aplicada
158

ELIZABETH KUYLENSTIERNA

O poder dos IMPERFEITOS

Tradução de Nélio Schneider

VOZES

Título do original sueco: *Good enough. Bli frân din perfektionism*
Traduzido a partir do alemão: *Mir reicht's! So befreist du dich aus Perfektionismus und Burnout*

Direitos de publicação em língua portuguesa – Brasil:
1994, 2015, Editora Vozes Ltda.
Rua Frei Luís, 100
25689-900 Petrópolis, RJ
www.vozes.com.br
Brasil

Diretor editorial
Frei Antônio Moser

Editores
Aline dos Santos Carneiro
José Maria da Silva
Lídio Peretti
Marilac Loraine Oleniki

Secretário executivo
João Batista Kreuch

Editoração: Maria da Conceição B. de Sousa
Diagramação: Sandra Bretz
Capa: Idée Arte e Comunicação

ISBN 978-85-326-5030-6 (edição brasileira)
ISBN 978-3-407-85944-0 (edição alemã)

Editado conforme o novo acordo ortográfico.

Este livro foi composto e impresso pela Editora Vozes Ltda.

Sumário

Introdução

Este livro não pretende dizer que não se deva buscar a perfeição. Ou que nada deva ser perfeito.

Ele trata, na verdade, do perfeccionismo positivo e negativo e ajudará você a acionar o seu perfeccionismo quando realmente precisar dele, em vez de ficar carregando-o por toda parte como uma corda no pescoço.

Meu objetivo é mostrar como você pode lidar com o seu perfeccionismo, e como pode aprender a contentar-se com um "suficientemente bom", levando uma vida mais harmoniosa, com mais sentimento, com uma presença mais intensa no aqui e agora, com mais prazer e menos pressão por resultados.

Eu mesma já fiz essa viagem, levei essa vida "perfeccionista" e desci em todas as paradas. Sei exatamente do que estou falando; há muitos anos me curei disso e estou renovada e livre. E estou muito bem assim!

Agora ajudo outras pessoas nessa estrada. Em minha atividade como *coach*, docente, treinadora de lideranças e locutora, deparo-me com uma boa porção de perfeccionistas que, para minha grande sorte, estão dispostos a aceitar a minha ajuda. Todos eles podem aprender a dizer adeus às exigências que fazem a si mesmos, moderar sua ambição e, quando necessário, ser muito bons no que fazem.

Na cabeça de um perfeccionista tem sempre um macaquinho; aliás, no corpo todo. Para pôr um pouco de ordem nessa mistura de cisma, medo e inquietação, este livro propõe um vasto leque de sugestões interessantes. Providencie para você um bloco de anotações e registre os seus pensamentos por escrito; isto lhe permitirá tirar o maior proveito possível desses exercícios.

Pois de uma coisa eu tenho certeza absoluta: se você treinar viver mais no aqui e no agora – algo que costuma ser muito difícil para perfeccionistas! – você irá adquirir muitos novos conhecimentos, estará em condições de refletir sobre coisas grandes e pequenas, e aprenderá muito sobre si mesmo e sobre os outros. Identificará novas interconexões, novos padrões de comportamento e esquemas mentais e desenvolverá uma consciência mais aguçada com relação a si mesmo, percebendo a si e aos outros com mais curiosidade.

Todas as pessoas que aparecem neste livro são mencionadas apenas com o primeiro nome e na realidade têm outros nomes.

E agora espero que se divirtam com a leitura.

Sejam bem-vindos!

Este livro surgiu no outono de 2008 e foi escrito em Sharm El Sheik, no Egito, no litoral do Algarve, em Portugal e no bairro Södermalm, em Estocolmo.

Elizabeth Kuylenstierna

1
Perfeccionismo

Inspire. Solte o ar. Pense nisto: este momento é o único que você pode ter como certo.

Oprah Winfrey, apresentadora norte-americana.

Se o mundo fosse perfeito, ele não existiria.

Yogi Berra, jogador de beisebol norte-americano.

O que é perfeccionismo?

- Acreditar que nada do que você faz tem valor. Crer que o que você faz nunca é suficientemente bom e que jamais preencherá as suas expectativas nem as dos demais.
- Buscar ser sempre o(a) melhor, sempre corresponder ao seu ideal, sempre vencer. Se o primeiro lugar não estiver garantido, você acha que não vale nem a pena tentar.
- Ter um grande medo de fracassar – pois o fracasso não é, digamos, um evento pessoal singular, mas a prova da sua nulidade como ser humano. Fracassar é inaceitável, é algo só para perdedores.
- Obrigar-se a ser perfeito em todas as esferas da vida.
- Concentrar-se na realização mais que nas pessoas. Cada uma de suas ações está diretamente acoplada a você – você é a soma das suas realizações e não sua personalidade. Isso significa que você mede o seu valor tendo como critério as suas realizações.

A palavra "perfeição" vem do latim e significa completude ou plenitude. Nos dicionários, ela é descrita como expressão de um rigorismo exagerado no trabalho, na higiene, no vestuário e em outros aspectos.

Um perfeccionista é, por definição, uma pessoa que quer ter tudo perfeito em sua vida e à sua volta, que não aceita nem insuficiências nem fracassos e, acima de tudo, não tolera erros em suas próprias ações.

Ele não aceita erros de tipo algum. Sob nenhuma circunstância. Jamais.

Mas o bom-senso nos diz que isso é completamente impossível. Não existe ser humano no mundo que, o tempo todo, faça tudo perfeito em todas as esferas da vida – no trabalho, na família, com os parentes, no amor, nas amizades, nas finanças, no lazer, no desenvolvimento da personalidade, nos cuidados com a aparência, o corpo, a saúde. Tudo sempre perfeito, ininterruptamente, sem deixar nada a desejar, sem cometer erros, sem falta de vontade, dando apenas 70% de si, sem ser incompleto de algum modo.

Essa pessoa não existe. O que é muita sorte!

Sempre é errado querer ser perfeito?

Ou seja, jamais se deve querer atingir um resultado perfeito? A pretensão de dar o melhor de si, de fazer um esforço supremo, de empenhar-se além da conta para atingir seu objetivo é sempre errada? A perfeição é condenável *por definição*?

De jeito nenhum.

Pois quem de nós iria querer ser operado por um neurocirurgião que, uma vez ou outra, tenha tido um desempenho abaixo do extraordinário? Que, mesmo tendo dado o melhor de si, não tenha sido sempre excelente o suficiente para realizar todas as cirurgias com sucesso?

Você tampouco contrataria uma viagem oferecida por um agente de viagens, cuja meta fosse proporcionar aos clientes uma estadia medianamente boa. Ou você encomendaria um parecer técnico sobre infiltrações de água e problemas arquitetônicos a um profissional que inspecionasse apenas metade da casa que você quer comprar?

Não! É claro que você quer receber e fornecer um resultado perfeito e você mesmo quer ter um desempenho perfeito. Porém, nem sempre e nem em todo lugar!

Camila contou-me o seguinte

Tudo na minha vida e no meu entorno tem de ser perfeito e eu não aceito insuficiências nem fracassos.

O dilema das pessoas perfeccionistas

A pessoa perfeccionista estabelece metas impossíveis, cuja realização está totalmente fora da realidade. Ela fracassa porque o empreendimento já era impossível desde o princípio. Esse fracasso suga toda a energia do perfeccionista, seu crítico interior é impiedoso. Ele culpa a si mesmo e isso o leva a sentir-se ainda mais pressionado a apresentar resultados.

Então, para compensar seu fracasso, ele formula uma meta nova com exigências ainda maiores e que está ainda mais fora da realidade do que a anterior.

E, desse modo, o perfeccionista retornou ao ponto de partida e se encontra num beco sem saída.

É o caso da jovem mulher que encontrei em Malmö depois de uma das minhas palestras. Ela padecia de um considerável excesso de peso e há muito tempo já não praticava nenhuma atividade esportiva; em vez disso, sentava-se na frente da televisão e consumia *fast-food*. Mas agora ela queria dar um basta: não aguentava mais o seu sobrepeso e seus problemas de saúde e queria mudar essa situação.

A partir de então tudo seria diferente. Ela iria empenhar-se de verdade, passaria a comer só frutas e legumes, praticaria um esporte, emagreceria e finalmente se tornaria a pessoa que queria ser – pelo menos quanto à sua aparência.

Ela começaria na segunda-feira seguinte. (O que há de tão especial nessas segundas-feiras? Por que não se pode começar algo numa quinta-feira bem normal?)

Portanto, na segunda-feira seguinte, ela começaria a comer saladas, cenouras e carne magra. E praticaria um esporte. Faria um treinamento duro. Ela se inscreveria em todos os cursos possíveis da academia de ginástica: *step*, *body-pump*, *spinning*, dança, e assim por diante. Cinco vezes por semana. Da imobilidade total direto para cinco sessões de treinamento por semana!

Era uma meta absurda.

Isso jamais funcionará, pensei comigo.

Certo, ela já havia tentado muitas vezes! Centenas de vezes e sempre sem sucesso. E toda vez que não conseguia atingir as metas elevadas demais que tinha estabelecido para si mesma, ela havia se punido propondo-se metas ainda mais inalcançáveis. E a cada fracasso ela se afundava ainda mais. No final, não fazia mais sentido continuar tentando. Dava no mesmo se ficasse sentada na frente da televisão assistindo seriados ruins e se entupindo de comida.

Recomendei-lhe que, no início, fosse apenas duas vezes por semana na academia e preparasse comida saudável e integral somente em cinco dias da semana. Se conseguisse manter isso por algumas semanas, ela poderia intensificar: refeições saudáveis seis dias por semana e talvez três atividades na academia. E assim por diante. Para que, dessa vez, ela pudesse ser bem-sucedida. Se no meio do caminho ela tivesse uma recaída e jogasse fora seus princípios, ainda teria a chance de trazê-los de volta novamente no dia seguinte.

E para fazer isso não é preciso esperar até a próxima segunda-feira.

Só o que conta é um resultado perfeito?

É claro que, às vezes, você tem de buscar um resultado perfeito e há circunstâncias em que só contam resultados perfeitos. Os competidores de patinação artística que fazem piruetas, dão saltos ornamentais, girando quatro vezes em torno do seu próprio eixo antes de fazerem a aterrissagem perfeita sobre seus patins – como poderiam eles, os juízes ou mesmo nós, o público, contentar-se com menos do que um desempenho perfeito? Afinal, eles querem ganhar o ouro? Muitos atletas treinam durante meses ou anos pequenos detalhes técnicos para aquele momento único em que tudo tem de dar certo. Pois não é só a técnica que tem de estar apurada, mas também a disposição mental, a alimentação, o preparo físico, a atmosfera e todo o período de preparação devem estar de acordo. Nós, o público, esperamos que os atletas participantes dos Jogos Olímpicos ou dos Campeonatos Mundiais deem o máximo de si. Ficamos na expectativa do salto perfeito ou da corrida perfeita que possam ser repetidos quantas vezes for necessário. Eles próprios exigem isso de si, e seus patrocinadores, treinadores, concorrentes e os organizadores dos jogos esperam isso deles. É assim que são as coisas nas competições de ponta e, se os jovens esportistas quiserem chegar ao topo, precisam buscar a perfeição.

Pois, quem é que se lembra de algum segundo colocado?

Se concordarmos que o perfeccionismo é uma postura que faz sentido em determinadas esferas e para determinados propósitos, devemos aceitar, na mesma medida, que o neurocirurgião, o parecerista e o esportista não chegam a resultados igualmente perfeitos em todas as esferas da sua vida. Quem sabe eles nunca arrumam suas camas? Ou sempre deixam queimar a comida? Eles esquecem datas importantes ou nunca são pontuais? Talvez eles sempre aspirem o pó só da parte central do quarto e nunca tirem o pó da estante mais alta? Ou têm a escrivaninha totalmente desarrumada no escritório?

Alguns dos artistas mais famosos pintaram intencionalmente pequenos erros em suas obras, como, por exemplo, o artista de arte *pop* norte-americano Andy Warhol. Sua intenção foi criar uma imagem da arte que se diferencia do modo tradicional de vê-la.

De fato, para quem é criativo e criador o perfeccionismo pode se tornar um fator de inibição, em vez de uma mola propulsora. Quem busca a imagem perfeita jamais se contentará com um só resultado, e o simples conhecimento disso é uma fonte abundante de estresse.

Há algum tempo li a respeito de um professor que subdividiu aleatoriamente os participantes do seu seminário em dois grupos e os mandou para uma oficina de cerâmica.

Ao grupo 1 foi dito que seu trabalho seria avaliado segundo a qualidade do recipiente confeccionado. Cada um deveria confeccionar o seu.

O grupo 2 foi informado de que seu trabalho seria avaliado segundo a quantidade de sua produção. Os participantes deveriam produzir o maior número possível de recipientes.

A pergunta foi: Qual dos grupos produziu o recipiente perfeito?

O que você acha?

Naturalmente foi o grupo 2!

E por quê?

Seus integrantes cometeram alguns erros durante a confecção e tinham inúmeros exemplares defeituosos. Mas isso os obrigou a descartar o projeto e fazer nova tentativa. Com o passar do tempo, eles reuniram experiências valiosas, muito mais do que os integrantes do grupo 1, que trabalharam nos recipientes obcecados por sua pretensão de perfeição, e assim só conseguiram produzir uma fração.

A prática leva à perfeição.

Perfeccionismo é doença?

Ter padrões de comportamento marcados pelo perfeccionismo não só é inadequado, mas também prejudicial à saúde. Fredrik Saboonchi, que hoje trabalha no Instituto de Pesquisa do Estresse em Estocolmo, escreveu o seguinte em sua tese de doutorado sobre a inter-relação entre perfeccionismo e sintomas patológicos: ocorrem angústias, raiva, cansaço, tonturas, dores de cabeça, febre, resfriado, alergias, perturbações do sono, estafa, alcoolismo e perturbações digestivas.

Mas o perfeccionismo não acarreta só problemas físicos; ele contribui também para a deterioração dos laços sociais, a diminuição do limiar do estresse, o estresse mental e uma piora do estado geral. "Quando erros passados ficam nos roendo por dentro e nos fazem duvidar de nós mesmos e recriminar-nos, isso prejudica consideravelmente nossa capacidade de desempenho. Nesse caso, há um grande risco de que o medo nos leve a um estado de passividade que acaba em esgotamento", diz Fredrik Saboonchi numa entrevista para a revista sueca *Icakuriren*.

Muitos pesquisadores pensam que o perfeccionismo deveria ser classificado como transtorno psíquico, a exemplo de transtornos obsessivo-compulsivos e outros transtornos da personalidade, por igualmente levar ao estresse mental e a disfunções. "Os perfeccionistas infernizam não só sua própria vida, mas também a das pessoas com quem convivem", diz Gordon Flett, professor de Psicologia da Universidade York, de Toronto, Canadá. Ele idealizou o modelo das três facetas, no qual classifica as pessoas perfeccionistas em três tipos:

1) **O perfeccionista orientado para si mesmo** busca o perfeccionismo pessoal, com exigências elevadíssimas para si mesmo, e corre o risco de cair em fases depressivas por causa de sua exagerada autocrítica. Essas pessoas conseguem se sair bem enquanto o nível de estresse estiver baixo, mas, no momento em que algo der errado, elas terão dificuldades. A motivação para a busca do perfeccionismo é a exigência feita a si mesmo de ser perfeito. Esse grupo constitui a maioria das pessoas perfeccionistas e apresenta a maior parte das doenças relevantes para o estresse como depressões, perturbações digestivas, estafa, cardiopatias e outras.

2) **O perfeccionista orientado para outras pessoas** exige quase fanaticamente a perfeição de seu entorno e, desse modo, frequentemente destrói as relações com as pessoas com as quais convive. Quem convive com esse tipo de perfeccionista não vive em um mar de rosas, pois essa pessoa nunca fica contente com o desempenho das demais. Isso prejudica a sexualidade e os relacionamentos com frequência se caracterizam por muita raiva e alto potencial de frustração.

3) **O perfeccionista socialmente determinado** vive acreditando que os outros exigem perfeição dele e tenta desesperadamente corresponder a todas as expectativas. Esse comportamento pode suscitar ideias de suicídio, angústias, estafa, animosidade e perturbações digestivas. A esse tipo pertencem muitos indivíduos orientados no desempenho, os quais, nos piores casos, desenvolvem traços autodestrutivos, adiam tudo (procrastinadores), dão todo tipo de desculpas, tematizando e problematizando suas realizações. Em vez de encarar as situações, eles têm sempre centenas de desculpas na ponta da língua para explicar por que algo não funcionará.

Os diferentes tipos têm problemas e opiniões diferentes; o que eles têm em comum é um padrão de comportamento profundamente arraigado. Nenhum deles demonstra um interesse especialmente pronunciado em identificar o problema, buscar auxílio e modificar seu comportamento. Isso, mesmo que existam muitas possibilidades de libertar-se do seu perfeccionismo – por mais forte e renitente que ele seja!

Na opinião de Gordon Flett, o perfeccionismo tem consequências consideráveis que geram problemas significativos para as relações interpessoais e a vida sentimental e podem levar a estresse mental, depressões, perturbações digestivas e até a ideias de suicídio.

O desejo de alcançar desempenhos perfeitos em uma ou mais esferas da vida é totalmente normal, mas quando esse desejo se estende a todas as esferas – trabalho, casa, aparência, lazer –, surgem problemas graves, diz Flett.

Ele descreve *o perfeccionista socialmente determinado* como uma pessoa muito insegura, que tem a seguinte mentalidade: *quanto mais perfeita for minha atuação, tanto maior a perfeição que os demais esperam de mim*. Nesse caso, uma grande dose de estresse se associa a uma enorme frustração, porque o próprio perfeccionista entrou num beco sem saída.

Em contraposição, *o perfeccionista orientado para outras pessoas* tem maiores dificuldades com seus relacionamentos do que consigo mesmo. Colegas, amigos e familiares são confrontados com expectativas exageradas, o que pode levar à destruição dos relacionamentos. Apresentar exigências desmedidas ao próprio parceiro ou à própria parceira pode causar grandes problemas. (Você pode ler mais sobre isso nos capítulos "Ah, é o amor", "Parentes: maldição ou bênção?" e "Existe a amizade perfeita?")

Pressão por um bom desempenho

Como já foi dito, o perfeccionista concentra toda a sua energia no desempenho. E os efeitos colaterais mais frequentes são pressão pelo bom desempenho e angústia. A atenção é direcionada quase exclusivamente para fora, para o entorno, em vez de para dentro, para o próprio eu. O juízo e as opiniões dos demais se revestem de imensa importância, pois: "O que as pessoas vão dizer?"

A pessoa perfeccionista não se cansa de ressaltar a sua própria excelência e está constantemente sinalizando o quanto ela própria é perfeita ou que o que ela faz é perfeito, e o quanto são grandiosas as suas realizações. Isso, porém, significa transformar a vida em uma competição sem fim – na qual só o que conta é a vitória e o mais importante sempre é atingir um desempenho melhor do que o de todas as outras vezes. E assim sucessivamente.

Bárbara contou-me o seguinte

Uma das minhas colegas passa o tempo todo fazendo viagens longas e caras para lugares exóticos e, sobretudo, faz isso com uma frequência muito maior do que todas nós poderíamos custear. É totalmente indiferente que destinos escolhemos ou que viagem descrevemos: ou ela já esteve lá ou está justamente planejando uma para aquele lugar que superará tudo o que houve antes. Às vezes suspeito que ela está mentindo, que só está inventando aquilo tudo ou assim que sai do trabalho corre para a agência de viagens para contratar alguma coisa, só para não parecer que foi passada para trás. É como se ela não conseguisse suportar a ideia de que alguém pode ser melhor que ela.

Bárbara e suas colegas estão cheias da eterna competição de sua colega. Ela está o tempo todo buscando afirmação, mas a sua necessidade propriamente dita, a necessidade que está na base do seu comportamento, é ser vista como ela é, sem dissimulação, com todos os pontos fracos e pontos fortes, qualidades e estados de ânimo – independentemente de planos de viagem e outras realizações.

A pessoa perfeccionista evita de toda maneira as situações em que não conseguiria posar como perfeita. Desculpas, recusas, mudança de planos, muita coisa para fazer – tudo é melhor do que ter de suportar uma derrota.

Daniela contou-me o seguinte

Fora dos turnos de trabalho evito todo e qualquer contato pessoal e todas as atividades com as minhas colegas. Não consigo suportar o caraoquê porque canto tudo errado, nem participar de um jogo com duas equipes e possivelmente acabar na equipe perdedora. Isso simplesmente está fora de cogitação para mim. Por isso, quando minhas colegas saem para essas coisas, digo que estou viajando, que estou doente, que tenho de fazer horas extras ou que tenho outros planos.

TUDO tem de ser resolvido 100%, com total engajamento e meticulosidade. Menos que isso não é aceitável, 99% nem é cogitado. É claro que para o perfeccionista é tanto mais frustrante quando fica evidente que as pessoas que chegam mais longe, as que realmente alcançam suas metas e geralmente conseguem os melhores resultados, são aquelas que têm metas grandiosas, mas não se rasgam por elas. Essas pessoas estão cientes de que sobreviverão a um insucesso.

A culpa é da sociedade?

Algumas teorias dizem que foi a nossa era que fez surgir e conserva o perfeccionismo ao nos sugerir que temos de ser perfeitos e que, para ter sucesso, só podemos realizar coisas perfeitas. Devemos fazer isso não só em função da nossa carreira, mas também porque o perfeccionismo é visto como algo desejável.

No entanto, geralmente ocorre o inverso: o perfeccionismo e uma pronunciada necessidade de ter tudo sob controle bloqueiam o caminho e obstaculizam a trajetória até o sucesso.

Acontece que, quando se extrapola a busca da perfeição, seu efeito contraria o objetivo original e pode se tornar até mesmo prejudicial à saúde. Isso é um grande dilema, até porque o perfeccionista se orgulha especialmente de jamais se contentar com menos do que o melhor. A conhecida cantora Christina Aguilera estava em estado avançado de gravidez quando começou a ser criticada de todos os lados por manter um ritmo de trabalho que não condizia com o seu estado. Ela, porém, mandou anunciar que, por ser uma pessoa perfeccionista e não querer desapontar seus fãs, não cancelaria nenhum dos *shows* planejados.

Mais alguns resultados de pesquisas

No caso do perfeccionismo, o que está em jogo é tudo ou nada. Na Universidade Curtin de Tecnologia, na Austrália, foi feita uma pesquisa com 256 participantes, os quais tiveram de responder várias perguntas sobre o tema "perfeccionismo". Eles foram confrontados com 16 afirmações diferentes, como, por exemplo: *sou alguém que tem tudo sob controle* ou *que não tem nada sob controle*, ou: *sou alguém que não tem problemas para relacionar-se com outras pessoas* ou *que tem grandes problemas para relacionar-se com outras pessoas*. O resultado foi que as respostas mais claras vieram dos participantes que olhavam tudo conforme as categorias do preto ou branco, do "ou isto ou aquilo", do tudo ou nada. Quanto mais explícita a postura *do tudo ou nada*, tanto mais extremos eram em seu perfeccionismo. E isso tinha um efeito extremamente negativo sobre sua saúde.

Na Universidade de Strathclyde e na Universidade de Leeds os pesquisadores também descobriram coisas interessantes. Em seus trabalhos sobre o perfeccionismo, os psicólogos britânicos Rory O'Connor e Daryl B. O'Connor revelaram um nexo evidente entre a sensação de falta de esperança e o estresse psíquico entre os estudantes. No caso das pessoas testadas, uma boa dose de perfeccionismo andava de mãos dadas com a tendência a evitar os problemas como uma espécie de estratégia de solução. Em contraposição, entre os estudantes que tinham uma postura positiva em relação ao perfeccionismo e que também sabiam lidar com um revés não havia sinais de estresse psíquico.

No que se refere ao comportamento obsessivo-compulsivo e a neuroses obsessivo-compulsivas, uma mesa desarrumada pode desencadear sintomas patológicos num perfeccionista. A simples cogitação de deixar uma tarefa por fazer causa mal-estar físico na pessoa implicada. Para ela é uma obviedade investir várias horas de trabalho adicional numa tarefa para que esta seja resolvida do modo mais perfeito possível e que se chegue o mais próximo possível do ideal.

No decorrer do meu trabalho neste livro, ouvi falar de muitas coisas. De pessoas que chegaram a passar suas listas de compras do supermercado até vinte vezes a limpo, até que elas parecessem organizadas e sem erro, escritas com letras bem proporcionadas, em linhas equidistantes e em conjuntos logicamente organizados! Fiquei sabendo de mulheres que se maquiam cuidadosamente; porém, se um traço sai mal, removem tudo e recomeçam do início. Pois elas querem maquiar um olho igual ao outro, colocar em ambas as pálpebras exatamente a mesma quantidade de sombra e traçar com precisão o contorno dos lábios – se isso não dá certo, é preciso recomeçar tudo do início!

Então, se o penteado não ficar bom, se o secador for mal aplicado ou o cabelo não tiver o caimento perfeito, será preciso lavá-lo novamente e recomeçar tudo da estaca zero.

Isso faz com que o ritual de cuidados matinais exija várias horas. Todos os dias!

O que a maioria das pessoas nem percebe é para a pessoa perfeccionista um fracasso completo, que ela não consegue aceitar nem tratar com indulgência.

O perfeccionismo nunca é adequado!

É o que diz o professor de Psicologia Paul Hewitt sobre o perfeccionismo, quando alguém afirma que às vezes seria até bem prático querer fazer algo perfeito e, assim, atiçar sua ambição para atingir uma meta elevada.

Há mais de vinte anos ele está ativo no campo da pesquisa do comportamento, entre outros, a exemplo do já mencionado Gordon Flett. Hewitt é de opinião que nenhuma forma de perfeccionismo está isenta de problemas – independentemente de tratar-se do emprego e da carreira ou do lar, do lazer e dos relacionamentos. Ele ressalta a diferença entre querer ser o melhor – como no caso da competidora de patinação artística – e o desejo de ser perfeito.

Em entrevista a uma revista norte-americana, Paul Hewitt disse o seguinte: "Um dos meus pacientes foi um jovem estudante deprimido que havia estipulado para si mesmo a meta de atingir a pontuação mais alta em certo curso. Ele trabalhou duro para isso e superou todos os participantes do seminário. Depois disso, porém, ele sentiu uma pressão ainda maior e chegou a ter ideias de suicídio. Por quê? Ele interpretou o resultado como uma derrota grave devido à quantidade de trabalho duro que necessitara para conseguir a referida nota".

Como posso relaxar? – A história de Carlos

Dar o melhor de si para resolver uma tarefa é algo bem diferente de viver em constante angústia diante da possibilidade de cometer um erro.

> Tenho dificuldades incríveis para relaxar, embora eu saiba perfeitamente que sou um dos melhores no meu trabalho. Porém, vivo em constante angústia diante da possibilidade de cometer um erro. Essa angústia paira sobre mim como uma nuvem escura e me persegue por toda parte.

É como se sente Carlos, que é conselheiro de investimentos e administra as ações e o dinheiro dos seus clientes. Seu perfeccionismo o incomoda, mas ao mesmo tempo ele tampouco pode assumir uma postura indiferente em relação aos investimentos dos seus clientes.

Uma decisão errada pode custar caro. Nesse caso, é preciso aprender com os erros, não levar nada para o lado pessoal e, no dia seguinte, comparecer novamente ao trabalho. Porém, Carlos se submete a uma pressão terrível, todo dia, ano após ano. No pouco tempo livre de que dispõe, ele vai a uma academia de ginástica, joga tênis, frequenta um bar com amigos, tenta arranjar uma namorada e cultiva seu grande interesse por decoração de interiores e *design*.

Quando Carlos deixa a sua escrivaninha no final do dia, é como se ninguém tivesse estado ali de tão limpa e arrumada que ela fica. Ele quer ordem, tudo deve estar no seu lugar. Em casa é a mesma coisa, os ternos organizados por cores nos cabides, as meias, os cintos, as camisas e os sapatos – seu guarda-roupas convencional mais parece uma butique exclusiva de moda masculina.

> Não tenho a menor dúvida de que sou capaz de exacerbar o meu lado perfeccionista a ponto de adoecer. Sofro de taquicardia, às vezes tenho transtornos do sono e problemas estomacais, sobretudo quando bebo algo ou como alguma coisa mais apimentada. Mas como eu poderia diminuir o ritmo? Do jeito que a minha vida está no momento, não há espaço para isso.

Há muitos anos Carlos usa o perfeccionismo como postura de vida, o que quer dizer que tudo o que ele faz tem de ser perfeito. Contudo, se usasse o perfeccionismo como instrumento a ser aplicado aqui e ali, ele descobriria o quanto ele é útil e proveitoso.

> Mas como, diabos, se faz isso?

Para Carlos vale o seguinte lema: tudo ou nada. "Suficientemente bom" é para os outros. Eu, porém, sou de opinião que Carlos pode apropriar-se de outra postura, do mesmo modo que treinou durante toda a sua vida para fazer tudo perfeito. Ele pode aprender a ser suficientemente bom. E isso vai funcionar.

Entretanto, para libertar-se de modo duradouro do seu perfeccionismo, não é suficiente fazer de conta que se libertou. É preciso que Carlos se construa a partir de dentro, que aprenda a aceitar-se e amar-se assim como é. Ele precisa reforçar sua autoestima, tomar suas próprias decisões e não tornar-se dependente das reações e opiniões do seu entorno. Só então ele poderá se desfazer da sensação de que seu desempenho sempre tem de ser de primeira.

Pequenos passos, grandes mudanças.

Quando Carlos der um basta, quando ficar saturado do seu comportamento, ele dará início ao processo e trabalhará em si mesmo. Ele se ocupará com sua evolução pessoal. Porém, a dor deverá ser suficientemente grande para que ele esteja pronto para uma mudança dessas. Ou o prazer que o espera na outra ponta deve ser suficientemente promissor!

A chave para a mudança é a decisão por um perfeccionismo positivo ou por um perfeccionismo negativo!

Os pesquisadores costumam falar de perfeccionismo negativo e positivo e elogiam essa classificação para não nos intimidar totalmente, para que tenhamos coragem de aplicá-la quando as circunstâncias o exigem.

Eles associam ao conceito do perfeccionismo negativo, por exemplo, exigências elevadíssimas fora da realidade, um rigor implacável consigo mesmo e com os demais e a exclusão de derrotas. O perfeccionismo positivo, pelo contrário, implica a ideia grandiosa e a expectativa elevada, mas associada com a capacidade de perseguir a meta sem angústia nem perturbação, de admitir erros para si mesmo e aprender com eles. E sobretudo não buscar a perfeição em todas as esferas ao mesmo tempo.

O que caracteriza o perfeccionista *negativo*

- **Ele faz a si mesmo exigências extremamente elevadas e fora da realidade.** Desse modo, sujeita-se a um rigoroso conjunto de regras e se pune quando não consegue levar alguma coisa até o fim.
- **Ele faz exigências desmedidas às pessoas com as quais convive.** Muitas vezes o próprio perfeccionista nem tem clareza sobre isso. Sua postura em relação ao seu entorno é extremamente crítica e exigente.
- **Ele nutre expectativas exageradas em relação a si mesmo.** Isso geralmente leva a grandes decepções e questionamentos aflitivos:

Como pude ter um desempenho tão ruim? Isso é destrutivo e expõe o perfeccionista ao estresse mental.

- **Também em relação aos que o rodeiam ele nutre expectativas exageradas (geralmente não verbalizadas).** E justamente isso muitas vezes é o ponto crucial: as expectativas não são comunicadas – e, por isso, não podem ser cumpridas!
- **Ele julga precipitadamente.** Isso está baseado numa mentalidade normativa rígida que trata preconceituosamente todas as pessoas e todos os fenômenos que não estão em conformidade com essa sua norma.
- **Ele se apega incansavelmente a proteger sua imagem.** Deus o livre de que alguém consiga perceber um erro ou um ponto fraco!
- **Ele não aceita seus erros ou derrotas.** Quando o perfeccionista incorre num erro, isso significa que ele perde seu valor como pessoa, dado que ele não faz diferença entre realização e autoestima. O ditado "errar é humano" não faz parte do repertório de um perfeccionista.
- **Não perdoa os seus próprios erros.** Ele se aflige, fica remoendo, pensando, pensando, pensando, e desenvolve estratégias para a próxima vez.
- **Tem um medo terrível de cometer erros e sofrer derrotas.** E isso o leva a restringir-se enormemente em seu desenvolvimento pessoal e em seu crescimento psíquico.
- **Ele tem um espírito muito competitivo.** O único problema é que toda competição precisa ser ganha.
- **Não consegue suportar a ideia de ter um desempenho pior do que o dos outros.** Dado que um perfeccionista exige de si nada menos que resultados de ponta, é impossível para ele chegar em segundo lugar.
- **Ele não consegue suportar a ideia de não ser aceito pelos outros.** O reconhecimento por parte dos que o rodeiam é essencial para o perfeccionista. Ser perfeito lhe assegura um lugar na comunidade.
- **Ele jamais pede ajuda.** Isso equivaleria a mostrar alguma fraqueza, coisa que um perfeccionista não faz. Jamais.
- **Está sempre à caça de erros.** O perfeccionista praticamente tem a compulsão de se manifestar quando alguém comete um erro. Afi-

nal de contas, o certo é o certo. Ele não permite que ninguém passe despercebido ao errar. Além disso, ele próprio fica numa posição um pouco melhor quando alguma outra pessoa cometeu um erro.

- **Só há uma alternativa: tudo ou nada.** Preto ou branco, ganhar ou perder. A vida não prevê tons de cinza, não prevê nuanças. O perfeccionista prefere deixar passar uma boa oportunidade do que fazer algo pela metade.
- **Tem muito medo de cometer um erro diante dos demais, ficar de cara no chão e passar vergonha.** Por isso, ele se esquiva de jogos em público e exercícios improvisados, tem pavor de cursos e surpresas em que não pode controlar a situação.
- **Tem grandes dificuldades com a perspectiva e a distância.** Quando um autor perfeccionista recebe nove resenhas positivas e uma única negativa, o que conta para ele é exclusivamente a negativa, que faz com que desmereça o seu livro e crie nele uma grande resistência a sentar-se novamente à escrivaninha. Ou no caso de um funcionário que, na entrevista de avaliação com a chefia, é cumulado de louvores e elogios, mas, no final, escuta um comentário secundário e irrelevante que recai sob a categoria da crítica: nesse momento, todo o louvor some como que por encanto e o funcionário deixa a sala com um gosto amargo na boca. E passa a concentrar-se só na crítica.
- **Ele supervaloriza os "deveria, teria de, poderia"**, em vez de refletir sobre o que realmente quer. Os muitos "deveria, teria de, poderia" sufocam o perfeccionista e a consciência pesada o envolve como uma coberta molhada, puxando-o para baixo. Pesando toneladas. Depois de algum tempo ela começa a cheirar mal. Não há mais lugar para a vontade própria, para os sonhos, os desejos e as visões; eles são banidos para o recanto mais escuro de sua alma.
- **Nada o deixa contente.** Isso porque um perfeccionista sempre pode ser mais, melhor, mais rápido, mais bonito, mais alto, maior, mais profissional, e assim por diante.
- **Ele não comemora seus sucessos.** Ele se concentra tão somente no que não correu 100%, em vez de comemorar o que saiu bem.

O que caracteriza o perfeccionista *positivo*:

♥ **É verdade que ele faz exigências elevadas, mas não fora da realidade.** Suas exigências a si mesmo e aos outros são altas, mas factíveis. Desde o início, a meta é realizável, porque as exigências não são altas demais. Por exemplo, um atleta que, via de regra, corre 10km em 50min propõe-se a fazê-lo em 49min. A meta, portanto, é realista; não se escolhe de início a meta de 45min, embora isso possa vir a ser o resultado final.

♥ **Seu pensamento é bem mais nuançado.** O perfeccionista positivo subdivide seu percurso até a meta em muitas etapas individuais, obtendo, desse modo, uma distância maior e uma perspectiva mais adequada em relação ao seu propósito. Isso faz com que ele visualize mais facilmente a totalidade do projeto e suas interconexões. Ele tem consciência dos inúmeros tons de cinza que há entre o branco e o preto!

♥ **O percurso até a meta é prazeroso.** O que conta não é só alcançar a meta, não é só o resultado; por isso, o perfeccionista positivo encontra muito mais prazer no caminho até ela.

♥ **Ele consegue perdoar seus erros e aprender com eles.** Ele os compreende como eventos singulares que estão ligados às circunstâncias, encarando-os como oportunidades para aprender.

♥ **É capaz de separar desempenho e personalidade.** Sua autoestima não é ameaçada por um possível fracasso.

♥ **Não perde a calma facilmente**, mas parte do pressuposto de que para tudo há uma solução.

♥ **Consegue transitar entre a busca por um resultado perfeito e o sentimento de já ter feito o bastante.** E poupa sua energia e concentração para aquele momento em que realmente tudo está em jogo, o que nem sempre é o caso.

♥ **Possui um distanciamento saudável em relação a si mesmo.** E não dá tanta importância a si mesmo, o que aliás facilmente pode levar a superestimar-se.

Você se identifica em alguns dos pontos recém-citados? Você tende mais para ser um perfeccionista positivo ou se encaixa mais entre os perfeccionistas negativos? Se você tiver marcado mais pontos na lista do perfeccionista negativo, é hora de ocupar-se seriamente com a questão.

O perfeccionismo negativo não é um método capaz de prometer êxito, ao passo que o perfeccionismo positivo pode muito bem sê-lo. Eu mesma utilizo o perfeccionismo como um método, uma ferramenta. Quando escrevi este livro, naturalmente quis que ficasse tão bom quanto possível. Quis entregar um manuscrito fluente e compreensível. Pretendia que muitas pessoas lessem o livro e gostassem dele, mas, acima de tudo – e provavelmente isto é o mais importante –, que o encarassem como uma inspiração para melhorar sua qualidade de vida.

Anteriormente eu teria verificado tudo duas e até três vezes e trabalhado abnegadamente para atingir um resultado perfeito. Hoje vejo isso de outra maneira: fui eu que escrevi estas páginas, que contêm minhas ideias e vivências, experiências e conhecimentos, e será motivo de alegria para mim se elas forem do seu agrado, caro leitor e cara leitora. Porém, se não for esse o caso, não deixarei que isso me atinja pessoalmente. Distanciei-me suficientemente disso. E posso assumir este livro mesmo que ninguém queira tê-lo ou comprá-lo, mas tirarei desse fato a lição para meu próximo projeto, pois, se fizer isso, meu trabalho, não obstante, terá sido proveitoso.

De onde vem o perfeccionismo?

Como ocorre com a maioria dos estados psíquicos, temos de examinar primeiro o núcleo do comportamento antes de poder mudar qualquer coisa nele. Como pode haver pessoas que pensam seriamente que seria possível ser a melhor sempre e em todas as esferas da vida?

Caro leitor, quantas vezes você ouviu, quando criança, que foi bom menino e esforçado ao realizar algo? Quantas vezes foi elogiado quando entregou ou alcançou algo? Quanto maior a realização tanto maior foi o elogio?

O que pode ter acontecido é que você aprendeu a medir o seu valor com base (1) em suas realizações e/ou (2) no elogio dos outros. Isso nem é tão complicado: realização – elogio – contentamento e valorização, mais realização – mais elogio – mais contentamento e valorização. E acabou se tornando um viciado em elogios?

O que mais padece sob a dependência emocional da afirmação e do louvor dos demais é a sua autoestima. E ela é fundamental e absolutamente essencial para viver bem, em harmonia consigo mesmo e com o seu entorno. (Ver mais sobre isso no capítulo "Autoestima = necessidade vital".) A baixa autoestima torna você vulnerável e suscetível sobretudo a opiniões e críticas de fora. Um mecanismo de defesa muito compreensível e uma medida preventiva consistem – exatamente! – em ser perfeito!

Desde o dia do seu nascimento você é avaliado: não importa se é o primeiro olhar dos parentes quando você ainda está no berço, dizendo como é fofo, ou a observação elogiosa de que você começou a engatinhar ou comer com a colher bem cedo, trata-se de avaliações. Porém, você não é só avaliado, mas também constantemente corrigido: segure a colher direito, trate os estranhos com cortesia, sente-se direito à mesa e fale corretamente.

No decorrer dos anos, essas avaliações e correções tornam-se cada vez mais importantes. Na escola, recebe-se notas, mais tarde você tem de afirmar-se na vida profissional, é avaliado em entrevistas de emprego ou avaliações funcionais: quando conhece alguém, no seu entorno social, pelo sogro e pela sogra e na escola como pai e mãe. E o tempo todo paira sobre tudo a fórmula de que você tem de realizar algo para obter reconhecimento.

Se suas realizações não forem suficientemente boas, você receberá notas mais baixas. Se não se esforçar o suficiente, receberá uma advertência e, depois disso, dependendo das circunstâncias, será despedido. Se você não for suficientemente interessante, ele ou ela não retornará a ligação. E assim por diante.

Tarefa 1

Quais foram as avaliações e os juízos de valor que chegaram aos seus ouvidos no decorrer da sua vida?

Registre por escrito suas ideias sobre isso.

Na opinião de muitos pesquisadores, o perfeccionismo surge no contexto social do indivíduo porque já como crianças somos confrontados com exigências muito elevadas. Surge a pressão para realizar algo e, ademais, realizá-lo de modo perfeito. Essa pressão é gerada por pai e mãe, escola, associação e outros contextos sociais e reforçada pelos meios de comunicação e pela sociedade. Se pai ou mãe, pois um só é suficiente, for perfeccionista, o risco é grande de que esse comportamento seja transmitido para a próxima geração, visto que pai e mãe, como não poderia deixar de ser, possuem uma função educadora em relação às suas crianças.

A esmagadora maioria dos pais e das mães só querem o melhor para suas crianças; querem que sejam bem-sucedidas, felizes, possam realizar seus sonhos e ter uma vida boa. Porém, quando pai e mãe fazem muita pressão, incitam demais e querem demais, conseguem o exato oposto – a criança não será feliz, mas infeliz, sentindo-se abandonada, insegura, insatisfeita e se encontra sob constante pressão.

Pesquisas revelaram que crianças que experimentaram afirmação e reconhecimento unicamente por suas realizações e jamais por suas qualidades pessoais correm maior risco de se tornar *workaholics* (viciadas em trabalho). Pois elas crescem acreditando que só o que conta é trabalho duro, bom desempenho e resultados. Que não é suficiente ser uma pessoa empática, calorosa e terna que mostra e recebe em troca amor e respeito.

Nenhum pai e nenhuma mãe defenderiam seriamente o abuso de álcool, nicotina ou outras drogas, nem o abuso de sexo e relacionamentos. Porém, o abuso de realizações e elogios possui exatamente a mesma gravidade – no plano psíquico – e é muito mais disseminado! É verdade que a quantidade dos que morrem em virtude das drogas é bem maior, mas os viciados em elogios também morrem mais cedo. As causas da morte nesses casos geralmente são as doenças relacionadas com o estresse e suas consequências.

Mesmo que no futuro a pesquisa venha a constatar que o perfeccionismo é geneticamente condicionado, a responsabilidade pelo modo como se constituirá a sua vida e pelo impacto que seu perfeccionismo poderá ter nela ainda será sua.

As consequências do perfeccionismo

Baixa autoestima

Se você nunca consegue se sentir bem, certamente lhe faltarão o respeito próprio e o apreço por si mesmo, o que fará com que sua autoestima seja baixa. Nem as suas realizações nem você como pessoa serão suficientemente boas.

Amargura

Cíntia contou-me o seguinte

Passei quase toda a minha vida como perfeccionista e, quanto mais me liberto disso agora, tanto mais fica claro para mim quanto tempo desperdicei com coisas irrelevantes. Tomar ciência disso é terrível.

Se você estiver constantemente incitando a si mesmo e ao seu entorno a uma perfeição cada vez maior, mas não consegue atingir suas metas – por estarem totalmente fora da realidade desde o começo –, isso rapidamente levará à amargura. Você reconhece o quanto investiu em algo que acaba não saindo como esperava. Uma vida cheia de amargura é oprimente, cinzenta, quase preta e cheia de restrições. Nela, a camisa está abotoada até a gola, o ar é exíguo e não existe felicidade nem alegria.

Culpa

Se você culpar as pessoas com quem convive por falta de atenção e a si mesmo por negligência, porque suas realizações não foram perfeitas, os sentimentos de culpa se infiltram pela porta dos fundos. Culpa e vergonha pesam muito na bagagem que você carrega consigo e vão ficando tanto mais pesadas quanto mais tempo ficarem ali sem ser processadas.

O perfeccionista também sente culpa por considerar-se responsável por todos os relacionamentos interpessoais e fracassar nessa tarefa que está acima de suas forças. O que resta no final é apenas uma interminável consciência pesada.

Inveja

Quando você está inseguro e tem a sensação de ter sido abandonado no mundo, naturalmente é difícil desejar de coração que as outras pessoas tenham sucesso. Você fica com inveja quando alguém apresenta um bom desempenho, que você mesmo queria ter logrado apresentar.

Porém, quando tem boa autoestima e se sente interiormente seguro, é capaz de alegrar-se com as pessoas com quem convive e, quando muito, perguntar como foi que elas conseguiram fazer aquilo. Porém, como perfeccionista você não é capaz de tanta generosidade; há muita coisa impedindo isso: a eterna comparação, sua baixa autoestima, a pressão pelo bom desempenho e a autocrítica.

Pessimismo

Como o seu ideal é inalcançável em princípio, ele tampouco pode ser realizado na prática. Quando você toma ciência disso, sucumbe ao pessimismo. E como você é alguém com grande autocontrole, não há espaço para otimismo.

Depressão

A pretensão de atingir sempre o resultado máximo consome uma incrível quantidade de energia. E como as condições para atingir suas metas ficam cada vez mais raras, você acaba se perdendo em pensamentos destrutivos que o deixam abatido.

Autocrítica

Se sua meta for ser perfeito em tudo que faz e realizar tudo com perfeição, não é de se admirar que você seja muito autocrítico. Há situações em que a autocrítica é útil e proveitosa, como quando se necessita ganhar maior distância em relação às coisas e examinar-se a partir de fora para aprender com isso e aperfeiçoar-se. Em contraposição, andar sempre com uma postura autocrítica básica não configura uma existência especialmente agradável e apreciável. Sobretudo porque você não é capaz de apropriar-se de novas capacidades, mas se despreza e pune por seus erros e defeitos.

Inflexibilidade

A mania que tem de controlar tudo e sua atitude em relação a si mesmo e à sua vida o tornam inflexível. Você tem dificuldade de ser espontâneo, não mostra abertura para propostas inesperadas, impulsividade ou soluções novas.

Pressão por um bom desempenho

Perfeccionistas gastam como ricos quando se trata de realizações, mas passam fome como pobres quando se trata de alegrias. Realizações são praticamente a única coisa que interessa no perfeccionismo: realização, realização, realização, para que todos possam ver o que se conseguiu. Meramente pensar na possibilidade do fracasso já provoca medo, medo de não corresponder às suas próprias expectativas ou o que você imagina serem as expectativas dos outros.

Mania de controlar

Você, sendo perfeccionista, tem grande apreço por detalhes; por isso, quer ter o controle de tudo e não acredita que os outros consigam fazer as coisas do jeito certo, ou seja, do seu jeito. Sua mania de controlar é tão pronunciada que você tem de controlar e verificar tudo duas e até três vezes para inclusive conseguir funcionar. O motor da mania de controlar é o desejo de eliminar todo e qualquer risco de falhar, pelo que, caso acontecesse, você seria responsabilizado.

Falta de motivação

Se de qualquer modo é impossível, por que eu deveria tentar? Você perde imediatamente a motivação por um projeto, quando no seu íntimo já brotou a certeza de que não conseguirá realizá-lo.

Ausência de autoconfiança

Como você nunca logra atingir sua meta irrealista, rapidamente perde a confiança em si mesmo, em suas capacidades e em sua competência.

Ideias obsessivo-compulsivas

Você organiza a sua vida com o auxílio de padrões inflexíveis, rotinas, estruturas rígidas, sendo forçado a repetir cada padrão sempre da mesma maneira, observar toda e qualquer regra, por mais rigorosa que seja. Desse modo, você mantém sua vida em ordem. Desordem = nem pensar!

Raiva

Dado que uma pessoa perfeccionista jamais sente algo como satisfação, acumulam-se no seu interior sentimentos como irritação, insatisfação e ira, os quais crescem e formam uma raiva imensa. E esta, em intervalos regulares, procura sair do corpo humano, como ocorre com um vulcão, ocasionando violentas explosões de raiva. Se, em vez disso, conseguirmos nos sentir suficientemente bem e alcançar harmonia interior, deixaremos de alimentar a raiva.

Tarefa 2

Que efeitos teve na sua vida até agora o seu perfeccionismo ou o das pessoas com quem você convive?
Registre por escrito suas ideias sobre isso.

Há um ditado inglês com que se conclama o próximo a mostrar sua verdadeira personalidade e acabar com o pânico de uma derrota: Faça o pior possível! Faça como quiseres! Não se esforce demais!

Se você puder suportar uma ou outra vez não fazer muito esforço, então o "suficientemente bom" dará uma sensação muito boa!

2
Minha viagem

Primeira parte

A dor é insuportável.

Minhas pernas cedem sob o meu peso e, no último momento, consigo amortecer com as mãos a queda do meu corpo no chão. Instintivamente levo as mãos ao estômago, como tantas vezes no último ano. Minha respiração está curta e entrecortada.

As vozes na grande sala de redação vão se tornando abafadas e sem nitidez. Fecho os olhos e, quando torno a abri-los, vislumbro vultos difusos inclinados sobre mim e me amparando.

Respira, respira. Respiração curta, brusca, entrecortada. Falta-me o ar, tento respirar ainda mais freneticamente, e a respiração se torna mais difícil. Cambaleio entre consciência e inconsciência, como se minha vida fosse uma sequência de imagens fragmentadas.

A dor é insuportável. Ela absorve toda a minha energia. Ela não se situa, como nas outras vezes, entre os quadris e o peito, no abdômen, nos flancos e nas costas. A dor tomou conta de todo o meu corpo; ela está em toda parte; não há começo nem fim.

Pelo canto dos olhos vejo a minha filha mais velha, naquela época com cinco anos, abraçando firmemente seu animalzinho de estimação preferido, um coelhinho. Em seus olhos transparece a pura angústia e nada consigo fazer para acalmá-la. Não consigo respirar e tudo à minha volta fica escuro.

Segue-se uma odisseia pelas ruas de Estocolmo em meio ao trânsito do fim de expediente. Faltam só três dias para o Natal e registramos o ano de 1999. Meus colegas chamaram a ambulância, mas em seguida foi tomada a decisão de levar-me para a emergência do hospital com carro próprio. Afinal, a cidade está congestionada de gente indo de uma celebração natalina para a outra, a ambulância poderia não chegar a tempo; certamente seria mais rápido com o carro próprio. Meu marido chega até a entrada da emergência de um grande hospital; estou deitada toda recurvada no banco do carona, cujo encosto havia sido baixado, pressionando meu abdômen com as mãos, lutando para tomar ar e sempre prestes a desmaiar. Meu marido passou todos os semáforos em vermelho e todas as faixas de segurança em alta velocidade, costurou entre os automóveis, ônibus e pessoas com sacolas de compras – é um milagre que não tenha havido nenhum acidente.

Alguém me tira do carro, vejo de relance as crianças no banco de trás, sou colocada sobre uma maca e levada para a sala de operações. À minha volta reina grande agitação, pessoas vestidas de branco e verde. A dor cede um pouco, emerjo novamente para a vida, para o presente, e tomo consciência do que está acontecendo naquele fim de tarde de dezembro. A neve redemoinha do céu e eu ainda tenho tanto para fazer, tantas coisas a fazer até o Natal.

Seguem-se incontáveis exames, radiografias, amostras de sangue, médicos, anestesistas, infusões, morfina (o melhor presente de Natal que ganhei) e tudo terminaria numa operação. Minha vesícula biliar está inflamada, tem o tamanho de uma mão, está cheia de pus e a ponto de estourar. Se ela tivesse estourado, o pus teria se derramado no meu abdômen e não teria havido Natal para mim nesse ano nem em qualquer outro depois desse. Ao lado da vesícula, o fígado está ofegante; ele também está doente. Seus valores são muito ruins, depois de ter passado tanto tempo ao lado de uma vesícula infectada e inchada.

Estou prestes a morrer.

Sou uma jovem de 30 anos de idade.

Tenho duas filhas e duas enteadas, uma casa, um esposo e um emprego, e sonhos que ainda gostaria de realizar. O Natal está chegando e estou quase morrendo. E a causa disso sou EU MESMA.

Mas deixe-me começar do começo. Nasço no ano de 1969 e cresço com meu pai e minha mãe, bem como com minha irmã mais velha numa casa situada fora da cidade de Estocolmo. Meu pai e minha mãe trabalham numa companhia aérea, na qual se conheceram: minha mãe greco-norueguesa é comissária de bordo e conhece meu pai sueco, que é piloto. Eles se apaixonam. Viajamos muito: para os Estados Unidos e o Irã, para a Grécia, Dinamarca, Áustria, Noruega, Espanha, França, Inglaterra, Itália e para o Brasil. Moramos por algum tempo em Roma, onde frequento uma escola montessoriana e choro amargamente toda manhã; meu pai e minha mãe têm de deixar-me furtivamente porque senão tenho um ataque histérico quando eles saem.

Sou terrivelmente tímida e medrosa, não tenho coragem de falar com outros adultos além da minha professora italiana na escola montessoriana, a Sra. Lorenzo. Sou incrivelmente fofa e todos querem passar a mão nas minhas faces e na minha cabeça, de alguma maneira entrar em contato comigo, mas eu me escondo atrás da minha mãe e do meu pai, agarro-me no seu vestido ou nas suas calças e não falo palavra.

Então nos mudamos de volta para a Suécia e frequento uma escola pública, gosto de brincar sozinha, mas também com amigos, de preferência com as crianças da casa vizinha, três irmãs que moram na casa exatamente ao lado da nossa. Muitas vezes passeamos pelo mato atrás da casa e representamos papéis. Quase sempre somos pobres e doentes assolados por crises e catástrofes; alguém está gravemente doente acamado entre os arbustos e necessita urgentemente de medicamentos. Porém, o caminho até o hospital mais próximo, a grande pedra que se ergue mais adiante, é demorado e desenrola-se um intenso drama ali naquele matagal até que uma das nossas mães chama para a refeição.

Mamãe e papai voam pelo mundo, minha irmã treina para os campeonatos de natação, eu danço balé e escrevo pequenas narrativas. A vida transcorre tranquilamente como em qualquer família normal, até que um dia, em apenas poucos segundos, tudo muda.

Meu pai cai com o seu avião.

Ele sofre morte instantânea.

Tenho nove anos de idade.

O pensamento que mais ocupa a minha mente é que nunca voltaremos a nos ver, que nunca, nunca, nunca mais nos veremos de novo. Para uma menina de 9 anos de idade isso é algo inconcebível, pois há pouco ele ainda estava ali. De manhã ele ainda estava ali; além disso, ainda não está pronta a sauna no porão, que ele já estava construindo há tanto tempo e que logo estaria finalizada, mas é claro que não totalmente.

A casa está apinhada de gente e para a menina tímida não é uma situação fácil. Muitas pessoas comparecem, algumas eu conheço, enquanto outras nunca vi na minha vida.

E a casa está repleta de flores, buquês de flores incríveis, e minha mãe coloca todos na sala de estar, que parece uma floricultura.

E a casa está cheia de luto.

O luto é amedrontador, desconhecido, e aos poucos vai chegando mais perto. Ele também é inconstante. Ele vem e vai; às vezes se ouvem as risadas e as brincadeiras por toda a casa e, em seguida, voltam as lágrimas, o silêncio e a saudade. Demora até que o cotidiano volte a se instalar, mas depois de algum tempo retorno à escola. Minha professora sabe o que houve, todos sabem. Eu mudei.

Na festa de verão, todas as crianças têm o seu pai, só eu não. Eu as invejo, pois também quero ter um papai para segurar a minha mão, para poder me esconder atrás dele; um papai que conversa com a professora, com as outras crianças e os outros pais e as outras mães.

Meu avô e eu conversamos com frequência; todo dia ele tira uma soneca ao meio-dia; então me deito com ele e conversamos sobre o seu filho e meu pai. Meu avô diz que deveríamos manter vivas as lembranças que temos dele, pois não haverá novas para guardar. Então evocamos lembranças. E contamos as memórias um para o outro. Rimos muito porque o meu pai foi uma pessoa incrivelmente divertida e caótica, que estava sempre pronto para alguma diversão, inventava piadas e brincadeiras e se comportava de modo infantil. Por exemplo, ele falava dialetos diferentes e usava sotaques diferenciados para que as pessoas pensassem que ele provinha de algum outro lugar; ele se escondia e dava sustos em nós, telefonava para a minha mãe para pregar-lhe alguma peça. Ou nos repassava a faca de passar manteiga com o cabo todo lambuzado de manteiga, para que nossas mãos ficassem sujas de manteiga; ele adorava fantasiar-se e brincar de decifrar a charada. Meu avô e eu lembrávamos de tudo isso. A maioria dos adultos têm grandes dificuldades para lidar com uma criança enlutada; por isso, fico contente e sou grata por ter tido essas horas com o meu avô.

Além disso, decidimos lembrar coisas que papai havia nos ensinado, e queríamos viver segundo esses princípios. Ou pelo menos queríamos selecionar alguns deles e preservá-los durante a nossa vida: por exemplo, divertir-se, ser positivo, olhar o mundo com curiosidade e viajar muito, sentir a alegria de viver, fazer bobagens e brincar. Hoje consigo viver assim, sinto de fato a minha vida, mas isso demorou muitos anos e muitos "basta!"

Alguns anos depois, mudamos para a cidade, minha mãe, minha irmã e eu. Foi então que deixei de ser tímida. Ali ninguém me conhecia, ninguém sabia quem eu era e isso facilitou desfazer-me da minha timidez e ser como eu quisesse ser se tivesse coragem. Eu queria ser franca, alegre e ter muitos amigos. E poderia começar a ser assim já no primeiro dia de aula. Foi o que fiz! Conheci Ana, uma adolescente cheia de vivacidade com 13 anos de idade, de cuja companhia desfrutei até o Ensino Médio.

Adolescente de Östermalm. Apartamento chique, assoalho de parquê que rangia. Adultos andando de sapatos dentro do apartamento! Almoços dominicais com a família, passeios de fim de semana em casas de verão de amigos. Frequentei o ramo humanista da Escola Real de Östra e, para ganhar um dinheiro extra, trabalhei como modelo, em pequenas butiques, na recepção de uma academia de ginástica, no mercado de Östermalm e numa loja de doces. (Meu chefe me despediu porque ajudei demais os desabrigados que vinham com frequência à loja e as perdas foram consideradas muito grandes.) Escrevi pequenas novelas e colunas de jornal; a primeira foi publicada no jornal *Expressen*, quando eu tinha 18 anos de idade. Eu sonhava em ser escritora e queria trabalhar com pessoas que haviam sido duramente atingidas pela vida e que realmente precisavam de ajuda.

Dentro de casa se mantinha tudo estritamente em ordem. Minha mãe era muito meticulosa, minha irmã também. Além disso, ela estava sempre atenta para que eu cumprisse as regras; ela se tornou, na prática, um pai substituto na falta do meu pai. Eu era terrivelmente desleixada, meu quarto estava sempre em desordem, dificilmente ajudava nas tarefas de casa e tinha grande dificuldade em ser pontual. Porém, ao menos nunca fui grosseira ou insolente, não tratei minha mãe na base do palavrão nem recorri a bebidas alcoólicas.

Na escola, as coisas iam mais ou menos; na verdade, eu queria fazer outra coisa, pois, na minha opinião, eu não necessitava de formação nenhuma para atingir meus objetivos (já que eu queria tão somente escrever e auxiliar pessoas). Se hoje me arrependo de algo, então é do fato de eu não ter sido mais esforçada e não ter começado uma formação após o período escolar fundamental. Só fui fazer isso bem mais tarde; bem, hoje tenho quatro cursos diferentes completos! Algumas pessoas precisam trilhar um caminho diferente, às vezes mais longo.

Após a conclusão do Ensino Médio, passei um tempo nos Estados Unidos para aprender inglês. Já de volta à Suécia, conheci durante um jantar um homem que me contou do seu projeto. Ele planejava fundar uma nova emissora de televisão e perguntou-me se eu queria participar.

Essa foi a hora do nascimento da TV 4, e é claro que eu queria estar presente.

Trabalhei ao todo dezessete anos na TV 4 nas mais diferentes seções. Acabei me tornando diretora de projetos para a campanha informativa em nível nacional para a introdução da televisão digital.

No decorrer desses dezessete anos, casei com um homem, construí uma casa, gerei três filhas, deixei o pai das crianças e estive duas vezes à beira da morte.

Rapidamente consegui me envolver nos papéis de dona de casa e mãe. Com muito entusiasmo eu lavava roupa e cozinhava. Aspirava pó e esfregava, passava até a menor peça de roupa. Tudo tinha de estar perfeitamente limpo e bonito, lustrado e asseado. As camas tinham de ser feitas todo dia, o jantar sempre era comido em família. Todos os alimentos eram feitos por mim; na nossa casa não havia produtos prontos. Eu mesma fazia as almôndegas, empanava os filés de peixe; servia filés com batata-inglesa gratinada, contendo porções grandes de creme de leite e alho. Eu mesma assava os caracóis de canela, o pão e os biscoitos.

Quando tínhamos convidados, eu queria que se sentissem especialmente bem-vindos. Por isso, eu lhes enviava antes pequenos postais com estrelinhas e brilhos que caíam nas suas caixas de correio no dia anterior ao do convite – embora eu já os tivesse convidado por telefone. O caminho até a casa era ladeado por tochas, dentro da casa havia velas e flores frescas em toda parte. Eu havia posto a mesa com todo esmero, havia cartões reservando lugares à mesa e pequenos presentes para cada lugar. Naturalmente os cartões eram diferentes para cada ocasião. Lembro-me de um jantar festivo, para o qual eu escolhi antigas fotos dos convidados que eles próprios mal conheciam. Eu as encontrara em álbuns antigos e na internet e as utilizei para fazer os cartões de reserva de lugar à mesa. Foi um tremendo sucesso. Mas deu trabalho!

Nunca havia menos que três pratos e as sobremesas mais deliciosas que você puder imaginar. Preparei *parfaits* em forma de pequenas torres adornadas no topo com pequenas figuras de chocolate. Obviamente cada um tinha a sua figura individual condizente com sua pessoa! Preparei suspiros e tortinhas de framboesa, *mousse* de chocolate com hortelã e bolos de morango.

Eu anotava tudo minuciosamente num caderno, de modo que eu sabia exatamente que pratos eu havia servido para amigos e conhecidos nos últimos anos. Assim eu conseguia evitar repetições, sabia quem preferia o que ou quem não gostava de jeito nenhum do que, quem era alérgico a que alimentos, e podia verificar a composição de cada uma das noitadas.

Quando amigos pernoitavam, as camas sempre estavam bem-arrumadas, na mesinha de cabeceira havia uma toalha grande e uma pequena, ao lado de um vaso com flores frescas, uma jarra de água, um copo; sobre o travesseiro eu punha um pedaço de chocolate. No café da manhã, a mesa quase não aguentava o peso das coisas postas sobre ela: pão de minuto feito na hora, marmelada, ovos mexidos, peito de peru frito, legumes, suco, salada de frutas e café passado na hora.

Suponho que você já consegue perceber o perfil de uma autêntica perfeccionista!

Como mãe e madrasta engajei-me muito por minhas filhas, e fiz isso independentemente dos laços biológicos. Participei de todas as reuniões com pais e mães, encontros de pais e mães, festas de classes, excursões, eventos do jardim de infância, eventos culturais e aceitei ser representante de pais e mães, acompanhei voluntariamente viagens de classe e excursões, convidei as classes das minhas filhas para visitarem a sala de redação da TV 4 e fazia o papel de guia, organizei piqueniques em nosso jardim e acompanhei cada uma das crianças pelo menos uma vez por semestre um dia inteiro na escola. Eu conhecia todos os professores e educadores. Quando o nosso jardim de infância quis candidatar-se para receber uma subvenção de reforma predial, oferecida no contexto de um programa de promoção à cultura da União Europeia, visando usar esse dinheiro para construir um parque de aventuras, um castelo de cavalaria, um jardim e outras coisas, assumi a tarefa de redigir o requerimento. Burilei o texto de tal maneira e descrevi nossas concepções e visões com cores tão reluzentes que acabamos recebendo a subvenção.

Porém, não só me empenhei para ser uma mãe e dona de casa boa e engajada que era capaz de tirar grandiosos jantares da cartola, que tinha uma casa arrumada e tinindo de limpa, que cuidava de sua aparência, apresentando-se com uma maquiagem impecável e vestindo roupas de bom gosto. Eu também era uma colaboradora muito efetiva que sempre entregava suas tarefas pontualmente, que não deixava passar nem o menor detalhe, que não cometia erros, que jamais perdia o controle. Que permanecia fiel às suas próprias exigências e tentava corresponder às suas imensas expectativas. É claro que eu também era uma amiga fantástica!

Eu colocava à disposição de cada um de meus amigos e amigas um ouvido aberto para desabafos e um ombro amigo para chorar. Sempre tinha tempo para colapsos nervosos e depressões. Eu ficava horas a fio conversando com meus amigos, colegas, conhecidos, ou melhor, eles falando comigo. Eles abriam o coração comigo, choravam suas mágoas e tematizavam tudo a respeito de separação, infidelidade, vida sexual, brigas no exercício do emprego, problemas com os parentes, com os amigos, com suas crianças menores, com as crianças maiores ou com as crianças de outras pessoas. E eu ficava escutando, analisando suas histórias e os apoiava no que podia. Naquela época, um amigo me disse: "Você deveria se tornar *coach*!" Eu ri e respondi: "Mas eu já sou isso!"

Eu jamais parava, nunca fazia pausas. Resolvia com toda celeridade as coisas que me propunha fazer. Era rápida, efetiva, enérgica e incansável. Corria pela casa, pelo emprego e pela vida, faxinando e arrumando, resolvendo coisas, trabalhando e acelerando. Não parava um minuto sequer para refletir sobre o que fazia, mas estava incessantemente ocupada com a pergunta: O que pensariam as pessoas à minha volta se eu ficasse parada?

Essa era a minha vida e parecia impensável que ela pudesse ser diferente ou pudesse dar uma sensação diferente. Bem no fundo de mim eu sabia que sonhava com outras coisas, acima de tudo, alcançar uma profunda tranquilidade mental. Porém, se é inatingível, para que pensar nisso?

Era melhor nem começar a refletir sobre o assunto.

Pois, imagina só, isso poderia vir a ser muito doloroso!

O que fazer então?

Eu tinha um medo enorme de não ser querida por todos. Quando sentia algum sinal de desagrado, por menor que fosse, eu redobrava os esforços e movia mundos e fundos para reconquistar a referida pessoa para mim. Todos deviam gostar de mim, senão alguma coisa estaria errada. E essa dissonância tinha de ser eliminada na hora.

Eu concebia estratégias e planos, remoía e travava longas discussões comigo mesma. Na minha cabeça, as conferências se sucediam continuamente, mas não se tratava de reflexões que melhorassem a qualidade de vida, mas sempre decisões causadas pelo pânico e por reuniões de crise. Eu girava só em torno de mim mesma e do efeito que provocava nos outros. Só queria o melhor a quem convivia comigo, queria ajudar, dar apoio, encorajar, entusiasmar as pessoas por coisas, mas, ao mesmo tempo, eu estava terrivelmente angustiada e insegura. Só que ninguém podia perceber isso.

Para as demais pessoas sempre fui como um complemento "com todos os extras". Por exemplo, na ocasião em que uma amiga minha teve de levar sua velha mãe à sepultura. Assei para ela bolinhos de chocolate, coloquei-os numa bela sacola, fechei a sacola com um laço de seda e levei tudo até a casa dela (o que representou uma viagem de 90km ida e volta, visto que ela vivia numa cidade vizinha!). Pendurei a sacola na porta e afixei um bilhete nela com os seguintes dizeres: "Hoje você precisou ser forte e corajosa. Talvez um pouco de doce faça bem. Beijo". E eu sei que sua alegria foi imensa, porque era exatamente o que ela desejara naquele momento.

Ou num domingo de manhã bem normal fiz pãezinhos de minuto e simplesmente resolvi assar o dobro da quantidade necessária. Então separei alguns pãezinhos para nós e coloquei os restantes em sacolinhas, que pendurei na porta da casa de alguns amigos ou bati na porta e disse: “Bom domingo para vocês, aqui estão alguns pãezinhos para o café da manhã”.

Ou quando algum colega retornava ao escritório depois de uma enfermidade mais prolongada e precisava de afagos e um tratamento diferenciado, certo, você tem três chances para adivinhar quem se incumbia disso!

Lembro-me em especial de uma torta que fiz para o meu colega Peter. Era uma torta de marzipã bem deliciosa e suculenta com glacê e decoração de flores. Escrevi em cima: “Bem-vindo de volta, Peter!” O tempo pareceu deter-se por um instante quando a depositei sobre a mesa. Foi um momento de suspense e todos balançaram a cabeça admirados.

Mas você deve inteirar-se também de que, em 1992, comecei a formação para jornalista e, ao lado do meu emprego na TV 4, aceitei trabalhos como *free-lancer* – eu tinha, portanto, dois empregos e trabalhava em dobro. Tinha de cinco a dez clientes fixos para os quais fornecia um texto por mês e adicionalmente eu tinha trabalhos ocasionais que iam e vinham.

Gostei muito dessa atividade profissional por conta própria; eu podia escrever – algo que sempre quis fazer; além disso, tinha uma pequena empresa individual, caminhava com meus próprios pés e cada tarefa aceita representava um desafio. Considerando que eu era capaz de trabalhar rápida, efetiva e conscienciosamente, não havia problema em compatibilizar os dois empregos. Energia eu tinha de sobra.

Provavelmente você já intuiu que as coisas não poderiam continuar para sempre nesse ritmo. Não continuaram.

Sempre – pelos meno desde que sou adulta – tive uma resistência incrivelmente alta à dor. Suportei dores tão fortes que isso chegou a ser prejudicial à minha saúde. Isso me chamou a atenção pela primeira vez no nascimento da minha primeira filha (você ficará sabendo mais sobre isso no capítulo "Pais e mães infalíveis?"). Porém, embora depois disso eu tenha passado por outro parto que foi quase tão dramático como o primeiro, não fiquei especialmente nervosa quando, no outono de 1998, de repente comecei a sentir dores abdominais terríveis.

Minha segunda filha recém tinha completado três semanas quando aconteceu pela primeira vez. Tive uma cólica da vesícula biliar, o que naquela época eu ainda não sabia. Acordei no meio da noite com dores lancinantes no abdômen. Como naquela época eu já era mestre em dissimulação e sempre mantinha a aparência, sem mostrar meus sentimentos (a não ser os de alegria e felicidade) e não revelava minhas fraquezas a ninguém, não despertei nenhum dos membros da família. Em vez disso, saí de mansinho do quarto de dormir e telefonei para o médico de plantão e mais tarde para a maternidade do hospital. Obviamente eles pediram que eu comparecesse imediatamente ao hospital – dores abdominais numa mulher que passara por um parto recente poderiam ser algo muito sério e deveriam ser examinadas.

Mas eu não fui a lugar nenhum.

Pensei que a dor logo passaria e que eu seria capaz de suportá-la até o raiar do dia e que então tudo teria se normalizado.

Essa foi a primeira de muitas e muitas cólicas e ataques de dor. No decorrer do tempo, as dores foram ficando cada vez mais fortes, as cólicas mais demoradas e os efeitos disso se tornaram visíveis no meu corpo. No começo a dor estava localizada no abdômen, do lado direito atrás do fígado, mas aos poucos foi irradiando para toda a região abdominal, para as costas e para a parte inferior do abdômen. Eu me movimentava como se estivesse carregando o dobro do peso, quando conseguia me movimentar. O único lugar mais ou menos suportável e que amenizava a dor era o automóvel com a calefação dos bancos ligada. O calor me acalmava e me distensionava. Portanto, eu me oferecia voluntariamente para levar as crianças de carro de um lugar para o outro; o mais importante era estar sentada no carro. Aguentei isso durante um ano e quatro meses, até que, por ordem do meu marido, telefonei para o médico. Eu tinha passado doze horas inteiras com essa dor num domingo e não tinha conseguido mais esconder a seriedade da situação.

Três dias antes do Natal me dirigi, portanto, ao consultório médico da minha empresa, levando em cada mão uma criança, visto que nesse dia eu não tinha babá para as crianças.

O médico apalpou o meu abdômen, mas não conseguiu detectar nada suspeito. No entanto, os sintomas o deixaram preocupado (naturalmente o meu relato foi 70% menos dramático do que a situação era realmente!) e, por isso, ele fez um pedido de exame e marcou uma consulta na passagem de um ano para o outro. Contra a vontade ele me deixou sair, desejamos feliz Natal um ao outro e levei minhas crianças comigo para o trabalho.

Apenas poucos minutos depois, um novo ataque de dor fez com que eu entrasse em colapso.

As dores foram mais fortes do que tudo que eu tinha experimentado até ali. Por sorte meu marido trabalhava no mesmo prédio e assim fechamos o círculo com o início da primeira parte da minha viagem.

Segunda parte

O médico responsável pelo meu caso era um homem muito simpático, sério e um pouco mais velho do que eu. Ele próprio tinha uma filha com a minha idade que há pouco tivera seu primeiro filho e, com isso, o havia levado à condição de avô. Ele falou longamente comigo sobre a gravidade da situação, que minhas crianças poderiam já estar sem a mãe, que eu deveria repensar e mudar a vida que tinha levado até aquele momento. Afinal eu tinha recebido uma segunda chance. Uma segunda chance para viver.

Essa postura naturalmente conflitava com a minha. Havia bastante trabalho esperando por mim em casa, era preciso limpar e varrer, preparar o Ano-Novo, encontrar pessoas e resolver todas as demais coisas durante as férias natalinas. E havia também o trabalho, que eu queria retomar, pois a doença havia me jogado muito para trás.

É preciso que você saiba também isto: uma festa de Natal feita por esta perfeccionista em especial se parecia com um anúncio de catálogo. Sempre tinha massa de pão de mel feita em casa, com a qual se construía uma casinha de pão de mel que se parecia com a nossa, com balcões, cerca de jardim e todos os demais adereços. Enviávamos cartões de Natal a mais de cem pessoas, todos eles desenhados por nós mesmos e adornados no piso da cozinha com bastões de canela, fitas de seda vermelha, estrelinhas douradas, figurinhas, *spray* brilhante e neve artificial. Nas janelas, pendurávamos rodelas de laranja com cravos para secar; seria difícil encontrar uma árvore de Natal tão bonita como a nossa, todos os presentes eram embrulhados em embalagens maravilhosas, assávamos toda sorte de bolos, doces e biscoitos de Natal, em cada canto da casa havia um pequeno gnomo de Natal e oferecíamos um bufê natalino de encher os olhos.

E neste ano tivemos de suspender tudo isso.

Tivemos de lidar com a vida e a morte e tínhamos outras preocupações.

A grande festa planejada para o Natal foi suspensa, meu marido tomou conta das crianças que tiveram permissão para determinar pessoalmente o seu programa natalino e decidiram rasgar já de manhã, logo depois de levantarem da cama, todos os pacotes e passar o resto do dia assistindo televisão. Esse programa só foi interrompido por uma breve visita à mamãe hospitalizada, que estava deitada numa cama muito esquisita e dormia ligada a tubos por todo corpo.

De qualquer forma, eu não dispunha de tempo para pensar numa vida diferente e numa segunda chance. Não compreendi o imenso significado que as palavras do médico teriam para mim um dia porque o abalo não havia sido suficientemente forte. Eu ainda era perfeitamente capaz de manter as aparências e não admitia quaisquer sentimentos nessa direção.

Porém, bem lá no fundo pelo jeito eu ainda assim havia compreendido que deveria reduzir o meu ritmo. Que agora realmente bastava. E a primeira coisa que fiz foi aprender a dizer NÃO.

Ui. Quem teria imaginado que uma palavra tão pequena pudesse causar dificuldades tão grandes!

Nunca antes eu havia refletido sobre o que realmente quero ou faço ou o que de fato tenho vontade de fazer. Minha atenção principal sempre esteve voltada só para o que a outra pessoa necessitava, qual seria a melhor maneira de ajudar e naturalmente como eu poderia atender as supostas expectativas em relação a mim.

Minha estreia em dizer não aconteceu numa reunião de pais e mestres. Minha família havia se despedido de mim com as seguintes palavras: "Se você aceitar uma única tarefa que seja, a porta desta casa ficará fechada para você!" Palavras cordiais, mas resolutas! Entendi que estavam falando sério e decidi obedecer por amor à minha própria saúde. E quando a professora perguntou aos presentes quem poderia escrever a ata do encontro ou quem se colocava à disposição para um evento na próxima primavera, fiquei com tanta vergonha que tive vontade de me esconder num buraco. Por não ter levantado a mão, por não querer me engajar. Meus braços se contraíam, queriam levantar-se, mostrar-se, mas me encolhi tanto quanto pude no assento. Minha vergonha passou de todos os limites quando me perguntaram diretamente e tive de rejeitar, a muito custo consegui dizer um não e dar a desculpa de ter tantas outras coisas para fazer.

Portanto, voltei para casa sem tarefas assumidas e fui efusivamente acolhida.

Pela primeira vez na minha vida eu havia dito não.

O fato é que a maioria das pessoas concordou comigo, mas elas também se contorcem como minhocas quando se toca nesse tema: que é preciso conhecer os próprios limites, que se deve dizer não quando se quer dizer não e dizer sim quando se quer dizer sim!

Comecei a dizer não com mais frequência: a tarefas que eu não queria resolver ou simplesmente não tinha como conseguir, a coisas que não deveriam ocupar espaço em meu cotidiano, em meus planos, em minha vida. Antes eu não gastava um pensamento sequer para verificar a minha vontade de fazer algo, mas dizia sim por hábito e pressa. Agora criei o hábito de perguntar-me se o que pretendia fazer viria a calhar para mim, se eu teria prazer naquilo ou se ficaria bem.

Naturalmente encontrei enormes dificuldades para fazer isso. Como eu passara a vida me concentrando no que as pessoas à minha volta pensam e acham, era por demais evidente que eu também me sentia responsável pelos sentimentos de quem convivia comigo. Eu tampouco tinha intenção de ofender ninguém, mas fui forçada a compreender que cada um é responsável por seus próprios sentimentos, e isso valia também para as pessoas do meu círculo mais estreito de relações.

O passo seguinte foi dizer SIM. Visando criar espaço para o meu sim necessitei dizer alguns nãos e para descobrir a que eu queria dizer sim tive de parar para pensar e obter clareza.

Refletir. Desde a base.

Em que mesmo eu ocupava o tempo da minha vida? Como eu gastava as 24 horas do meu dia? Se eu simplesmente pudesse sonhar ao léu, se pudesse recomeçar minha vida como uma folha de papel em branco e partir da estaca zero, cada dia de maneira nova – minha vida ainda seria como é atualmente?

Eu tinha uma família, amigos, morava numa boa casa, comia bem, podia viajar, comprar roupas bonitas e às vezes também caras; que mais eu poderia querer?

Relevância. Faltava-me a sensação de ser relevante.

Abstraindo da minha tarefa de mãe, eu não fazia nada que realmente tivesse alguma relevância. Pois no meu novo mundo, oferecer um jantar com lugares marcados e sobremesa não era algo relevante. Isso entrou em conflito com minha nova maneira de pensar. E trabalhar até à exaustão pelos outros era muito menos relevante ainda.

O que poderia me proporcionar essa relevância?

Foi assim que retomei o meu antigo desejo de ajudar outras pessoas. Toda manhã eu descia uma longa avenida no meu caminho até o centro de Estocolmo. E todo dia eu via pessoas desabrigadas paradas na fila do abrigo da missão urbana. Recentemente eu havia lido um artigo sobre mulheres desabrigadas, que não tinham acesso a todas aquelas coisas que para nós, mulheres, são tão normais, que utilizávamos todo dia e que repúnhamos conforme a necessidade. Tratava-se de absorventes íntimos, roupas íntimas, sabonetes, maquiagem, xampu, escova de dentes e similares.

Como eu estava recusando trabalhos que não tinha vontade de fazer, já sondara e selecionara o meu círculo de conhecidos e restringira minha vida social às pessoas com as quais queria passar o meu tempo, de repente eu tinha bastante tempo à disposição para fazer algo relevante na vida.

Comecei, portanto, a coletar coisas para as mulheres desabrigadas. Telefonei para grandes empresas que produziam utilidades e lhes perguntava o que poderiam dar para aquelas pessoas que nada tinham.

Todas as firmas – com exceção de uma – doaram generosamente e mandaram as coisas para mim. Mais precisamente, para o meu endereço, para a minha garagem. Esta estava totalmente abarrotada (e trata-se de uma garagem grande!) com sabonetes, sutiãs, cremes para pele e batons. Empacotei tudo e levei para as instituições que cuidavam dos desabrigados.

Então resolvi realizar um sonho antigo: trabalhar no Bris[1], uma organização parecida com a *Kinderhilfswerk* [Obra Caritativa para Crianças], cujo trabalho há muito eu já havia observado. Minha intenção era exercer uma atividade honorária nessa instituição, como assessora para auxiliar crianças que vivenciaram situações difíceis e não tinham com quem conversar.

Escrevi uma carta à organização e fui convidada para uma entrevista. Na verdade, eu não dispunha dos pressupostos profissionais necessários, visto que não era nem médica, nem psicóloga nem professora. Como, porém, eu havia escrito muitos artigos sobre crianças como jornalista, havia certo vínculo profissional.

Eles me aceitaram imediatamente e acrescentaram que tomar essa decisão havia sido bem fácil.

No meu primeiro dia no Bris, senti-me pela primeira vez (abstraindo dos nascimentos das minhas crianças) 100% aceita e senti que havia me encontrado. E essa sensação se tornou o fio condutor do processo durante o qual eu encontraria meu rumo, minha relevância e a vida que eu gostaria de levar.

Quanto mais eu me sentia fortalecida por esse trabalho, tanto mais claramente se evidenciavam as coisas que não estavam bem na minha vida. Relacionamentos que não me deixavam feliz. Tarefas que me pareciam totalmente sem sentido. Aspectos em mim que não me agradavam e que ficavam mais fortes em determinadas situações.

Você já parou para pensar que, numa sociedade composta de pessoas diferentes, sua beleza é diferente para cada pessoa? Que pessoas diferentes trazem à tona o que há de mais belo e também o que há de pior em você?

---

1 *Barnens rätt i samhället*. Literalmente: *O direito da criança na sociedade* [N.T.].

Quando isso ficou claro para mim, reconheci também que eu apenas cumpria o meu turno no escritório, mas não realizava nada significativo. Incomodava-me o fato de minha emissora não aproveitar melhor os meus recursos; eu era uma mulher jovem cheia de energia e experiência no meu ramo profissional; era sumamente efetiva e dinâmica, boa colega e alegre e, além disso, ostentava uma longa experiência profissional, visto que participei desde o começo. Eu já tivera esse desejo anteriormente, mas nunca tinha ficado com raiva por causa disso. Mas agora fiquei. Eu precisava dar um basta!

E, de repente, foi-me confiada a direção de um projeto!

Eu trabalharia como coordenadora, teria luz verde e uma responsabilidade muito maior do que tivera até ali. Poderia viajar muito, encontrar pessoas, travar novos contatos e dispor livremente do meu tempo para trabalhar. Não poderia ter sido melhor.

Sendo assim, retomei o trabalho com energia total, isso mesmo: ENERGIA TOTAL!

Um mês bastou para percorrer o país inteiro, encontrar todas as pessoas possíveis, combinar refeições em conjunto e ter várias reuniões de trabalho. Li uma tonelada de artigos, pesquisei sobre todos os temas, projetei uma homepage e a supri com informações, material, imagens e outros materiais bacanas.

Eu mesma me puxava muito e tinha de provar minha capacidade para mim mesma e para os demais. Afinal, eu havia dito que sou capaz de dar conta de tarefas mais difíceis.

Alguns dos meus colegas já estavam há muito mais tempo trabalhando nesses projetos; mesmo assim, eu me comparava com eles e, na verdade, estava o tempo todo esperando que alguém reconhecesse que havia sido um erro confiar essa tarefa a mim. Afinal de contas, tratava-se de representar a empresa nessa questão.

Apesar de minha autoconfiança estar extremamente baixa, eu consegui desempenhar meu papel de maneira bem profissional. Tinha de assumir a responsabilidade e recebia apoio e encorajamento.

Então veio o dia da grande turnê que nos levaria a percorrer todo o país. Eu era parte de uma gigantesca campanha promocional em sete cidades da Suécia e consegui dar conta de duas antes de ruir novamente o modo de vida que eu estava levando.

Era uma manhã de sábado e eu estava em casa. Tinha acabado de tomar o café da manhã quando comecei a sentir as dores. Primeiro pensei ter comido alguma coisa errada e, por isso, deixei a sala dizendo que não estava me sentindo muito bem e que iria me deitar um pouco e descansar.

Porém, assim que deitei na cama, a dor explodiu dentro de mim; ela era tão terrível que me faltam as palavras para descrevê-la. Infelizmente eu havia fechado a porta do quarto e minha voz, que normalmente é forte e sonora, estava fraca e não passava de um sussurro. As crianças estavam brincando diante da porta, eu as ouvia rir e correr, ouvi também meu marido mandando-as embora para que não me perturbassem.

Mas o que eu mais queria era ser perturbada!

As dores eram tão agudas que compreendi a necessidade de chamar a emergência médica. Caso contrário, eu não sobreviveria.

Por sorte, a minha filha do meio ouviu meus gemidos. Ela abriu a porta e consegui pedir-lhe para dizer ao papai que ele deveria chamar a ambulância.

Então foi aquela correria, contatos telefônicos foram feitos, a ambulância foi chamada e meus objetos de uso pessoal foram reunidos numa bolsa.

Embora eu já tivesse passado por muita coisa antes, nunca tivera medo de morrer.

Não até aquele dia em que estive deitada na minha cama esperando a ambulância.

Em meio à dor, consegui balbuciar para que telefonassem uma vez mais para descobrir quanto tempo a ambulância ainda demoraria. Ao mesmo tempo, comecei a ter certeza de que ela não chegaria a tempo.

As dores estavam fortes demais.

Eu morreria na minha cama.

Com 36 anos de idade, numa manhã de sábado bem comum na metade da minha vida.

Eu ainda tinha tanta coisa para fazer, crianças tão maravilhosas que eu queria ver crescendo. Eu amava ler histórias para elas, embalá-las, brincar de lego e assar biscoitos e pão com as minhas crianças. Será que eu não faria mais nada disso? Elas também cresceriam, como eu, só com um dos pais e passariam a vida se perguntando como teria sido o outro, como teria sido a vida com ele? O que teríamos podido fazer, ver, ouvir juntos? Que viagens teríamos feito? Sobre o que teríamos falado, do que teríamos dado risada?

O que estava acontecendo era tão injusto. Ponderei se eu deveria despedir-me já da minha família, pois várias vezes pensei que os socorristas poderiam não chegar a tempo, que dessa vez era questão de vida ou morte, que não conseguiriam chegar a tempo.

Eles conseguiram.

O que se seguiu foi luz piscante, sirenes e velocidade máxima. Eu estava amarrada na maca, com uma máscara de oxigênio no rosto e fui conduzida pela segunda vez para a emergência do hospital, no qual há seis anos recebera minha segunda chance de viver.

Mais uma vez fui para a sala de operações, foram introduzidas sondas no estômago, sondas de oxigênio e cânulas para tratar a úlcera estomacal que havia se desenvolvido.

Passei quatro dias no hospital. Seguiu-se uma bateria de exames, amostras foram tiradas, visitas médicas se sucederam. Desmarquei uma viagem de trabalho e pedi atestado médico. Eu emagrecera muito, as clavículas estavam salientes como se eu tivesse engolido um cabide de roupas que ficou atravessado.

Após minha convalescença, continuei a turnê pelo país. Porém, os acontecimentos me abriram os olhos; o que eu devia fazer era viver solenemente um dia após o outro. Cada dia era um novo presente que eu deveria tratar com todo carinho. Cada dia contava. Mas dali por diante não haveria na minha vida mais nenhum dia vivido pela metade. Eu não repetiria os erros que cometi na vida antiga.

Comecei a fazer novos planos. Eu queria de qualquer maneira fazer algo significativo, algo importante. Estava cheia de energia e sabia que dessa vez seria bem-sucedida.

Desde 2003 eu atuava no Bris como colaboradora honorária (e ainda atuo). Sempre que trabalhava diretamente com as crianças, eu sentia que tinha me encontrado. Ficava animada e sentia simpatia, achava-me competente e bem-aproveitada; em troca recebia o calor humano e o reconhecimento a que tinha direito. A coleta de doações para as pessoas desabrigadas me dava essa sensação.

Porém, afinal de contas, eu também precisava ganhar dinheiro. As contas precisavam ser pagas, eu tinha de comprar comida, queria viajar e ver o mundo.

Na minha atividade como coordenadora aprendi, acima de tudo, duas coisas importantes. Como eu era responsável por todas as aparições públicas nos meios de comunicação, pude apropriar-me de muito conhecimento e muita rotina nessa área. E posso aproveitar bem isso ainda hoje, já que preciso aparecer regularmente na televisão, em revistas e no rádio. Aprendi a formular com rapidez respostas de fácil compreensão, e sei o que é preciso para fazer um clipe de 30 segundos na televisão. Dou conta do recado quando uma revista me liga porque precisa rapidamente de uma citação para um artigo ou sei como reagir a perguntas de ouvintes numa transmissão radiofônica ao vivo.

A segunda capacidade que adquiri foi a de falar diante do público.

Acho que a minha estreia foi em Katrineholm, onde eu deveria fazer uma palestra de trinta minutos com três outras organizações e uma empresa. Meus colegas tinham trazido belas apresentações de power point, dois deles eram bem mais velhos e experientes do que eu e todos eles eram superprofissionais.

Quando chegou a minha vez, subi rapidamente ao palco, ainda magra após minha hospitalização, bem-vestida, mas ainda um pouco pálida, escrevi meu nome no quadro branco e fiz exatos cinco minutos de palestra com voz mecânica, agradeci a atenção do público e voltei a toda pressa para o meu assento.

E assim foi por um bom tempo até encontrar o meu lugar e aprender a captar a atenção do público. A temática que eu tinha também era muito grata: todos tiravam algum proveito do tema "consumo televisivo e comportamento midiático" e, portanto, eu modificava minha palestra, elaborava a dramaturgia, inseria imagens e relatos, lançava alguns números e algumas informações para a plateia e decorava tudo com explicações, anedotas e naturalmente aqui e ali alguma piada curta. E, visto que com o passar do tempo meu material foi ficando cada vez mais eloquente e era significativo por si só, tive a possibilidade de concentrar-me na minha apresentação e na minha retórica.

Passado mais ou menos meio ano eu já superara o nervosismo e utilizava o material ilustrativo só mais como tira-gosto para o público, fazia minha exposição com elegância, recebendo aplauso espontâneo durante a palestra e aclamação estrondosa no final. Depois disso, ficava durante horas como se estivesse nas nuvens.

Após um curto período eu já sabia que um dia aplicaria esses novos conhecimentos a um contexto bem diferente. Pois se eu era capaz de aprender as técnicas de exposição oral, eu poderia fazer isso também com outras coisas, com assuntos bem mais importantes, como a vida e o amor, com pontos fracos e fortes e com o meu desenvolvimento pessoal. Eu queria chegar ao maior número possível de pessoas, inspirá-las e entusiasmá-las, acendendo em seus olhos pequenas estrelas cintilantes.

Como eu gostava muito desse trabalho, decidi fazer o curso de *coaching*. Minha expectativa era que essa formação não exigiria muito de mim, porque há anos eu já vinha exercendo a atividade de assessora na esfera privada. Seria o início de um longo período de formação, pois o meu certificado de *coach* representava para mim apenas o primeiro passo na minha nova escola de vida, e desde então não parei de aprofundar minha formação.

Desde o começo eu tinha mais clientes do que gostaria, mas era bem objetiva, sabia exatamente como e para que eu queria trabalhar. E para atingir esse objetivo aprendi tudo que podia, li muito, encontrei pessoas e escutei o que elas tinham a dizer, observei tudo com atenção, absorvi toda informação disponível e todo conhecimento e colocava desafios cada vez maiores para mim mesma. Habituei-me a dizer SIM sempre que sentia angústia diante de algo novo e a dizer NÃO quando minha intuição recomendava não fazer algo por não querer ser vista em determinado contexto ou porque não queria estar na companhia de certas pessoas.

Porém, essa fase do desenvolvimento revelou ainda outras coisas, coisas bem mais angustiantes: as exigências exageradamente altas que eu tinha imposto a mim mesma, à forma de me apresentar, às minhas realizações e à minha capacidade de levá-las a cabo. Ao modo como se apresentava meu lar, ao comportamento das minhas crianças, à maneira de relacionar-me com meus amigos, às coisas pelas quais eu me engajava. Ao meu casamento, à minha saúde, aos meus sonhos e às minhas visões.

Quanto à felicidade que eu sentia, à minha autoestima, à minha alegria de viver e à chance de aperfeiçoar-me, eu não tinha intenção nenhuma de contentar-me com um "suficientemente bom". Mas no que se refere às minhas realizações, às minhas expectativas em relação a mim mesma e à pressão que eu exercia por meio delas, no futuro eu me satisfaria com um "suficientemente bom".

Hoje estou bem como estou.

Geralmente consigo ser uma perfeccionista positiva. Isso significa que, em cada nova tarefa, busco o melhor resultado possível, que pode muito bem ser perfeito. Quer se trate de uma palestra, de um seminário para lideranças, de uma coluna de revista ou jornal, de uma sessão de *coaching* ou de uma participação na mídia, eu gostaria de olhar para trás e poder dizer: "Estou satisfeita e não faria diferente se o fizesse novamente". E quando não consigo dar o melhor de mim, quando algo sai errado ou quando acontece algum imprevisto, esforço-me por tirar a lição daquilo, perguntando-me como me comportarei quando me deparar com uma situação semelhante no futuro. Pois não preciso cometer o mesmo erro duas vezes.

Além disso, dificilmente algo poderá sair muito errado porque não estou mais tão tensa e angustiada como no início. Hoje consigo lidar bem com situações inesperadas, sinto-me segura e em paz comigo mesma. O desenvolvimento da minha personalidade, minha viagem do perfeccionismo até a sensação de que estou *bem assim*, passando pelo "basta!", demandou muitos anos. Mas agora cheguei lá.

Há alguns dias eu havia combinado jantar com amigos. Estava morta de cansaço e teria preferido ficar em casa comendo algum doce na frente da televisão. Ao mesmo tempo, porém, estava desejosa de ver meus amigos. Dez minutos antes de sair, desabei em prantos. Em seguida, sequei minhas lágrimas, montei na bicicleta e saí. Tempos atrás eu teria reprimido meus sentimentos, posto um sorriso na cara e dito que tudo está ótimo. Em vez disso, contei para os meus amigos como estava me sentindo, que estava caindo de cansada e que acabara de chorar feito criança. E o que fizeram eles? Tomaram-me nos braços e pediram champanhe!

Hoje deixo espaço suficiente para mim mesma, o que levou a que meus relacionamentos com os outros passassem a estar baseados na reciprocidade. Pois, é como me disse recentemente um amigo: "Quem é que quer ser amigo de uma pessoa perfeita?"

Lá em casa, no entanto, as coisas não mudaram muito. Como atualmente estou trabalhando em casa, amontoam-se no meu local de trabalho documentos, livros especializados, papéis, pastas, artigos e recortes de jornal. Um dia estava parada no meio desse caos e soltei o lamento: "Socorro, olha só o que parece isso!" Então a minha filha mais velha respondeu: "Mas olha só, mamãe, isso é puro conforto; parece até que tem alguém morando aqui!"

Muito agradecida. Não há como levar isso a mal. Em toda parte, estão pendurados e afixados desenhos, cartinhas de amor, bilhetes, fotos e lembranças de belos momentos. Nessa casa há vida e movimento. Aqui não existe mais aquela mania de perfeição, ela está bem assim. E isso é suficiente para nós.

Também como mãe estou bem assim. Faço o melhor que posso e não há dúvida quanto ao meu amor pelas minhas crianças. Acho que elas são as três pessoas mais extraordinárias, mais amáveis, mais legais, mais maravilhosas e mais espetaculares que existem! Quero que elas possam desenvolver a sua personalidade da forma como foi concebida. É importante volta e meia fazer o tempo parar e tratar de não esquivar-se com um "só preciso terminar isso aqui ainda", mas dedicar tempo para um encontro franco e atento com elas quando elas querem ou precisam. Quando faço algo idiota, peço desculpas. Adultos também são passíveis de cometer erros; eles também precisam aprender. Vou a todas as reuniões de pais e mães que consigo incluir no meu cronograma. Só que não vou mais para aparecer para os outros pais e as outras mães, mas porque tenho um interesse genuíno.

Vivo atualmente uma relação com um homem maravilhoso e experimento um amor tão arrebatador que muitas vezes tenho de beliscar-me para ter certeza de que não estou sonhando. Finalmente estou serena e tenho uma boa autoestima para reconhecer quando cometi um erro e como posso corrigi-lo.

Eu sou eu e ele é ele. Sou forte e não desabo quando não tenho um ombro para me apoiar. Mas, ao mesmo tempo, desfruto o estar a dois e a vida com ele.

Sempre tive muita energia, sou ativa e objetiva e realizo meus planos e minhas concepções. Hoje, porém, consigo usar essas qualidades positivamente a meu favor, isto é, elas não me roubam energia; pelo contrário, elas me suprem de energia e me sustentam. Sou capaz de ligar e desligar minha energia. No cotidiano, isso significa entremear cada uma das sessões de trabalho e reuniões com um cochilo, desligar o telefone quando o silêncio é recomendado, incluir tempo livre no cronograma do plano de atividades ou imergir na leitura de um livro interessante.

Gosto de mim, sou curiosa e quero continuar crescendo e aprender um montão de coisas. Quero ler muito, ouvir, ver e vivenciar muitas coisas, quero viajar, experimentar tudo que for possível e impossível. Os resultados que consigo são de qualidade variada: às vezes sou sensacional, outras vezes o que faço apenas dá para o gasto. Nestes casos, tento superar tudo com uma boa risada.

A vida que levo é plena de significado. É a minha vida. Dou e recebo amor e basta-me ser suficientemente boa nisso.

E não tenho mais dores abdominais.

3

Ah, é o amor...

Desperdiçamos nosso tempo à procura do e da amante perfeito(a), em vez de criar o amor perfeito.

Tim Robbins, ator e diretor norte-americano.

Talvez seja verdade que não existe o homem perfeito nem a mulher perfeita, muito menos a relação perfeita. Mas dizer isso nesses termos parece bem triste e pouco efetivo.

Mas, em compensação, existem pessoas amáveis que se sentem atraídas uma pela outra, que têm interesses e valores comuns e sentem paixão e desejo uma pela outra. Pessoas que querem compartilhar a vida mutuamente, despertar de manhã nos braços uma da outra e à noite adormecer num abraço apertado e que carregam juntas todas as preocupações e alegrias da vida, dias festivos e o cotidiano, que identificam as necessidades do outro e a cada dia renovam sua curiosidade uma pela outra.

Encontrar "a pessoa certa"

É absurdo e tempo perdido preparar listas com itens sobre a aparência que a pessoa certa deverá ter ou como ela deve ser. Se você fizer exigências muito elevadas e, por essa via, reduzir ao mínimo a possibilidade de concretização de suas concepções, porque somente um número bem pequeno de pessoas consegue corresponder a elas, você estará sabotando a si mesma ou a si mesmo. Você se privará da possibilidade de conhecer outras pessoas interessantes que também poderiam constituir uma escolha excepcional! Você limita de antemão as suas possibilidades de escolha e, dependendo das circunstâncias, desperdiça ótimas oportunidades que se apresentam.

Lúcia contou-me o seguinte

Já estou há quatro anos procurando o parceiro perfeito; sem sucesso. Por isso comecei a ter dúvidas; talvez ele nem exista. Uma conhecida me disse que eu simplesmente deveria sair e conhecer novas pessoas. Para que eu reaprenda a ver homens como pessoas e não como parceiros em potencial. Talvez assim eu achasse novos amigos e, mais adiante, talvez até me apaixonasse por um deles. É uma maneira bem nova de ver as coisas. Talvez seja bom eu experimentá-la.

Cátia contou-me o seguinte

Meu pai e minha mãe estão juntos até hoje e têm uma relação fantástica, muito amorosa. Acho isso ótimo. No entanto, isso me faz nutrir expectativas elevadas em relação ao relacionamento com um homem. Teremos de combinar de modo pelo menos tão perfeito como meu pai e minha mãe. Tenho a sensação de que eles esperam que eu assuma isso da minha infância e que não venha a contentar-me com menos do que isso. Acho certo ter um alto nível de exigência, mas me sinto enormemente pressionada por isso. Decerto é por isso que sou solteira.

Rosa contou-me o seguinte

Ele deve estar fisicamente em forma, ser alegre, atencioso, gentil e romântico. Deve ter um emprego interessante, ganhar dinheiro suficiente, ter uma família legal com a qual se entende bem. Ele deve me trazer rosas de vez em quando e gostar de fazer faxina.

Guilherme contou-me o seguinte

Quero que ela tenha um belo bumbum, seja alegre, atrevida e goste de esportes, mas ao mesmo tempo seja bem feminina. Ela deve ser independente, ganhar seu próprio dinheiro, gostar dos meus amigos e querer ter filhos.

Eva contou-me o seguinte

Tenho uma lista de itens para verificar que aparência deve ter e como deve ser o homem dos meus sonhos, mas até agora não o encontrei. Sempre tem alguma coisa que não fecha, sempre falta um item da lista. Como aconteceu, por exemplo, no último encontro que tive: o cara era extremamente amável, de boa aparência, estava super bem-vestido, tinha um belo emprego, era interessado e tivemos uma conversa muito boa, mas comia ruidosamente de boca aberta, e por isso foi imediatamente reprovado.

Há pessoas que passam a maior parte do tempo de sua vida procurando o parceiro perfeito. Naturalmente elas são bastante solitárias.

Assim como não existe o parceiro perfeito, quem procura também não é perfeito. Mas quando a obsessão pela perfeição atravanca o caminho, fica difícil ver as próprias limitações e deficiências. Ou, o que é ainda pior, é impossível reconhecê-las e aceitá-las, o que teria como consequência inevitável que se poderia aprender a lidar com elas e tirar as lições apropriadas delas.

Mas é claro, a festa de casamento perfeita

A festa de casamento é a ocasião apropriada para um perfeccionista superar a si mesmo. Um sonho! Tudo tem de funcionar perfeitamente. A intenção é propiciar uma base para a relação, todos estão presentes, nada pode ser mudado no último segundo, tudo que acontece é registrado.

Todos os nervos estão à flor da pele.

O casal nupcial está sob constante observação.

Eu casei uma vez. Com vestido de noiva branco, um montão de convidados, um jantar colossal e toda a pompa. Naturalmente eu queria que tudo saísse perfeito. E foi, mas também houve um lance bastante cômico: mais ou menos quinze minutos antes da cerimônia eu estava sentada com minha pequena enteada – que seria dama de honra – na limusine a caminho da igreja. De repente senti necessidade urgente de ir ao banheiro; eu sabia muito bem que não conseguiria me segurar durante toda a cerimônia de casamento – eu tinha de ir antes ao banheiro.

Porém, isso não foi tarefa fácil! Numa tarde de sábado, início do verão, não havia sequer uma loja ou um restaurante abertos. Por isso, demos voltas pela Ilha Ingarö, até encontrar uma casa, em cujo jardim vimos pessoas. A proprietária, que apareceu por entre os arbustos, sorriu para mim e me mostrou onde encontrar o banheiro. Assim, entrei na casa a passos largos trajando o vestido de noiva, anáguas, véu e cauda. O marido, que não tinha acompanhado minha conversa com sua esposa, estava ao fogão fritando almôndegas. Ele não tinha noção de quem estava subitamente invadindo a sua casa. Jamais esquecerei seu olhar: olhos arregalados e boca aberta. Ele parecia um peixe.

Eu me aliviei.

E cheguei 22min atrasada ao meu próprio casamento.

As festas de casamento sempre proporcionam muitas histórias engraçadas: acontecimentos inesperados, sogras histéricas e noivos nervosos, convidados bêbados, discursos constrangedores, ex-namorados, e assim por diante.

Quando tantos sentimentos, tantas expectativas e concepções estão implicados, para um perfeccionista é o auge, trata-se de quebrar recordes. Porém, uma festa de casamento não é para ser um *show*, mas um ato de amor.

Quando você está metido numa relação com um perfeccionista, há algumas coisas que lhe causarão muita dor de cabeça. Você terá de ir além de apenas esforçar-se para fazer tudo certo. E mesmo assim nunca será suficiente.

Relacionamentos: uma questão delicada para perfeccionistas

Para as pessoas perfeccionistas os relacionamentos com outras pessoas em geral e com parceiros sexuais em particular figuram entre os maiores desafios da vida. A existência de um perfeccionista na vida profissional é muitas vezes mais fácil, pois, afinal de contas, trata-se de fazer um trabalho excelente, dar conta da lista de coisas a fazer e não cometer erros. O mesmo vale para o seu quarto ou sua casa, que devem ser mantidos escrupulosamente limpos, assim como o corpo, o vestuário e a aparência. Porém, quando se trata de relacionamentos interpessoais, surgem novos problemas justamente por se tratar de pessoas e não de objetos. Pessoas que, dependendo das circunstâncias, não fazem o que você gostaria que fizessem, que não correspondem às suas expectativas, pessoas que são muito mais calmas e lentas, bem menos preocupadas do que você, que são menos cuidadosas, menos competentes, menos ambiciosas ou quaisquer que sejam as expectativas que você nutre em relação a quem convive com você.

O cerne do problema é que uma pessoa perfeccionista é extremamente intolerante com as demais – afinal, elas não fazem o que ela quer! E o perfeccionista sempre sabe tudo melhor! Além disso, ele quer ter tudo sob controle, o que demanda um esforço terrível e penoso, o que, por sua vez, aumenta a sua intolerância.

Intolerância e mania de controlar.

Numa relação, isso não é algo exatamente *sexy*, não é verdade?

A Universidade da Colúmbia Britânica em Vancouver, no Canadá, realizou vários estudos sobre o tema e constatou que as pessoas perfeccionistas têm dificuldades muito maiores em seus relacionamentos e em suas amizades do que as enfrentadas por outras pessoas. O perfeccionismo exerce uma influência nitidamente negativa sobre os relacionamentos.

Ao todo 74 casais que estiveram casados ou viveram juntos por mais de quatro anos participaram dos estudos. As pessoas ligadas a um perfeccionista disseram que suas parceiras pediam deles que também se tornassem perfeccionistas. As pessoas perfeccionistas, na maioria dos casos, eram mais sarcásticas, criticavam o parceiro com mais frequência, o que levava a um número bem maior de conflitos do que no caso dos casais em que nenhum dos parceiros era perfeccionista. O casal perfeccionista (ou seja, no qual um dos parceiros era perfeccionista) percebia sua relação como insatisfatória e dolorosa, expressando-se em termos bem menos positivos sobre a relação do que outros. (Mais dados sobre esses estudos podem ser consultados na homepage www.ubc.ca, palavra-chave: *Perfectionism and Sexual Satisfaction in Intimate Relationships* [Perfeccionismo e satisfação sexual em relacionamentos íntimos].)

Como os perfeccionistas preferem andar de pés descalços sobre brasas do que admitir debilidades na sua relação, eles tampouco conseguem pedir ajuda. Diante de seus problemas e suas dificuldades, portanto, o casal fica entregue a sua própria sorte. E está cercado exteriormente por um muro com uma bela fachada.

Em vez de enfrentar seus problemas de relacionamento, o perfeccionista frequentemente se lança cheio de ambição sobre tudo o mais: ele é um monstro de eficiência no trabalho, treina freneticamente, veste-se com perfeição, está sempre radiante, tem uma casa tinindo de limpa, é asseado e ordeiro, é o cara das mil e uma possibilidades e um tipo superbacana – com certeza você sabe do que estou falando. Ele faz de tudo para não ter de se ocupar consigo mesmo e com a sua relação. Um perfeccionista não tem coragem de mostrar seu verdadeiro eu. Além disso, ele está totalmente convencido de que uma relação de amor tem de ser 100% feliz o tempo todo. O perfeccionista não consegue aceitar momentos de depressão, tempos difíceis, vales sombrios e fases monótonas num relacionamento. Por isso, ele precisa empreender algo imediatamente quando a coisa começa a ficar um pouco enfadonha, botar tudo de volta no lugar, mudar o humor. Infelizmente, porém, ele só corrige a superfície, para que tudo volte a ter a aparência perfeita de antes, mas não vai fundo na questão. Um perfeccionista não se aventura a tanto.

O perfeccionismo destrói relacionamentos

Ana contou-me o seguinte

Sei que o meu perfeccionismo destruiu nosso relacionamento. Minhas exigências elevadas, associadas com minha impaciência e um nível de tolerância muito baixo levaram a que meu companheiro de vida acabasse não aguentando mais ficar comigo. Com frequência cada vez maior ele ficava fora até tarde, fazia horas extras, e quando estava em casa geralmente ficava sentado em silêncio na frente do televisor.

Ana teve de reconhecer que seu relacionamento ruiu por causa do perfeccionismo que a governava e governava a sua vida com mão de ferro. E sempre tinha sido assim. Como não quer repetir esse erro, ela passou a ocupar-se com a ideia do "suficientemente bom", propondo para si mesma etapas menores e não tão dramáticas para chegar ao objetivo e tentando ver-se sob outra luz.

Os perfeccionistas e o sexo

Algumas teorias afirmam que os perfeccionistas têm uma relação problemática com sua sexualidade. Isso tem a ver com o fato de que se trata de pessoas-cabeça, que passam o tempo todo revendo e iluminando seus pensamentos.

Não é fácil cultivar um relacionamento com uma pessoa perfeccionista, porque ela ergue uma muralha contra toda intimidade, proximidade, contra todos os sentimentos e toda vulnerabilidade. Isso ao mesmo tempo leva a um alto grau de frustração, que, por sua vez, desemboca em agressão e raiva.

Você sempre precisa ter tudo sob controle, não pode relaxar nunca. Mas o que é o sexo senão relaxamento total? Esquecer seu entorno, o burburinho e o vaivém agitado. Desligar celulares, televisor, o mundo à volta e entregar-se totalmente ao corpo do outro e ao prazer. No sexo não se trata primordialmente de ter o controle. O maior prazer possível se atinge num estado em que toda a tensão se desprende de nós.

Puxa, estamos muuuuito bem – A história de Jaqueline

Aí estava ela parada diante de mim e sorria; inclinando a cabeça para o lado, ela disse:

> Não, sério mesmo, estamos muuuuito bem. Chega a ser genial, fantástico. É a pura realidade, é fato e é maravilhoso.

Toda vez que Jaqueline dizia isso seu coração ficava dividido, porque ela sabia que estava mentindo para si mesma, que estava espezinhando seus sentimentos por não ter a coragem de mostrar-se. Ela nem mesmo admitia ter sentimentos, pois estes haviam sido escondidos no canto mais remoto do porão da alma. E toda vez que eles batiam à porta do porão, querendo sair para tomar um pouco de ar e ver a luz do sol, ela comprava um cadeado novo e ainda mais maciço. Pois essa porta jamais deveria ser aberta.

E o mais esquisito nisso tudo é que ela própria acreditava no que dizia.

> Apropriei-me rapidamente de um padrão. Tudo estava perfeito se eu acreditasse firmemente que tudo ficaria bem, que tudo voltaria para o lugar certo e que eu acharia uma solução! Assim, pouco a pouco. Então tudo se realizaria, eu só não havia chegado na realidade ainda. Além disso, eu pensava que ninguém percebia contra o que eu estava lutando. E quando alguém me perguntava, eu era especialista em erguer um muro ainda mais alto em torno de mim, um muro mais sólido, mais largo, mais impenetrável. E eu estava convicta da minha estratégia – mas, meu Deus, quanta energia me custou cerrar os olhos todos esses anos.

Sua atitude de viver incessantemente num mundo de fantasia e aferrar-se à crença de que, desse modo, um dia chegaria a viver um matrimônio perfeito causou mais dano do que proveito. Jaqueline prejudicou a si própria, ao seu parceiro e aos dois como casal. Ela perseverou na crença de que tudo que causava dor passaria – o fato de seu marido decidir tudo, xingá-la e brigar com ela, beber demais e às vezes se tornar violento (embora nunca tenha batido nela). Tudo passaria.

Sem que ela mesma tivesse de agir.

Pois o que aconteceria se agisse?

Se encarasse o problema de frente?

Só muito lentamente ela ganhou novas forças, principalmente em virtude de um novo local de trabalho. Ela experimentou afirmação de fora, assumiu uma função em outro contexto, recebia telefonemas, era requisitada, solicitada por causa dos seus conhecimentos, por causa dela mesma.

> Por fim, dei um basta. Não aguentei mais fechar os olhos para o estado em que se encontrava o meu matrimônio. Fui forçada a assumir a responsabilidade pela minha vida e eu quis assumir essa responsabilidade. Tomei consciência de tudo que eu tivera de aguentar até ali, como fui tratada e ofendida nesses anos todos e o que deixei que fizessem comigo. Mas também reconheci minha parcela de culpa nisso. Era um círculo vicioso: eu me sentia mal no meu matrimônio, sofria na mão do meu marido, mas se não mostro isso para ninguém, se continuo vivendo assim e faço de conta que, por trás da fachada do nosso matrimônio, tudo está perfeito, então eu mesma não preciso examinar a coisa mais de perto. Filtrei tudo com uma peneira muito fina. Mas desse modo também obstruí o caminho para receber ajuda; não posso pedir ajuda para ninguém nem exigir qualquer mudança do meu marido. Eu mesma tive de encarar nossos problemas, antes de poder empreender algo contra eles.

O relacionamento dos dois não durou. Às vezes é assim mesmo. A vida toma outro rumo, diferente do que está indicado no mapa com suas setas e indicações. Jaqueline segurara o mapa tão perto do nariz que não conseguiu ver o caminho por onde anda.

Hoje ela leva uma vida bem diferente, mas sua jornada foi longa e dolorida. Porém, foi uma dor diferente daquela que sentiu em seu matrimônio. Ela se libertou do seu perfeccionismo que a havia protegido das dores propriamente ditas. Hoje ela consegue ver as inter-relações, entende seus sentimentos, pensamentos e seu comportamento naquela época. E consegue entender até o seu ex-marido.

Com muita coragem, força de vontade e com apoio amoroso Jaqueline logrou compreender que sua vida anterior não se sustentava mais. As dores se tornaram insuportáveis e a mudança era sua única chance. Quando sua fachada desmoronou e o perfeccionismo cedeu de forma lenta, mas segura, ela finalmente pôde desenvolver sua personalidade com todos seus pontos fortes e fracos. Ela se tornou mais tolerante, curiosa a respeito de si mesma e de outros e encarou a vida e as pessoas com quem convivia com mais serenidade.

> Quando hoje alguém me pergunta como estou, a primeira coisa que faço é pensar antes de responder. Ouço o meu íntimo e então dou uma resposta sincera, dizendo como estou me sentindo neste exato momento. Sinto como uma grande libertação poder dizer que não estou bem quando isso de fato é assim.

TAREFA 3

Que repercussões o seu perfeccionismo ou o das pessoas que convivem com você teve nas suas relações amorosas?

Registre por escrito suas ideias sobre isso.

Você pode mudar somente a si mesma

Alguma vez você tentou mudar seu parceiro ou sua parceira?

Para que ele ou ela combine melhor com você?

Você não é a única pessoa a fazer isso.

> Seria bom se ele fosse um pouquinho mais sociável...
> Seria bom se ele fosse um pouquinho mais organizado...
> Seria bom se ele se interessasse um pouquinho mais pelas mesmas coisas que eu...
> Seria bom se ele me compreendesse um pouco melhor...

É possível mencionar uma quantidade interminável de parâmetros como esses, que poderiam constar da lista de requisitos do parceiro perfeito. E realmente há pessoas que elaboram essas listas.

Tarefa 4

A citação a seguir sobre o desejo de mudar seu parceiro provém da cantora norte-americana Barbra Streisand: "Por que uma mulher se empenha durante dez anos para mudar os hábitos do seu marido para então queixar-se de que ele não é mais o homem com quem se casou?"

Você pode refletir um pouco sobre isso. Por exemplo, elabore uma lista de coisas que você tentou mudar no seu parceiro ou na sua parceira. Quais foram as qualidades do seu parceiro ou ex-companheiro de vida pelas quais você se apaixonou? O que, a seu ver, caracteriza uma relação amorosa? O que você aprecia nela? Registre por escrito suas ideias sobre isso.

Alex contou-me o seguinte

Antes de encontrar minha mulher, só tive relacionamentos com não perfeccionistas. Minha mulher é superperfeccionista. Agora eu sempre arrumo as coisas e mantenho a ordem, mesmo quando ela está viajando, como se eu tivesse me contaminado. Meu grau de exigência aumentou, tanto em relação a mim quanto ao meu entorno. Acredito que, quando convivemos com uma pessoa assim, tornamo-nos tão perfeccionistas quanto ela ou exatamente o oposto. Depois que eu faxinei e arrumei o quarto das crianças, vem a minha mulher e dá, por assim dizer, o toque de classe. Os livros das crianças têm de estar organizados por tamanho na estante e as caixas de brinquedos devem estar todas com suas respectivas tampas. Os controles remotos na sala de estar também devem estar dispostos por tamanho sobre a mesinha de centro; ela nota imediatamente qualquer modificação. Meu domínio é a cozinha. Não consigo deixar nenhuma louça na pia, tenho de guardá-la imediatamente, senão não consigo assistir televisão em paz.

Magno contou-me o seguinte

Minha mulher faz as malas quando vamos viajar. Ela as faz três dias antes da partida e depois disso não posso acrescentar mais nada, senão a catástrofe é certa. Quando viajamos para o interior, ela leva determinada mala com um zíper que tem de permanecer sempre fechado para que as formigas não consigam entrar. Quando saímos por uma única noite, a roupa é posta nessa mala, mas não tenho permissão para abri-la, pois posso deixar tudo revirado. Tenho de pedir para a minha mulher retirar dela a peça de roupa que desejo usar. Quando viajo sozinho, simplesmente enfio minhas coisas dentro de uma mala e isso funciona tão bem quanto.

Andreia contou-me o seguinte

Meu companheiro de vida é responsável por lavar as roupas. Não devo me meter nisso, a não ser que ele peça expressamente. Depois que as roupas estão organizadas nos armários, só posso tirar minhas próprias peças de roupa. Não as das crianças, pois estas estão dispostas segundo um sistema bem-determinado. Por exemplo, quando se quer vestir a camiseta que está em terceiro lugar de cima para baixo numa pilha, é preciso tirar primeiro as duas de cima, pegar a camiseta que se deseja e repor aquelas duas direitinho na pilha.

Conheço a história de uma mulher que fez tudo que estava ao seu alcance para contentar seu marido – que era perfeccionista. Nada do que fazia era suficientemente bom, não chegava nem perto disso. Ela trabalhava como uma condenada para corresponder às suas exigências e ficou tão arrasada que alimentou ideias suicidas. Ela quis escrever uma carta de despedida, mas no meio do caminho ficou subitamente claro para ela o que estava fazendo. Então tomou a decisão de se mandar dali a toda pressa e despedir-se daquela relação.

Identificar necessidades – A chave para a mudança

É impossível para uma pessoa só satisfazer todas as necessidades de outra pessoa. Essa tarefa é assumida por diferentes pessoas em diferentes níveis e em diferentes momentos. Expectativas desmesuradas em relação ao parceiro ou à parceira são impossíveis de cumprir, principalmente porque muitas vezes nem são verbalizadas, mas se pressupõe tacitamente que o parceiro ou parceira está vendo a necessidade e deveria satisfazê-la.

É difícil expressar as reais necessidades e encarar isso como o fundamento para uma vida feliz. Mas pode-se começar a exercitar isso a qualquer momento!

Como perfeccionista, você é uma bomba-relógio de sentimentos ativada que pode explodir sempre que algo dá errado.

Por essa razão, também é difícil para um perfeccionista distinguir uma divergência de opinião de um problema de verdade – tudo é tratado com a mesma intensidade emocional. Isso, por sua vez, torna impossível ao parceiro ou à parceira reconhecer quando se trata de algo sério e quando não. É como se alguém estivesse constantemente gritando "lobo", certamente você conhece a fábula de Esopo intitulada "O pastor brincalhão"[2]. E quando um dia o lobo realmente aparece, ninguém mais acorre aos gritos de socorro, porque estes foram dados com demasiada frequência.

Os perfeccionistas costumam se jogar de corpo e alma numa discussão e ficam incrivelmente frustrados quando não são levados tão a sério como esperavam. Possuem uma sensibilidade muito fina para captar quando não são compreendidos. Sentem grande frustração porque as pessoas não veem o que para eles é mais do que evidente. Nessa situação, é de grande ajuda visualizar a necessidade que naquele justo momento não está sendo satisfeita: é o caminho para obter mais compreensão, bem-estar e, por fim, a felicidade.

Necessidades humanas fundamentais são:

- ♥ poder determinar pessoalmente nossos sonhos, objetivos e valores;
- ♥ poder determinar pessoalmente como realizar nossos sonhos, atingir nossos objetivos e querer viver de acordo com nossos valores;
- ♥ constância;
- ♥ credibilidade;
- ♥ criatividade;
- ♥ relevância;
- ♥ valor próprio (autoestima);
- ♥ certeza;
- ♥ incerteza;
- ♥ ordem;
- ♥ ar;
- ♥ água;
- ♥ comida;
- ♥ esporte e movimento;

2 Em alemão, o título da fábula é "O jovem que gritava 'lobo'". Cf. a versão em português em *As fábulas de Esopo*. Rio de Janeiro: Thex, 1999, p. 275 [Edição bilíngue] [Trad. de Manuel Aveleza] [N.T.].

- proteção contra perigos (violência);
- repouso;
- sexualidade;
- contato físico;
- poder lamentar a perda de uma pessoa amada ou qualquer outro evento triste ou trauma;
- comemorar nossos sucessos;
- harmonia;
- beleza;
- inspiração;
- jogo;
- rir;
- humor;
- espiritualidade;
- silêncio;
- aceitação;
- compreensão;
- proximidade;
- comunhão;
- cuidado;
- poder contribuir para o enriquecimento da vida;
- segurança afetiva;
- empatia;
- sinceridade (consigo mesmo e com outros);
- amor;
- encorajamento/incentivo;
- respeito;
- apoio;
- confiança;
- calor humano.

Quando nossa necessidade é satisfeita, sentimos:

- ♥ otimismo;
- ♥ energia;
- ♥ felicidade;
- ♥ entusiasmo;
- ♥ curiosidade;
- ♥ euforia;
- ♥ animação;
- ♥ alegria;
- ♥ esperança;
- ♥ inspiração;
- ♥ liberdade;
- ♥ alívio;
- ♥ gratidão;
- ♥ acolhimento;
- ♥ motivação para agir.

Quando nossa necessidade não é satisfeita, sentimos:

- ♥ raiva;
- ♥ decepção;
- ♥ irritação;
- ♥ frustração;
- ♥ abatimento;
- ♥ inquietação;
- ♥ angústia;
- ♥ dúvida;
- ♥ agitação;
- ♥ esgotamento;
- ♥ indiferença;
- ♥ tristeza;

- nervosismo;
- impotência;
- traição.

Tarefa 5

Examine com cuidado o seu relacionamento e pondere quais são as suas necessidades, quais estão sendo satisfeitas e quais não. Se no momento você não tiver nenhum relacionamento, verifique o que houve nas suas parcerias anteriores e como nelas se lidou com as suas necessidades. Você consegue identificar algum padrão? Sente um forte desejo de proximidade física, de contato físico e sexo, que, no entanto, não foi saciado? Ou você tem muita necessidade de reconhecimento, estímulo e apoio? Você recebe isso do seu parceiro ou da sua parceira?
Registre por escrito suas ideias sobre isso.

Tarefa 6

(faz parte da tarefa 5)
Agora talvez você já tenha conseguido obter um panorama das coisas que faltam, as coisas que anseia ter. Se você tem um relacionamento, chegou a hora de articular seus desejos. Não exigir, jamais exigir, mas apenas desejar.

Tânia contou-me o seguinte

Eu tenho muita necessidade de contato físico; desejo que nos toquemos com mais frequência, que demos as mãos e nos abracemos mais vezes – mais do que estamos fazendo.

Quando você formular seus desejos, é importante que escolha palavras claras para que o seu parceiro ou a sua parceira entenda bem – e possa satisfazer seu desejo. A necessidade de contato físico pode consistir em ficar deitado e dormir abraçadinhos na cama, receber uma massagem por noite e dar até cinco abraços por dia.
Primeiro pense bem no que você quer e depois comunique os seus desejos de modo tão explícito quanto possível.
Registre por escrito suas ideias sobre isso.

O perfeccionista brigando

Como bom perfeccionista, é coisa fácil para você criticar o seu parceiro ou a sua parceira. Ou não?

Visto que as exigências que você faz a si e com frequência também aos outros são inadequadamente altas, via de regra quem sai frustrado é você. E em algum lugar terá de descarregar a sua frustração por não conseguir a coisa perfeita, não conseguir que seja como imaginou.

Criticar é fácil. A crítica sempre está ao alcance da mão e só o que se precisa fazer é descarregá-la em quem estiver mais perto.

Algumas ideias para levar com você:

♥ Jamais critique seu parceiro ou sua parceira (ou quem quer que seja) como pessoa, mas concentre-se em acontecimentos e ações singulares: isto é, naquilo que a pessoa fez, não naquilo que ela é. Não lance nenhum ataque pessoal.

♥ Escute com atenção e esforce-se para entender o seu parceiro ou a sua parceira.

♥ Fale dos seus sentimentos e das suas necessidades.

♥ Procure concentrar-se numa possível solução, em vez de fixar-se no problema.

♥ Atenha-se ao tema em questão, sem querer ajustar contas antigas.

♥ Escolha suas palavras com cuidado.

♥ Respeite o seu interlocutor, mesmo que as opiniões de ambos divirjam.

♥ Adote uma atitude conciliadora.

♥ E, para concluir: evitem discutir quando ambos estiverem cansados, com fome, estressados ou não sóbrios – façam dez minutos ou mesmo, digamos, dois dias de pausa, até que tiverem se acalmado e puderem conversar em tom normal.

O que de fato está em jogo? – A história de Betina

Há alguns anos uma mulher jovem me procurou pedindo ajuda. Ela padecia de uma forte mania de controlar tudo, que havia contaminado seu matrimônio e feito dele uma coisa sem graça. Ela era perfeccionista até a raiz dos cabelos. Sabia exatamente como queria as coisas: como pôr a mesa, como organizar os sapatos no corredor, as camas feitas pareciam as de um hotel, as superfícies de trabalho tinindo de tão limpas na cozinha, as roupas penduradas milimetricamente – o pacote completo.

Ela era uma pessoa alegre e disposta, mas havia certa tristeza em seus olhos. As expectativas e exigências que tinha em relação ao seu entorno não eram realistas e, quando não se cumpriam, sua decepção era imensa.

Ela acabou dando um basta a isso. Estava farta de fazer exigências tão elevadas que ninguém conseguia cumprir; estava farta de não ter mais vontade de estar com o seu marido, mas ficar enervada toda vez que se encontravam no mesmo recinto; estava farta de não poder rir de alguma coisa todo dia.

"O que de fato está em jogo aqui?", perguntei-lhe.

Havia algo pressionando Betina tanto que chegava a doer. A dor era tão grande que não era possível simplesmente desviar os olhos ou apenas arranhar a superfície.

Betina precisava de ajuda na relação consigo mesma, pois só depois disso é que ela poderia dedicar-se ao seu matrimônio. Ela amava seu marido e não queria perdê-lo ou deixá-lo. Deixou isso claro desde o início das nossas conversas e manteve esse propósito o tempo todo.

Ela começou, portanto, a ouvir o seu interior e prestar atenção a si mesma. Aprendeu a recusar algo quando tinha a impressão de não ser certo ou bom. Aprendeu a encontrar uma resposta sincera *dentro de si mesma*: Queria mesmo participar dessa ação ou dessa refeição, ou preferia não fazer isso?

Ela fez um treinamento para libertar-se da opinião do seu entorno e preocupar-se a respeito de como ela mesma se via como pessoa, que concepções ela tinha de si mesma como pessoa.

A jornada de Betina durou mais ou menos meio ano, e então ela voltou a sentir-se melhor. Seu marido a acompanhara no processo, mesmo que ele sempre estivesse um passo atrás. Então ambos começaram a trabalhar sua relação, reconstruindo-a desde a base. E para dentro desse trabalho confluíram todas as necessidades, grandes e pequenas, porque, no decorrer do nosso procedimento, Betina se tornara atenta para elas e aprendera a reconhecê-las e articulá-las.

Betina e seu marido descobriram, então, que tinham necessidades totalmente diferentes. Betina era brincalhona e tinha um forte anseio por cultivar contatos sociais; seu marido, em contraposição, desejava silêncio, ordem e repouso.

Porém, agora eles estavam em condições de ver suas necessidades mútuas sob uma luz bem nova e ir ao encontro um do outro de modo diferente.

Dê uma chance para a sua amada ou o seu amado

Fernanda contou-me o seguinte

Não acredito que ele consiga fazer a coisa certa. Por isso, é melhor eu mesma fazê-la.

Olívia contou-me o seguinte

Primeiro eu xingo e me queixo. Depois eu corro de um lado para o outro, resmungando baixinho, bancando a mártir, e quero que todos vejam, ouçam e entendam quanta coisa tenho de fazer sozinha porque meu parceiro é tão incapaz e faz tudo errado. A pessoa mais prejudicada com isso sou eu mesma. Mas eu também sei que essa atitude é totalmente idiota e não leva a lugar nenhum.

Quando uma criança pequena vem e mostra para você o desenho que ela mesma fez, você dirá: “Olha só, que bonito!”, ou: “Você desenha muito bem!” E logo depois a criança vem com mais desenhos, dois, quatro, dez ou dezesseis, recebe elogio e afirmação de você e fica contente e inspirada.

Imagina se, em vez disso, você tivesse respondido: “Ih, essa figura não deu muito certo, né? Aqui e ali ainda falta isto e aquilo, aliás, isso não é lá muito parecido com um barco, não acha? Não, apague tudo e comece do começo; da próxima vez já vai ficar melhor!"

Você acredita que a criança algum dia voltaria a mostrar-lhe seus desenhos?

Neli contou-me o seguinte

Quando ele pendura as roupas lavadas, o que se vê no varal são tripas emboladas e enroladas. Ele não alisa as peças primeiro, como eu faço. Não podemos ficar andando por aí com as roupas amarrotadas!

Oh céus, claro que não, que papelão faríamos?

Diana contou-me o seguinte

Nada do que Tomás faz está suficientemente bom. Acho que ele ganha muito pouco, quando se considera o quanto se desgasta no seu trabalho. Ele não se interessa pelas mesmas coisas que eu e as coisas que considera importantes são bem diferentes das que eu considero importantes. Para ser exata, eu poderia fazer uma lista bem comprida dessas coisas.

Suas exigências são tão altas que Tomás jamais conseguirá cumpri-las.

A tentativa estaria condenada ao fracasso praticamente desde o início.

No entanto, o que ele pode fazer é decidir como comportar-se em relação às exigências de sua parceira: Ele vai querer engolir as exigências de Diana e tentar satisfazê-las ou impedir que o perfeccionismo exerça uma influência grande demais sobre ele e restringir seus efeitos?

Neste último caso, ele teria de expressar isso com muita clareza. Por exemplo, assim:

> Constatei que não correspondo às expectativas que você tem em relação a mim. Isso faz com que eu me sinta insuficiente, inferior, sem valor e inútil. Mas eu tenho a necessidade de ser valioso e de realizar coisas significativas. Por isso eu peço que você fale comigo sobre as suas expectativas, os seus valores e ideais, para que possamos conversar sobre a forma de configurar nossa relação. Você acredita que pode atender ao meu pedido?

Você agora provavelmente está pensando isto: Falando sério, é preciso mesmo que ele diga isso nesses termos?

Sim, exatamente isso ele deveria dizer se quiser que ela pare de pisoteá-lo e queira dar uma chance séria à relação. Além disso, a comunicação dos dois ganhará profundidade, porque poderão começar a falar sobre as motivações de suas expectativas.

Troque as suas noções antigas por noções novas:

◆ **Noção antiga:** fica tudo jogado pela escada; na hora de subir, ele poderia levar as coisas dele junto, mas nem se dá conta.

♥ **Noção nova:** o que eu deixei atirado na escada, levarei comigo quando subir; as coisas dele, ele mesmo terá de levar para cima. Na verdade, não é grande coisa.

◆ **Noção antiga:** que coisa! Ele não consegue deixar as roupas dele em ordem! O armário dele parece uma dessas bancas de artigos de liquidação!

♥ **Noção nova:** eu cuido das minhas coisas e ele cuida das dele. Assim tudo fica mais simples.

◆ **Noção antiga:** nem me ocorre vir rastejando pedir desculpas! Ele tem a maior parcela de culpa.

♥ **Noção nova:** eu me responsabilizarei pela minha parcela na discussão e ele se responsabilizará pela sua.

◆ **Noção antiga:** como é que ele consegue andar para lá e para cá com toda calma e cantarolar baixinho quando os hóspedes estão para chegar?!

♥ **Noção nova:** que bom que ele consegue estar tão tranquilo. Como é que ele faz isso? Eu também gostaria de ser capaz disso.

Tente recorrer à CNV e a comunicação funcionará

Não há – pelo que sei – método de comunicação mais efetivo, amoroso e respeitoso do que a comunicação não violenta (CNV). Ela consiste de quatro componentes: observação, sentimento, necessidade e pedido.

O norte-americano Marshall B. Rosenberg desenvolveu o conceito da comunicação não violenta na década de 1970. A CNV pressupõe não misturar observação com valorações ou interpretações, entrar em contato com o seu sentimento e descrevê-lo, reconhecer e comunicar claramente a necessidade não satisfeita por trás do sentimento e expressar o pedido como desejo em vez de exigência.

Tão simples. Tão viável. Tão esclarecedor.

Com o passar dos anos, a CNV evoluiu de forma de comunicação para atitude diante da vida. Rosenberg constatou que pessoas capazes de se comunicar também tinham relacionamentos que funcionavam, o que, por sua vez, intensificava sua sensação de bem-estar e sua alegria de viver.

A CNV trata, acima de tudo, de ampliar o autoconhecimento (algo elementarmente necessário para quem quer se livrar do seu perfeccionismo) e desenvolver empatia por si mesmo e por outras pessoas. Trata-se de ser empático com relação às necessidades e aos sentimentos das pessoas com quem convivemos e expressar suas próprias necessidades e sentimentos.

Em suma:

A observação é feita sem qualquer interpretação, avaliação, crítica ou valoração: "Observo que você chega atrasado a todos os nossos encontros".

O sentimento é separado dos pensamentos e das ações: "Isso me deixa triste".

A necessidade não satisfeita é externada: "Para mim é importante que meu tempo seja respeitado".

O pedido é formulado sem qualquer tom de exigência: "Por isso, gostaria que, daqui por diante, você chegue pontualmente aos nossos encontros".

Hoje em dia a CNV é usada em todo o mundo, no nível pessoal e interpessoal, em empresas e organizações. Há *coaches* treinados nela, que são capazes de, por sua vez, ministrar formação e oferecer seminários.

Você pode se informar mais sobre a comunicação não violenta com a organização internacional *The Center for Non Violent Communication* [Centro para a Comunicação Não Violenta] (www.cnvc.org).

Os perfeccionistas estão como que lacrados e, por essa razão, têm grandes dificuldades em demonstrar empatia, ouvir a si mesmos e encarar de frente suas necessidades: Estas estão sendo satisfeitas ou não?

A comunicação não violenta se presta extraordinariamente para todos os relacionamentos. Mas ela é especialmente apropriada para relações amorosas, porque nelas você geralmente se encontra muito mais vulnerável do que em outras relações.

TAREFA 7

Você pode usar a comunicação não violenta no seu relacionamento para expressar as necessidades que você sente! Faça um teste durante uma semana e veja o que acontece.

Como são as conversas de vocês agora?

O tom de voz se modificou?

O que acontece com o seu parceiro ou a sua parceira quando você se comunica com ele ou com ela de uma maneira nova?

Registre por escrito suas ideias sobre isso.

4

Pais e mães infalíveis?

Pais e mães perfeitos? São os que não gritam com suas crianças e que vez ou outra dizem não para que não fiquem mimadas demais. E que dizem muitas e muitas vezes para suas crianças que as amam.

Alexandra Gummesson, 10 anos.

Pais e mães bacanas são os que não obrigam a gente a comer peixe.

Max Gummesson, 7 anos (hoje com 18 anos).

Perfeitos do começo ao fim

Começa logo após o nascimento esse anseio de fazer tudo certo e ser perfeito. Mal essa maravilha da criação aterrissou, já é preciso amamentar. Mas isso muitas vezes é um processo difícil.

Linda contou-me o seguinte

A amamentação não funcionou de jeito nenhum. Imediatamente tive ingurgitação, febre, mamilos machucados, e meu pequeno Alex berrava de fome. As enfermeiras foram inflexíveis e me obrigaram a continuar, apesar das dores que sentia. Em algum momento, decidi que começaríamos com a mamadeira e um substituto do leite materno. Oh, foi fantástico! De repente tudo estava bem de novo! Jamais tentarei de novo satisfazer uma expectativa da qual não consigo dar conta.

A pressão sofrida pelas mães que recém deram à luz para fazer com que a amamentação do seu bebê funcione é tão grande tanto para a mãe quanto para a criança que às vezes acaba não tendo mais jeito. E ainda é preciso gastar alguma energia adicional para se justificar e explicar a decisão de não amamentar.

Se você não amamenta a sua criança, não corresponde à imagem da boa mãe. Uma perfeccionista que se torna mãe naturalmente tem de preencher esse requisito. E ela se submeterá a uma pressão muito forte para que isso se cumpra. E então chega a ansiada grande felicidade que nos inunda. Ou não?

Eu não estava no êxtase da felicidade – A história de Carolina

Antônio está agora com 12 anos de idade e sua mãe Carolina o ama mais que tudo. Ela está casada com Claus, o pai de Antônio, há 16 anos, mora num apartamento em Malmö e leva uma vida satisfatória.

Há doze anos, contudo, a situação era outra. Por muitos anos Carolina e Claus tinham tentado ter um filho, mas sem sucesso. Um dia, de repente, Carolina se viu grávida!

A barriga crescia, ela teve uma gravidez sem complicações, preparou o quarto da criança, comprou um carrinho de bebê e esperou ansiosamente pelo nascimento. Antônio veio ao mundo numa manhã de primavera após treze horas de trabalho de parto. Mãe e filho estavam bem, mas cansados, e permaneceram alguns dias na maternidade para se recuperar. A amamentação apresentou problemas, Antônio não quis mamar, gritava muito e Carolina estava sem forças.

> Eu teria preferido tirar algumas semanas de férias, sobretudo de Antônio, do papel de ser mãe e das pessoas que ligavam e traziam flores. Amamentar era a última coisa que eu queria fazer; eu não conseguia suportar a proximidade física de Antônio.

Passaram-se dias e semanas e a coisa foi ficando cada vez pior.

> Isso chegou ao ponto de que eu não conseguia mais tomar Antônio nos braços. E isso aconteceu justo comigo, que queria ser uma mãe tão boa! Eu não sentia nenhum amor materno e só o que eu queria era dormir. O Claus teve de fazer tudo, trocar fraldas, vestir e tirar a roupa do bebê, carregá-lo, brincar com ele, abraçá-lo e aninhar-se com ele. Em vez disso, eu fazia a comida, limpava, cuidava da casa e me ocupava com outras coisas – na medida em que tinha forças para isso.

Carolina foi informada pelo hospital que estava com depressão pós-parto. Disseram-lhe que isso passaria. Nesse meio-tempo, ela deveria, ainda assim, tentar estabelecer um vínculo com a criança.

Mas isso foi mais difícil do que ela imaginava; ela simplesmente não quis segurar Antônio nos braços.

Em casa, ela inventou um sistema para que Claus lhe achegasse a criança ao peito e ela pudesse mamar. Depois que Antônio mamava – surpreendentemente Carolina tinha leite suficiente –, seu pai o retirava imediatamente. Isso continuou assim por alguns meses, até que a depressão desaparecesse lentamente e o sentimento de Carolina evoluísse passo a passo do estado indesejado para o amor materno dedicado.

> Então de repente fui assaltada por sentimentos de culpa. Eu tinha muita vergonha de não ter estado à disposição de Antônio. Eu fui implacável comigo mesma.

Hoje a pequena família leva uma vida boa como a de muitas outras famílias. Porém, a imagem de mãe feliz havia se fixado em Carolina e de tanto medo da possibilidade de experimentar novamente a mesma coisa, ela não arriscou uma nova gravidez. Embora não houvesse nada que ela mais desejasse do que viver conscientemente a primeira fase com um recém-nascido. Foi uma decisão difícil, mas o medo havia triunfado.

> Hoje tenho uma atitude bem diferente em relação a mães e pais. Sou muito mais tolerante e jamais condenaria quem não deseja corresponder às concepções tradicionais da imagem da mãe perfeita. Mas para mim isso não entra em cogitação. Sei que existem muitas maneiras de ver as coisas e muitas opiniões diferentes.

Pressão, pressão e mais pressão

Natação para o bebê, ginástica para o bebê, discoteca para o bebê, canto para o bebê, ioga para o bebê, dança para bebês, teatro para bebês, cinema para bebês, salsa para o bebê, massagem para o bebê, cultos divinos para o bebê. Grupos para aprender a engatinhar e pré-escola para todos. Fazemos exigências incrivelmente altas a esses pequenos seres. Queremos estimular todos os sentidos ao mesmo tempo. Não desperdiçar nenhuma oportunidade. A lista das possíveis atividades é longa e a minha avó de 93 anos de idade provavelmente diria: "Que babaquice é esta?", se ficasse sabendo todos os lugares para onde arrastamos nossos bebês.

Ao mesmo tempo, temos mães em exercício totalmente esgotadas.

Tempos depois, quando essas pequenas maravilhas ingressam na escola, o cronograma é ampliado ainda mais. Pois não basta ir à escola, fazer as tarefas de casa e depois ir brincar – não mesmo, tudo isso é emendado direto com treino de futebol, ginástica, tênis, balé, equitação, basquete, handebol, patinação artística, natação, esgrima, escotismo, aulas de piano, curso de desenho, aula de violão, teatro, aula de dança. Menciono apenas algumas atividades.

Olívia contou-me o seguinte

Mariana praticamente não tem tempo para se encontrar com alguma amiga: na segunda-feira, ela tem treino de basquete, nas terças e domingos tem futebol, quartas e sábados, tênis e na sexta-feira, dança. Sobra de fato só a quinta-feira, mas então nesse dia é preciso que todas tenham vontade de fazer isso.

É de se perguntar para quem Mariana faz isso propriamente? Mariana realmente tem um interesse tão candente por todas essas modalidades de esporte? Ou foram o pai e a mãe que elaboraram esse cronograma turbinado por crerem que hoje em dia se faz as coisas dessa maneira? Ou foi Mariana que sugeriu tudo isso e o pai e a mãe não lhe recusaram nada por medo de destoar dos demais?

Muitos psicólogos da infância recomendam fazer um passeio no mato com as crianças, construir um castelo de areia, cozinhar e conversar com elas, em vez de administrar essas atividades artificiais que atualmente quase sufocam tanto os grandes quanto os pequenos. Aqui estão alguns deles e o que pensam sobre isso:

- ♥ O pediatra norte-americano **Benjamin Spock** era veementemente contra pressionar crianças pequenas para que tenham um bom desempenho. Sua opinião era que a nossa sociedade de qualquer maneira já é bastante orientada para a competição. Em vez disso, deveríamos ponderar os valores que nos levam a cooperar uns com os outros e a ser simpáticos e amistosos.
- ♥ A médica e psicóloga de crianças **Sylvia Rimm**, também norte-americana, enfatizou no seu trabalho com crianças e pais/mães que os objetivos do desenvolvimento infantil e das atividades infantis devem ser realistas e equilibrados.

♥ **Jesper Juul** é um terapeuta familiar dinamarquês que já tem muitos livros publicados (*A criança competente*, *Criando uma família competente* etc.). Ele nos convida a não pensar no que as crianças NÃO são, mas no que elas são – a saber, no aqui e agora! Na sua opinião, fechamos os olhos quando nossas crianças não estão bem e temos grandes dificuldades para falar sobre isso. "Nossa insegurança como pais e mães leva a que apenas desempenhemos nosso papel de pais e mães perfeitos, em vez de mostrar às crianças nosso verdadeiro eu", conforme a formulação do próprio Jesper Juul numa entrevista para o jornal sueco *Dagens Nyheter*. Ele diz que esses pais e mães primeiro têm de tomar consciência desse seu lado perfeccionista para depois começar a viver no aqui e agora, como fazem as crianças. Quando se passa a vida toda querendo corresponder às exigências dos outros, isso com frequência acaba fazendo com que tenhamos baixa autoestima. "Ousem ser vocês mesmos!" Nesses termos ele apela aos pais e às mães com quem se encontra: "Mostrem seus sentimentos e não se apresentem como super-humanos!"

♥ É do psicólogo de crianças **Bent Hougaard**, também dinamarquês, que procede a expressão "pais e mães *curling*"[3]. Ele acha que pais e mães não fazem nenhum favor às suas crianças quando deixam sua pista – ou seja, sua vida – tão polida quanto possível, como se faz no *curling*. Pois as crianças acabam achando que tudo continuará assim por toda a vida. E isso não é verdade.

A pressão exercida sobre as crianças tem efeitos com os quais não havíamos contado. Expor-se a um estresse demasiado intenso durante o aprender e o viver pode levar a bloqueios que depois impedem de aprender qualquer coisa.

Muitos pais e mães exageram: eles aumentam a pressão sobre suas crianças em vez de estimulá-las.

E quando tudo tem de andar rápido, rápido, rápido e muita, muita, muita coisa tem de ser feita deixamos de ver algo realmente importante: os estados de ânimo das crianças, seus sinais, com os quais nos indicam como estão se sentindo, seus valores, sentimentos e pensamentos.

---

3 Jogo sobre o gelo no qual os participantes fazem deslizar discos ou pedras lisas contra um alvo [N.T.].

No fim, nada é como imaginamos

Alguém me disse isso pouco antes do nascimento da minha primeira filha em 1994. Já naquela época havia montes de livros que eu deveria ter lido, aprendido de cor e seguido à risca. Havia cursos de preparação para o parto que eu deveria ter frequentado e nos quais se esperava que eu conversasse sobre cãibras na barriga da perna e pernas inchadas com pessoas que me eram totalmente estranhas.

Podemos nos preparar 24 horas por dia, ler, ouvir, perguntar e absorver tudo, mas no fim nada é como imaginamos.

Eu havia me preocupado com as diversas possibilidades de anestesia, pensado sobre o que colocar na minha bolsa para o hospital e combinado exatamente o que faríamos com as duas crianças do meu marido, caso as dores começassem durante a noite. E tínhamos ponderado se, durante o parto, eu deveria ficar em pé, sentada ou deitada ou se queria um parto na água. Forjamos, elaboramos e analisamos planos.

Contudo, nada aconteceu como eu havia projetado.

Minha primeira preciosidade veio ao mundo vinte minutos depois de termos saído de casa.

Ninguém acreditou quando cheguei na sala de maternidade do hospital, afinal era a minha primeira vez e, além disso, ainda faltava uma semana para a hora marcada.

"Como posso saber que chegou a hora?", foi minha pergunta a uma parenta só dois dias antes. "Olha, Elizabeth, nesse caso não há como perder a hora. Você deve saber que sentirá dores muito fortes, mais fortes do que pode imaginar."

Infelizmente dores não são exatamente o melhor termômetro para mim, já que tenho um nível extremamente alto de tolerância a elas.

Segui à risca o que me disse minha parenta e esperei.

Esperei até achar que estava doendo o suficiente, que as dores eram mais fortes do que eu podia imaginar. Só então partimos para o hospital. Mal havia chegado lá, tive talvez mais uma contração e já botei no mundo a coisinha mais maravilhosa e bela que já vi na minha vida.

Uma mulher que conheci há muitos anos contou-me naquela ocasião que não se arriscava a ter uma gravidez por medo do parto. Pois ela tinha ouvido que, naquele momento, poderiam acontecer muitas coisas constrangedoras, sobre as quais não se tem nenhum controle. Durante o parto, algumas mulheres poderiam vomitar, urinar, gritar e ficar agressivas. E uma coisa dessas não lhe deveria suceder de jeito nenhum.

Mas, então, um dia ela teve uma filha, ainda que tenha sido mediante cesariana planejada. Tudo na ordem certa e direitinho dentro do cronograma. Tudo sob controle. Não obstante, provavelmente ela não será poupada de, no curso de sua vida, ocupar-se alguma vez com coisas que acontecem sem que ela possa controlá-las.

Tarefa 8

Que repercussões o seu perfeccionismo ou o das pessoas que convivem com você teve até agora sobre a sua maternidade e paternidade?

Registre por escrito suas ideias sobre isso.

Visto que é algo totalmente fora da realidade conseguir ser pais e mães perfeitos por um prazo de vinte anos – e até mais do que isso –, só a tentativa de fazer isso já é totalmente absurda. Apesar disso, é justamente essa ambição que motiva um sem-número de pais e mães. O que se pretende é que a criança faça o maior número de gols, que tire as melhores notas, comece a andar antes dos demais, seja benquista pela professora, tenha muitos amigos, seja gentil, tenha o peso normal e que, dentro do possível, não tenha nenhuma "combinação de letras" como SDAH ou SDA; que ela se comporte bem e de preferência seja a melhor na maioria das coisas, ou mesmo em todas.

Pais e mães perfeitos – Existe mesmo isso?

Há alguns anos uma colega me procurou e confessou sua frustração. Finalmente ela tinha engravidado do primeiro filho, depois de ter tentado em vão por muitos anos. Finalmente havia dado certo e agora se via inundada por anúncios, preceitos e afirmações a respeito do que ela não poderia deixar de comprar antes da vinda do seu presente do céu.

Maria contou-me o seguinte

Estou ficando louca! Todos dão palpites e dizem que não posso deixar de adquirir isso e aquilo. Tudo, desde o chocalho para o bebê até as toalhas com capuz! Como é que EU *vou saber o que é certo e o que é errado? Não tenho a mínima noção de crianças! Por isso, quero perguntar para você – do que de fato vou precisar quando o bebê chegar?*

Fiz para ela uma lista de coisas que facilitam a vida com o bebê quando adquiridas já antes do nascimento: carrinho de bebê, fraldas, algumas peças de roupa e uma coberta bonita e macia. Tudo o mais ela veria por si mesma depois. Achei uma atitude sensata de ela ter decidido dirigir-se a apenas uma pessoa em que confiava, em vez de absorver tudo que passava ao alcance da sua mão. Naturalmente ela poderia ter escolhido qualquer outra pessoa que já havia se tornado mãe ou pai. O fato de ter escolhido essa maneira de lidar com o assunto devolveu-lhe a calma e a aliviou da sobrecarga.

Logo depois ela deu à luz um adorável menino.

Selton contou-me o seguinte

Minha mulher leu um milhão de livros sobre educação de crianças. Não tenho chance nenhuma de ter minha própria opinião. Pois meu bom-senso saudável tem de medir-se com o saber dessa montanha de livros. Diante disso, você compreende logo que não há o que fazer...

Selton formulou isso ironicamente, mas ao mesmo tempo soou como uma capitulação. Ele queria educar seu filho segundo as suas próprias concepções e não segundo as prescrições que constavam num livro, cujo autor nunca tinha visto seu filho.

"Ler guias para ser pai e mãe chega a ser prejudicial", afirma a psicóloga de crianças Malin Bergström. Pelo menos quando os futuros pais e as futuras mães acreditam que têm de seguir certas leis, em vez de escolher o mais apropriado dentre as inspirações, dicas e palavras de encorajamento. Isso não vale só para livros, mas também para novos resultados de investigações e relatórios de pesquisas que não param de surgir.

Malin Bergström recomenda que se deve permanecer crítico e fazer perguntas para formar uma opinião própria. "Fico me perguntando se todos esses pais e essas mães ambiciosos e versados realmente são todos tão inseguros. Talvez eles só queiram mesmo fazer tudo certo?", disse Malin Bergström numa entrevista ao *Svenska Dagbladet.*

TAREFA 9

É isso mesmo?

Você simplesmente só quer fazer tudo certo?

Ponha a mão sobre o coração e diga para quem você quer fazer tudo certo e aparecer como o pai perfeito ou a mãe perfeita?

Para a criança?

Para você mesmo?

Ou para as outras pessoas?

Registre por escrito suas ideias sobre isso.

O que as pessoas vão dizer?

Após uma palestra que proferi no almoço de uma associação de mulheres, uma das participantes veio até mim, buscando conselho. Sua filha logo comemoraria seu sexto aniversário e esse evento a estava deixando preocupada.

> O que eu poderia organizar? Só em pensar nisso já fico esgotada. Esse evento é totalmente superestimado na classe, e as pessoas chegam a contratar palhaços e mágicos para as festas de aniversário, organizam gigantescas buscas ao tesouro, há presentes para todos que comparecem e sei lá o que mais. Não sei se vou conseguir fazer isso!

Preciso acrescentar que essa mulher morava numa casa grande, num subúrbio elegante de Estocolmo. Perguntei-lhe: "Você perguntou à sua filha como ela quer comemorar seu aniversário?" Não, ela não tinha feito isso. Mas o que isso tinha a ver com o evento?

Então lhe contei como eu faço com as minhas crianças. Eu lhes pergunto como elas querem comemorar. Na primeira vez, minha filha respondeu que queria ir ao cinema com a melhor amiga e depois jantar fora. Nada além disso.

E assim foi feito.

“Mas não se pode fazer isso! O que as pessoas vão dizer? Principalmente porque a minha filha vai acabar não sendo convidada para mais nenhum aniversário!” Não sei o que os pais e as mães das outras crianças disseram a respeito disso; não lhes pedi permissão para proceder da maneira que procedi. O que sei é que depois disso a minha filha foi convidada para muitos aniversários. E ela mesma ofereceu belas festas de aniversário. Mas ela, assim como suas irmãs, pode decidir todo ano como quer festejar o seu dia.

Não sei o que essa mulher decidiu fazer no final das contas, mas acredito que ela pelo menos refletiu sobre o assunto. Ou simplesmente me rotulou de louca.

Exigência e expectativa

A sociedade tem elevadas exigências e expectativas em relação a nós; tudo tem de ser mais e maior, mais rápido e melhor. Disso se segue logicamente que também devemos ser pais e mães perfeitos. Ou você tem de acreditar que deve ser perfeito como pai e mãe ou pelo menos parecer perfeito para os outros.

Em que consistem pais e mães perfeitos?

Os que levantam totalmente calmos e serenos aquela coisinha do chão do supermercado, onde ela há pouco mais parecia um vulcão em erupção porque não ganhou guloseimas?

Que explicam e explicam tudo e jamais se cansam da reclamação das crianças?

Que acompanham todos os jogos de futebol no domingo de manhã, mesmo debaixo de chuva torrencial?

Que não perdem uma confraternização de pais e mães, nenhuma reunião de pais e mães, nenhuma inauguração da exposição de desenhos infantis e jamais esquecem a mochila para a excursão nem a bolsa com os apetrechos para ginástica?

Que nunca dizem NÃO? Que nunca dizem “agora chega!”?

Não, sabe de uma coisa, pais e mães perfeitos simplesmente não existem.

Mas há muitos pais e mães que são suficientemente bons! E eles são exatamente os pais e as mães certos assim como são.

Tarefa 10

Em que consistem pais e mães de crianças pequenas que, a seu ver, são suficientemente bons?

Registre por escrito suas ideias sobre isso.

É claro que não existem pais e mães perfeitos. Mas existem pais e mães que, de acordo com suas capacidades, fazem o melhor que podem. Que a cada dia aprendem alguma coisa nova, que são atentos e que tratam suas crianças com amor e respeito.

Na minha opinião, você poderia ter confiança suficiente em você mesma e ser menos insegura se a deixassem em paz. Quando o ambiente em que vivemos nos abala com suas visões, queremos estar bem-preparados para não ser atropelados por ele.

Quando a felicidade materna começa a falhar

Uma conhecida minha teve uma criança relativamente tarde. Ou melhor, mais uma criança, pois ela já tivera três filhos adolescentes. E então veio a tão ansiada filha. Ela acabara de completar 45 anos de idade e muitos à sua volta engoliram em seco e deram um sorriso forçado quando ela anunciara sua gravidez, como se sentir alegria por isso fosse algo bem natural.

Ela teve de afirmar-se frente a tantas coisas. Teve de ficar radiante de felicidade por ser mãe para provar que tinha tomado a decisão correta e que a vida era cor-de-rosa e maravilhosa.

Mas infelizmente não foi assim. Foi mais difícil do que ela tinha esperado. Ela dormiu mal, quer dizer, nas noites em que conseguia conciliar o sono; além disso, não tinha mais amigos com crianças pequenas. Ou ela estava sozinha com sua filha ou passava o tempo com outras mães de crianças pequenas, todas elas quinze anos mais novas que ela.

Ela sentiu falta do seu emprego, dos seus colegas, de ficar um pouco mais no escritório após o expediente de trabalho, sair para beber um vinho e conversar. Ela sentiu falta de não mais poder comprar um voo de última hora ou, numa decisão rápida, ir ao cinema.

A tão ansiada felicidade de ser mãe não aconteceu, embora ela amasse acima de tudo sua tão longamente ansiada filha.

A virada aconteceu quando ela aceitou que agora sua vida era como era. Que não precisaria se apresentar como mãe radiante para pessoas que ela nem conhecia, mas que podia contar como se sentia. Ela organizou para si uma noite livre por semana, na qual ela ia à cidade, encontrava-se com amigas, inteirava-se das fofocas quentinhas do trabalho e podia conversar com pessoas da mesma idade. Depois disso, ela conseguia desfrutar muito melhor e de um jeito bem diferente as horas com sua pequena princesa em casa. O fato de ter identificado e aceito seus pensamentos e sentimentos proporcionou-lhe a possibilidade de examinar toda a situação a partir de outro ângulo e lidar de um modo diferente com ela.

Jamais pincelar além da borda

As pessoas perfeccionistas são obcecadas por jamais cometer um erro, não esquecer nada, jamais ser criticadas ou jamais comparecer com menos do que o melhor. O único problema grande e muito sério nesse modo de proceder é que você vive um exemplo para a sua criança, o de sempre ter de ser perfeita, comportar-se com perfeição, jamais dar motivo para crítica, jamais ser menos do que a ou o melhor, jamais esquecer a bolsa de ginástica, fazer pelo menos 79 de 80 pontos possíveis, precaver-se de não pincelar além da borda e jamais dar ouvidos à sua própria voz interior, mas sempre só à voz dos outros para corresponder às suas expectativas.

É arriscado viver assim. Mas, na verdade, você não deseja para a sua criança uma vida forçada e sem liberdade, na qual ela nunca consiga relaxar, nunca se sinta valorizada e amada simplesmente por ser ela mesma, mas só depois de conseguir fazer 80 pontos de 80 possíveis, não é mesmo?

Isso não quer dizer que você deixará de apoiá-la e encorajá-la. Você fará isso auxiliando-a nas tarefas de casa, falando sobre dificuldades e armadilhas da vida e proporcionando-lhe uma montanha de amor incondicional e encorajamento.

Pois é preciso que o amor seja incondicional. É preciso que ele venha diretamente do coração.

É claro que, para conseguir isso, você também terá de estabelecer limites. Limites que dizem o que está certo e o que não está certo. Limites para o comportamento, os pontos de vista, o tom e a execução. Quando você formula os limites para si mesma, você mostra o amor e o respeito que você nutre pela sua criança.

Se você mesma não é perfeita como mãe ou você mesmo não é perfeito como pai, está mostrando, desse modo, para a sua criança que não é preciso ser perfeito. Mas isso naturalmente quer dizer que você deve se comportar de modo correspondente, devendo ser bom o bastante para que a sua criança também possa ser assim. As crianças imitam a nós, os adultos. Por essa razão, palavras não bastam, sendo preciso mostrar ações.

Crianças perfeitas – Elas existem?

Rebeca contou-me o seguinte

Quando combino tomar um café com minhas crianças, não lhes dou biscoitos recheados ou brownies *ou coisas desse tipo. Não aguento ver bocas lambuzadas, fico o tempo todo limpando suas bocas e eu mesma não consigo comer nada. Por essa razão, geralmente lhes dou bolachas secas, que pelo menos não lambuzam daquele jeito.*

Uma professora de jardim de infância relatou um acontecimento em seu grupo. Ela estava sozinha com as crianças e duas haviam dado um encontrão e se machucado. Como podia atender só uma de cada vez, ela pediu a um dos meninos maiores que desse atenção à outra criança. Ela achava que ele poderia assumir a responsabilidade até que ela chegasse lá.

"Recomponha-se!", gritou o menino maior para a criança que chorava.

Então a professora compreendeu que o pai e a mãe desse menino falavam nesse tom com ele quando ele havia se machucado ou estava triste.

Pois uma criança perfeita não mostra sentimentos. Mostrar seus sentimentos significa viver, ter ciência dos processos que acontecem no seu íntimo e prestar atenção a si mesma. Os perfeccionistas deveriam fazer isso com mais frequência, visto que, no seu mundo, existem apenas poucos estados emocionais, que são: pressão e angústia, impulso e realização.

Estados emocionais diferentes nos ajudam a dar conta de diferentes situações vitais

- A **raiva** possibilita que estabeleçamos limites importantes e protejamos nossa integridade.
- Poder sentir e mostrar **tristeza** significa que somos receptivos a sentimentos e podemos sentir empatia uns pelos outros.
- A **angústia** nos torna vigilantes e protege-nos contra surpresas perigosas e desagradáveis.
- A **alegria** aumenta nossa resistência e multiplica as possibilidades de levar uma vida harmônica.

Para a pessoa perfeccionista é difícil mostrar seus sentimentos e, em consequência, ela também dificulta isso para as suas crianças. Você tem de dar o primeiro passo e mostrar seus sentimentos para que a sua criança tenha uma chance de desenvolver o seu registro sentimental. Os sentimentos que não podem ou não devem ser mostrados se transformam em muros invisíveis entre as pessoas. Somente quando você admite seus verdadeiros sentimentos e é capaz de mostrá-los para os outros poderá se aproximar de si mesmo e de outras pessoas. Os relacionamentos que se caracterizam pela proximidade propiciam acolhimento e harmonia. Não é isso que todos os pais e todas as mães querem para sua criança?

Muitas crianças com tendência para o perfeccionismo ficam paralisadas diante do desejo de fazer tudo certo e da angústia de fracassar. Elas extrapolam essa atitude e a aplicam a tudo e a todos – pois elas querem fazer tudo correto da mesma maneira e querem fazer isso tudo de uma só vez.

Como vai você, meu pequeno amigo? – A história de Julia

Conheço uma menina que era a melhor em tudo: Julia, a filha de um conhecido.

Julia era a oradora da classe, sempre tirava as melhores notas, cultivava muitos *hobbies*, nos quais se destacava pelo seu desempenho, era benquista pelas suas coleguinhas de classe, tinha um quarto bem arrumado e usava as horas do dia de modo significativo e efetivo.

Mas em algum momento Julia não conseguiu mais manter esse ritmo, começou a piorar cada vez mais, teve dificuldades para dormir, perdeu o apetite, nada mais lhe proporcionava alegria. Então ela entrou em pânico, temendo que pudesse decepcionar as pessoas ao seu redor se não conseguisse mais dar tudo de si e obter sempre o melhor resultado. Seu pai e sua mãe não ficaram sabendo nada da pressão sofrida por ela, pois Julia manteve a fachada e dava a impressão de estar tranquila e alegre. Mas no seu íntimo imperava o caos.

Um dia uma professora lhe perguntou como ela estava de fato e se necessitava de ajuda?

Então abriram-se as comportas. E uma ação consertada de socorro foi posta em movimento.

Julia teve de aprender com a ajuda de outros a prestar atenção em si e nos seus sentimentos. Ela deveria fazer refeições saudáveis e regulares, escolher uma única atividade de lazer e deixar de lado as demais. Deveria ter bastante contato com a natureza e absorver todos os odores: das árvores, dos arbustos, das flores e das gramíneas.

Ela começou a entrar em diálogo com seu pai e sua mãe, conversou sobre a sociedade, a escola, suas amigas, sobre a pressão de fora e como deveria lidar com ela. Aprendeu que estava tudo bem, mesmo quando nem tudo corria à perfeição.

Se Julia não tivesse recebido ajuda tão cedo, talvez se tivessem instalado transtornos digestivos e algum outro comportamento autoagressivo como arranhar os pulsos e os braços.

Esses perigos estão à espreita na próxima esquina, quando uma menina ou um menino perdem o controle sobre sua vida e não conseguem mais achar o rumo.

Vítor contou-me o seguinte

No nosso oitavo aniversário de casamento levei minha esposa para comer num restaurante chique. Algumas mesas afastada da nossa estava uma família com duas crianças em idade escolar, mais ou menos da idade das nossas duas. Elas comiam direitinho, mantinham uma postura adequada à mesa, usavam garfo e faca, falavam baixo e se comportavam como pequenos adultos. Pensei nas nossas crianças e que elas infelizmente jamais seriam assim. Elas brincariam e correriam pelo restaurante e perturbariam os demais clientes. Como é que esse pai e essa mãe conseguiam isso? Como haviam educado suas crianças desse jeito? E onde foi que nós erramos?

Crianças não são pequenos adultos! Crianças são crianças! Crianças brincam. Crianças se movimentam.

Imagine como seria se nós, adultos, tivéssemos preservado um pouco mais do nosso lado infantil, como o nosso mundo adulto poderia ser divertido...

O perfeccionismo é hereditário

É uma coisa bem triste observar Mamãe Perfeita com Filhinha Perfeita ou Papai Perfeito com Filhão Perfeito. Os pais e as mães passam para suas crianças os seus critérios de valor, o que não é tão favorável quando entre eles se encontram padrões de comportamento perfeccionistas.

As meninas gostam de assumir o papel da cuidadora, cultivam relacionamentos, mantêm o círculo de amizade unido, e com demasiada frequência são encorajadas a serem boas alunas. Dos meninos, em contraposição, esperamos que sejam esportivos e competitivos e que consigam deixar para trás com facilidade as coisas desagradáveis.

Sei que isso é bastante generalizado, mas vale mesmo assim.

Minha filha mais nova gosta de tudo que é apetrecho de menino: roupas azuis, de preferência com a estampa do homem-aranha, bonés de beisebol maneiros e tênis sinistros, calção de banho em vez de biquíni. Ela tem cinco anos de idade. Ela pode decidir por si mesma do que gosta. A famosa escritora e mãe de nove filhos Anna Wahlgren me ensinou que jamais se deve criticar o vestuário escolhido pelas crianças. Isso porque elas se ofenderiam se, depois de terem se arrumado, vissem apenas narizes torcidos e ouvissem a ordem de trocar de roupa.

Na pré-escola, isso às vezes causa alguma confusão, mas não com frequência. As pessoas se acostumaram com isso. Além disso, há no seu grupo um menino com o qual sucede a mesma coisa, só que ao inverso. Ele adora vestidos, tudo que é floreado e cor-de-rosa e esmalte para unhas. E isso também é permitido.

"Meninas não são meninos de verdade", diz minha filha. E isso está correto. De certa maneira.

E assim crescem as crianças e se pretende que elas tenham sucesso como adultos e como pais e mães em seus diferentes papéis – de preferência em todas as esferas, como verdadeiras perfeccionistas. Não se espera que sejam suficientemente boas na maioria das esferas e talvez as melhores em uma ou duas, mas que sejam perfeitas em tudo.

O que naturalmente é impossível.

A maioria das mulheres tomou consciência disso de modo doloroso depois que chegou a uma posição de liderança. Quando isso acontece, elas não podem mais levar as coisas na esportiva, desligar a necessidade de controle e mostrar todas as suas facetas. (Mais sobre isso no capítulo "Mas é claro, chefe!")

Jogue a sua consciência pesada no lixo!

Até agora não pude constatar que uma consciência pesada tenha servido para algo bom. Eu teria muita curiosidade de saber se para alguém ela alguma vez teve algum efeito positivo.

Uma consciência pesada é provocada pela acusação de ter fracassado como pai ou mãe por não corresponder a expectativas não declaradas. Por não ter tido força, capacidade, vontade ou energia para dar, organizar, levar de carro, estar presente, consertar. É isso que causa uma consciência pesada.

E, por causa disso, as crianças tomaram o poder nas suas próprias quatro paredes. Elas determinam o que passará na televisão na sexta-feira à noite, o que há para comer, para onde vamos nas férias.

Por essa via, modificou-se também um tanto o papel de pai e mãe, passando do de autoridade para o de interlocutor, caixa de ressonância e reparador. Porém, quando os papéis se dissolvem e perdem a nitidez, torna-se mais difícil formular com precisão as expectativas em relação a você, como pai ou mãe, e também em relação à criança. Para você, na condição de perfeccionista, isso representa um trabalho sobrenatural para ser o/ou a melhor em tantos níveis diferentes. Fixar limites claros é especialmente difícil para você porque você prefere evitar um conflito.

Caixa de ferramentas para ser pai ou mãe

♥ **Não se compare com outros pais e mães.** Você faz as coisas tão bem quanto lhe é possível nas circunstâncias dadas. Outros pais e outras mães fazem o melhor que podem e, quando resolvem as coisas de outra maneira, é porque levam uma vida diferente da sua. "*Todos os outros podem fazer isso; por que eu não?*", pergunta a criança que está aprendendo a discutir (o que é uma capacidade excepcional - deixem a criança treinar!). Quanto a esse "*todos os outros*", você facilmente verificará que com frequência trata-se de apenas uma pessoa e às vezes não há uma sequer.

♥ **Confie em você e em suas capacidades.** Cabeça erguida e confiança em você. Por exemplo, tudo bem se você decidiu levar o seu bebê de poucos meses de idade com você a uma festa e deixa-o dormindo num cômodo silencioso. Se outras pessoas torcerem o nariz e *acharem que não se deveria sair de casa com crianças tão pequenas*, diga para si mesma que é a opinião delas. Elas teriam decidido assim, mas você tomou uma decisão diferente.

♥ **Aventure-se a andar por caminhos ainda não trilhados.** *Think big* [pense grande], sem limites e espontaneamente. Você não precisa fazer o que todos os outros fazem. Ouse fazer as coisas que você e suas crianças querem fazer. Vocês se divertirão muito mais juntos.

♥ **Deixe suas crianças participarem das mudanças.** Conte-lhes que você está tentando ser suficientemente bom em vez de ser perfeito. As crianças têm uma fantasia maravilhosa e muita criatividade mental; elas adorarão ouvir isso e desenvolverão um montão de ideias de como vocês poderão pôr isso em prática.

♥ **Aplique o princípio do "suficientemente bom" do modo mais concreto possível.** Por exemplo, se até agora você cozinhou comida de verdade todo santo dia, sete vezes por semana, sem apelar para produtos prontos, a partir de agora pode ser suficiente fazer isso só em quatro ou cinco dias por semana. Nos outros dias, haverá outras coisas para comer: vocês saem para comer, preparam pães ou torradas, pedem uma pizza ou aceitam um convite de outras pessoas para jantar. E se você tiver o impulso de participar de todos os encerramentos, encontros de pais e mães, reuniões do jardim de infância, excursões, então decida permanecer no máximo uma hora em cada um dos eventos ou que poderá faltar em dois deles por semestre – de não faltar a nenhuma data marcada para faltar a duas é uma mudança enorme, mas não é impossível.

♥ **Comunique-se com a sua criança.** Quanto mais vocês souberem sobre os valores de cada um e quanto melhor conhecerem a personalidade um do outro, tanto mais estreita será a relação entre vocês. E será um relacionamento sincero e honesto. Não faça disso uma coisa grave e complicada e não peça para ter uma conversa a sós. Vocês podem conversar durante um passeio, enquanto estiverem cozinhando juntos ou em qualquer outro contexto cotidiano e natural.

♥ **Anime-se a mostrar seus sentimentos** – rir, chorar, mostrar fraqueza, sentir-se inseguro, sentir com intensidade, ficar em dúvida, ficar eufórico. Desse modo, você mostra para a sua criança que todos os sentimentos são permitidos.

♥ **Resolva as coisas que você sabe fazer bem.** Não se preocupe com o resto ou então peça ajuda para alguém. Ou então ganhe uma distância saudável, reconhecendo que você não é o ás na organização de uma festa para a classe do filho. Infelizmente é a sua vez de fazer isso. Vejamos o que você sabe fazer bem? Resolva isso e aceite ajuda para dar conta das demais coisas. Nem tente fazer tudo sozinho. Aceitar ajuda é prova de coragem!

♥ **Seja bom com você mesmo!** Se você fizer isso, também poderá ser bom com seus companheiros e suas companheiras de vida. Ponha-se em primeiro lugar algumas vezes, ocasionalmente dê a preferência para si mesmo. Frequente um curso quando tiver vontade. Seu parceiro terá de cuidar das crianças, mas você deve ir sem nenhuma consciência pesada.

Registre por escrito suas ideias sobre isso.

Pais e mães perfeitos para jovens – Como eles são?

> Mamãe, não quero mais que você fique o dia inteiro comigo na escola, como você sempre fez. Nenhuma das outras mães faz isso, ok?

Nessa ocasião, minha preciosidade mais velha recém tinha chegado ao quinto ano. Até esse dia memorável, eu havia acompanhado cada uma das minhas crianças uma vez por semestre durante um dia inteiro na sala de aula. Às vezes eu até ia com mais frequência. Penso que assim fico sabendo mais do que numa reunião com pais e mães.

Porém, quanto a ela, esse tempo tinha passado. Tive de aceitar isso.

Fiquei contente por ter outras duas filhas.

Como são os pais e as mães perfeitos para jovens? Para os que se encontram na puberdade, para os adolescentes mais jovens e para os mais velhos?

O que se espera de mim como pessoa?

Que eu passe todas as noites de sexta-feira em claro?

Que eu supervisione tudo o que eles aprontam na *internet* e que saiba do que se trata quando falam de Whatsapp, Snapchat e Twitter?

Que eu seja sempre gentil, legal e incrível e lhes compre bebidas alcoólicas para me sentir amada e considerada boa por algumas horas?

Que eu fale como eles e aceite tudo, que os deixe fazer o que quiserem, que os leve e busque em todos os lugares e esteja sempre à disposição?

Que eu lhes compre tudo o que quiserem ter sem jamais dizer não? E que, quando alguma vez faço isso, ou seja, quando digo não, carregue a minha consciência pesada por aí como grilhões presos aos meus pés?

Não. Não mesmo, se você quer saber. Você pode ser suficientemente bom para a sua criança adolescente tanto quanto é suficientemente bom para um recém-nascido. Você pode ser uma mãe suficientemente boa ou um pai ou um chefe ou um amigo suficientemente bons. Pode se alegrar por ter um corpo suficientemente bom ou pelo gramado cortado de maneira suficientemente boa.

Se tratar a si e à sua criança com amor e respeito, já deixou para trás um bom trecho do caminho a percorrer.

Tarefa 11

Como são os pais e as mães suficientemente bons para jovens? Registre por escrito suas ideias sobre isso.

Diga adeus ao perfeccionismo na sua vida de pai e mãe

♥ **Converse com outros pais e outras mães!** As duas partes tiram proveito disso, o dobro de conhecimento e experiência para você e para os outros.

♥ **Aceite ajuda**, quando sentir que uma situação vai além das suas forças e você não sabe mais o que fazer.

♥ **Não leve tudo tão a sério.** Avance aos pouquinhos. Retire a dramaticidade da condição de ser pai e mãe e, em vez disso, desfrute-a o quanto puder! Seja divertido e divirta-se com isso.

♥ **Tenha a coragem de falhar.** Admita para si mesma quando algo saiu errado.

♥ **E tenha coragem de ser o adulto.**

♥ **Mas também deixe a criança assumir responsabilidade.** As crianças se desenvolvem com a rapidez de foguetes quando podem assumir responsabilidade.

♥ **Tenha confiança em você como pai e mãe.** Sem desmerecer as opiniões dos especialistas, mas afinal é você quem conhece melhor sua criança. Dê ouvidos ao seu saber e à sua intuição.

♥ **Exercite-se em ser suficientemente bom.** Reduza as suas expectativas e fique satisfeito com o que você tem, em vez de concentrar-se no que você não tem.

♥ **Pense bem: as crianças observam como você se comporta – e imitam o que você faz.** Pesquisadores australianos fizeram uma pesquisa com alunas de uma escola sobre sua relação com o próprio corpo. O resultado foi que só as meninas de cinco anos tiveram uma abordagem despreocupada de si mesmas. Nos demais casos, as meninas frequentemente conviviam em casa com mães que faziam uma dieta após a outra e assim influenciaram a autoimagem das suas filhas. O comportamento dos adultos é minuciosamente observado e registrado. Pense nisso e comporte-se responsavelmente.

- **Você deve banir a consciência pesada.** "Não sou suficientemente boa para nada." Muitas pessoas dizem isso de si mesmas, principalmente mulheres. Marque presença. Você fará o que estiver ao seu alcance. Isso basta! Quando tiver tomado uma decisão, permaneça coerente e fiel a ela. Mas você deve banir a consciência pesada da sua vida, pois ela traz mais prejuízo do que proveito.
- **Não tenha tanto medo de cometer erros!** Qual é mesmo a pior coisa que pode acontecer? Que as crianças do vizinho de fato ganhem mais de mesada do que as suas? Que o seu raio de sol não saiba de cor todas as estrofes da canção de Natal? Que os outros pais e as outras mães fiquem falando de você pelas costas? Você deve permitir os erros e desculpar-se quando necessário. Com isso, suas crianças aprenderão como se desculpar e que não é perigoso cometer um erro. Sobrevive-se a isso!
- **Cumule sua criança de amor!** E de respeito! E de mais amor! Sente-se toda noite na beira da cama dela e diga-lhe o quanto você a acha fantástica, sobretudo também naqueles dias em que vocês se desentenderam. Encoraje-a a ser ousada, a crescer, a pensar grande sobre si mesma e sobre a vida. Elogie-a por suas qualidades e não só por suas realizações.

Registre por escrito suas ideias sobre isso.

P.S.: Hoje tenho um acesso às minhas crianças que é muito diferente do que eu tinha anteriormente. Temos um autêntico relacionamento. Faxino menos e brinco mais. Hoje à noite pulamos corda na sala de estar (minha filha do meio disse: "Você parece uma criancinha de cinco anos, mamãe!", e quase morreu de rir), e durante a brincadeira cantamos toda a parada de sucessos de alto a baixo até as vidraças começarem a tremer.

5

Parentes: maldição ou bênção?

Deus nos deu os parentes; por sorte, nós mesmos podemos escolher nossos amigos.

Ethel Watts Mumford, escritora norte-americana.

Querida perfeccionista: qual é, via de regra, a reação dos seus parentes quando mais uma vez você fez a sua mágica e serviu uma refeição fantástica? Quando mais uma vez você se superou com a decoração natalina, as figuras de neve artificial na janela, a massa de pão de mel feita em casa e cartõezinhos com nomes rimados em todos os presentes?

O pessoal não irrompe em júbilo? Eles não dizem como você é incrível? E elogiam você por suas realizações inacreditáveis? E constatam uma vez mais que não existe ninguém como você?

Querido companheiro ou querida companheira de vida ou parente de uma pessoa perfeccionista: como você reage quando mais uma vez é convidado para um bufê de solstício de verão em que as mesas se vergam sob o peso das iguarias? Com torta de morango, postas de arenque, caça ao tesouro, bebidas e dança em volta do mastro do solstício? Tudo arranjado com perfeição, nada deixado ao acaso?

Você não aplaudiria também? E diria como tudo isso é incrível e grandioso? Tudo é tão bem preparado e tão bonito que, quando você vier da próxima vez, saberá que não ficará decepcionado, pois ali não falta nada?

Você já sabe onde quero chegar? Você não precisa ser vidente para saber que a pessoa perfeccionista repetirá todo o cenário! Só para receber de novo toda essa fabulosa afirmação!

Júbilo, aplauso, reconhecimento, flores!

E que mal há nisso? Afinal, a maioria de nós é praticamente subnutrido no que se refere à afirmação, visto que quase todos nós somos igualmente incapazes de elogiar-nos e cumprimentar-nos mutuamente.

Porque, na verdade, você nem deve se permitir pensar que é grande coisa.

Não deve dar-se demasiada importância ou tentar sobressair-se. Não deve querer ser melhor do que os outros.

Portanto, guarda isso para si mesmo. Porém, você tem essas ideias e isso faz com que tenda a ficar invejoso e malevolente em vez de generoso e inspirado.

TAREFA 12

Pense nas pessoas ao seu redor. Quais delas são extraordinárias e fizeram algo que o tocou profundamente, que o impressionou? Pode ter sido recentemente ou há mais tempo.

Registre por escrito suas ideias sobre isso.

E agora você vai pegar o telefone ou sentar-se ao computador e mandar um recado para elas!

A flores são para quem as merece. Quando você compra flores para alguém, você as entrega para essa pessoa ou apenas permite que ela dê uma cheiradinha nelas?

Dê um empurrão em você mesmo e diga para a pessoa que a impressionou por que isso aconteceu. Entregue essas flores e aumente a qualidade de vida de duas pessoas ao mesmo tempo – a sua própria e a que foi presenteada com as flores.

Certa vez fiz um experimento interessante comigo mesma.

Durante uma semana expressei todos os elogios que me ocorriam imediatamente para a pessoa em questão. Uma vez quase trapaceei, mas então pensei melhor, dei meia-volta e tive de andar duas quadras atrás de uma jovem mulher só para dizer-lhe que estava com um vestido maravilhoso. Tive uma semana realmente divertida!

Como perfeccionista que quer ser suficientemente bom, você tem de dar a si mesmo muito mais reconhecimento, em vez de, por exemplo, matar-se trabalhando pelo aplauso dos seus parentes. Na próxima ceia de Natal – você organizará uma refeição compartilhada, na qual cada um poderá trazer alguma coisa de casa e todos poderão fazer uso da cozinha ou então comprará massa pronta de pão de mel ou eliminará algumas receitas do cardápio em prol da energia, da vontade e da saúde de que você dispõe. Leva tempo para se habituar a não exigir tanto de si e, via de regra, leva mais tempo ainda até que os parentes e as pessoas ao nosso redor se contentem com menos do que havia antes. Mas com um pouco de teimosia e persistência isso é possível. E com a sensação de que o "está bom assim" é suficiente e bom.

Tarefa 13

Tente lembrar: Quando foi a última vez que você elogiou alguém e foi elogiado? Registre por escrito suas ideias sobre isso.

Este aqui é um passo tremendamente importante no caminho para se libertar do seu perfeccionismo negativo – retirando-lhe, por assim dizer, os nutrientes. E se você estiver rodeada de perfeccionistas não esqueça de comemorar mesmo que as coisas não saiam perfeitas. Justamente por isso comemore e bata palmas! Alegre-se com o fato de que a sua prima perfeccionista preparou apenas um simples *quiche*, em vez do habitual cardápio de três pratos; que a sua tia perfeccionista comprou os componentes prontos na padaria da esquina, em vez de levantar às seis horas da manhã para fazê-los em casa. Alegre-se pelo fato de ela ter assumido a responsabilidade por sua saúde e sua própria vida e diga-lhes que são pessoas extraordinárias, independentemente de suas grandiosas realizações.

Quando a campainha toca já estou completamente exausta – A história de Vânia

> Sempre celebramos juntos o Natal, a Páscoa, o Solstício de verão e outros feriados, sempre na nossa casa, porque o espaço é maior. Então vêm nossos parentes e, ao todo, so-

mando crianças e adultos, reunimos mais ou menos vinte pessoas. Isso significa bastante gente e muita comida! Todos sempre se oferecem para ajudar e sinto que eles realmente querem participar dos preparativos, mas eu recuso, não consigo proceder de outra maneira! Quero fazer tudo sozinha para que tudo fique do meu jeito, mas também – e não gosto muito de admitir isso – porque então sou eu que recebo toda a gratidão e todos elogiam o trabalho fantástico que realizei mais uma vez! Portanto, corro de um lado para outro o dia inteiro, faxino e ajeito tudo, esfrego e vocifero, bufo histericamente e preparo montanhas de comida. Então, quando a campainha toca já estou completamente exausta e preferia me acomodar num sofá e assistir um filme ruim.

Vânia vai à luta

Ela quer que tudo fique como ela imagina, quer que tudo fique perfeito. Ela pressupõe que todas as pessoas esperam isso dela e não quer desapontar ninguém. Porém, não conseguirá fazer isso por muito tempo; manter tudo no máximo suga energia demais.

Como Vânia também é humana, sucedem-lhe alguns lapsos antes das festividades, pequenas coisas, como, por exemplo, que a nova namorada do primo também comparece e falta um conjunto de talheres na mesa ou de repente ela constata que esqueceu a nata para o bolo ou alguma coisa cheira a queimado no forno, naquele lapso de tempo crítico entre a finalização dos pratos e a chegada dos convidados.

Por mais agradável e bem-sucedida que tenha sido a noitada, dias depois eu ainda ando pela casa e repasso os fatos na minha memória procurando ver se alguma coisa deu errado e o que foi. Repetidamente relembro tudo o que ocorreu e me angustio tentando imaginar o que os convidados pensam do meu fracasso, o que pensam de mim. Às vezes até telefono para um ou outro e converso sobre a festa passada só para descobrir se estão aborrecidos comigo, se notaram algo fora do lugar e se ainda pensam nas trapalhadas que cometi. Naturalmente ninguém faz isso, só eu!

Você consegue imaginar qual foi a primeira tarefa que Vânia recebeu quando começamos com o treinamento? Exato, começamos por fortalecer a sua autoestima (mais sobre isso no capítulo "Autoestima = necessidade vital"). Pois quando isso acontecer ela estará em condições de entregar o controle, deixar de lado sua inquietação interior e sua angústia e deixar crescer a confiança em si mesma. Ela se sentirá serena e terá certeza de que é capaz de dar conta das mais diferentes situações do cotidiano, as grandes e as pequenas.

No início, ela dará apenas pequenos passos, mas fará progressos!

A necessidade de impressionar os outros com suas realizações estava profundamente arraigada nela. Sua alma estava dominada por uma fome de reconhecimento e pela sensação, pesada como chumbo, de jamais poder ficar satisfeita com alguma coisa.

Depois que ela reconhecer isso e conseguir sentir isso, os passos adiante poderão se tornar mais largos e ela poderá se movimentar com mais coragem.

Paralelamente à construção de sua autoestima, ela treina para moderar sua ambição e se contentar com um resultado suficientemente bom. Para que seja bem-sucedida nisso, ela própria precisa decidir em que área quer ser suficientemente boa. Seria suficientemente bom se, no próximo convite que fizer para uma refeição na sua casa, houver apenas dois pratos em vez dos habituais quatro ou cinco? Talvez numa próxima festa de família alguma irmã pode receber a incumbência de trazer, por exemplo, a sobremesa? Como ela se sente com isso?

Depois disso, Vânia precisa treinar a suportar coisas não resolvidas, a não passar o pano em todos os cantos ou a deixar os sapatos desalinhados no corredor. Ela precisa treinar isso para ver que a gente sobrevive a isso. Além disso, para os parentes que invadem a casa é mais agradável sentir uma atmosfera descontraída e que podem ousar se movimentar livremente pela casa. E para eles se torna mais fácil, dependendo das circunstâncias, eventualmente realizar em sua casa a próxima festa da família. Isso por não sentirem mais a pressão de ter de superar os banquetes festivos de outro mundo oferecidos por Vânia.

É algo elementar construir nossa força de dentro para fora, sentir satisfação conosco, ser curiosos sobre nós mesmos e sobre nossa personalidade e ter coragem de viver 100% a nossa própria vida. Porque cada instante do nosso cotidiano é uma excelente unidade de treinamento para o desenvolvimento da nossa personalidade.

Após certo tempo, Vânia sentiu uma tranquilidade cada vez maior dentro de si mesma.

> Convenço-me de que estou bem assim como sou, que o que eu faço é suficiente. Mas, tenho enorme dificuldade de fazer isso, porque sei que de fato consigo fazer melhor.

Quando Vânia deixa outras pessoas entrarem em sua vida e desmonta a fachada peça por peça, acontecem bem outras coisas: ela começa a ter companhia na cozinha! E isso é divertido! Quando fazia tudo, tudo sozinha, ela era a única a ter o reconhecimento, mas ficava muito solitária, pois exclusivamente ela era responsável por providenciar, por exemplo, a comida. Aos poucos ela foi se libertando desse isolamento e até foi recompensada com momentos de diversão: pelo risco de se abrir e conceder a outras pessoas a prerrogativa. E foi com justiça que a sobremesa da irmã foi cumulada de elogios – porque estava realmente espetacular!

E isso não significa que Vânia tenha passado a valer menos como pessoa.

Os parentes realmente são o pior que pode acontecer?

Espera-se que você tenha escolhido pessoalmente a pessoa com quem você convive. A coisa é bem diferente no que se refere aos parentes, tanto os próprios como os do seu companheiro ou da sua companheira. Muitas pessoas tiraram a sorte grande e podem reunir um grupo magnífico em torno de si no Natal, nos aniversários ou outros dias festivos, mas outras têm de padecer toda sorte de contrariedades advindas da pressão, dos conflitos e de relacionamentos desgastados.

Muitas pessoas que encontrei têm problemas com seus parentes ou pelo menos com alguns deles. E torna-se tão difícil escapar deles, afinal o que seria da festa de Natal?

Como a pessoa perfeccionista sempre leva o título no quesito manter as aparências, ela prefere não deixar que ninguém perceba esses problemas, mas vai levando as coisas pela vida afora, de uma festa de família para outra, segurando as pontas, engolindo alguns sapos. Enquanto todos estiverem parecendo felizes, tudo estará como deve estar.

É possível aguentar isso por um bom tempo.

Mas um dia basta e o balão estoura.

E infelizmente essa situação tende a sair totalmente dos trilhos. Rancor antiquíssimo, desavenças cultivadas por décadas vêm à tona e a explosão é incontrolável.

Se ponderarmos que apenas poucos de nós se valem da boa comunicação (p. ex., da comunicação não violenta, sobre a qual você pode ler mais no capítulo "Ah, é o amor..."), só o que se ouve são naturalmente acusações e desqualificações mútuas, não se avança e tudo acaba em inimizade eterna.

Talvez eu esteja distorcendo e exagerando um pouco, mas pode muito bem acontecer; eu mesma presenciei isso.

Muitas vezes.

Geni contou-me o seguinte

Minhas irmãs sofrem quando estamos todos reunidos com meu pai e minha mãe na minha casa. Sei cozinhar muito bem e jamais ofereceria algo que não está perfeito. Prefiro jogar tudo no lixo e começar de novo. Mas percebo que elas sofrem quando algo está delicioso porque elas sabem que jamais poderiam chegar aos meus pés.

Maria contou-me o seguinte

Meu pai e minha mãe sempre acolheram bem realizações perfeitas. Por isso, passei a vida buscando fazer tudo com perfeição e ser perfeita. Desde o tempo em que eu era uma garotinha até agora que sou uma mulher adulta. Fico angustiada quando vejo o poder que eles têm sobre a minha vida ainda hoje, embora eu mesma já seja mãe há muito tempo. E, o que é pior, percebo que estou passando isso adiante para a minha filha.

O perfeccionismo com relação aos parentes ou, melhor, a fachada perfeita pode ser desmontada pedra por pedra. Como todo perfeccionismo que não funciona, mas nos atrapalha e bloqueia.

TAREFA 14

Que repercussões o seu perfeccionismo ou o das pessoas que convivem com você teve sobre a relação com seus parentes?

Registre por escrito suas ideias sobre isso.

O perfeccionista cônscio de sua responsabilidade

Samanta contou-me o seguinte

Meu irmão tem a firme convicção de que temos de assumir a responsabilidade por nossa velha mãe, mas eu discordo. Ela é adulta e pode assumir a responsabilidade por si mesma; nós temos a responsabilidade por nós e nossas famílias. Às vezes ele faz com que eu tenha uma consciência terrivelmente pesada, pois é claro que eu não quero ser infame nem egoísta. Quero ser solícita e atenciosa. É como se houvesse uma competição para ver qual de nós se preocupa mais com nossa mãe.

Você se identifica nessa história?

O aspecto da consciência da responsabilidade é muito interessante nesse contexto, pois às vezes a responsabilidade assumida pela pessoa perfeccionista é tanta que ela a esmaga. Ao mesmo tempo, ela fica com raiva e amargurada, porque tem a sensação de sempre "ter de" fazer tudo. Mas de fato não é assim.

Com demasiada frequência encontro pessoas que se sentem insuficientes. Elas têm a sensação de precisar se esforçar mais porque não são suficientes. É possível treinar ser "suficiente", como se pode treinar ser suficientemente bom.

Samanta pode treinar ser suficientemente boa, oferecendo a ajuda que ela pode, quer e consegue dar. E então ela pode se sentir orgulhosa e contente por isso; e que seu irmão também dê o quanto pode, quer e consegue dar. A coisa só vira competição se ela for uma das competidoras. Uma competição com um só competidor não tem muita graça. Ela pode mudar o seu comportamento em relação ao tema, à sua mãe, ao seu irmão e à sua consciência de responsabilidade, mas ela não pode mudar seu irmão. Além disso, os dois provavelmente nem perguntaram para a mãe que tipo de ajuda e atenção ela deseja e precisa.

Tal mãe, tal filha

O perfeccionismo pode ser deixado como herança. Se sua avó já foi uma perfeccionista, é muito provável que sua mãe seja e também sua filha venha a ser perfeccionista. Ou digamos que o risco de que assim seja é muito alto. E suponho que essa perspectiva é suficiente para que você não queira repassar isso a mais uma geração, não é?

Todas essas filhas que querem e precisam corresponder às expectativas de suas mães! É mais fácil invadir o Pentágono do que destruir o impulso que leva uma menina ou uma mulher a quererem provar algo para sua mãe ou a fazer isso porque a mãe o exige de forma mais ou menos tácita.

Anita contou-me o seguinte

A vovó vem no fim de semana? Vamos ter de nos controlar de novo daquele jeito?

Os perfeccionistas não influenciam só sua própria vida de modo considerável, mas também a vida de todos os demais, como podemos ver muito bem nesse exemplo. Quando a vovó vem fazer uma visita, isso significa que todos têm de se controlar ao máximo, porque a vovó espera um comportamento perfeito e correto.

A meu ver, as filhas e, desse modo, também suas crianças participam desse jogo e apresentam algo que não existe no cotidiano. Ou elas se atêm a uma concepção, segundo a qual é preciso fazer tudo certinho quando a vovó vem de visita. Mas é preciso que a própria família assuma a responsabilidade se quiser se livrar disso. Ela não pode transferi-la para a avó.

Carolina contou-me o seguinte

Quando minha mãe vem nos visitar, temos de nos vestir bem, porque ela espera isso. Não precisa ser um vestido de gala, mas em todo caso algo bem mais chique do que calças de jérsei. Ai ai, calças de jérsei são para ela a pior coisa que existe! Nem pensar em andar por aí vestida com uma dessas enquanto ela estiver de visita!

Como já mencionei anteriormente, há poucas pesquisas sobre as causas do perfeccionismo. Parte-se do pressuposto de que ele é em parte geneticamente condicionado, suas causas podem ser biológicas. E que a socialização do ser humano o influencia, ou seja, o entorno, a infância e modelos perfeccionistas.

Se você tiver uma família cheia de perfeccionistas, existem em princípio duas possibilidades: ou você também se torna um perfeccionista, porque é assim que se é em sua família, ou você evolui para o extremo oposto por não conseguir suportar e revoltar-se contra eles.

Independentemente do caminho que você escolher, ele será espinhoso.

Responsabilidade própria

Mesmo que todos os parentes sejam perfeccionistas e exijam de você que se torne um deles, você pode assumir a responsabilidade por sua própria vida e pela sua maneira de agir.

Você não *tem de* fazer absolutamente nada.

A não ser assumir a responsabilidade por você mesma.

Se, no seu caso, isso significar que você deve dar uma boa examinada em como gasta suas energias, como administra suas reservas e repensar o modo como se relaciona com outras pessoas, então isso pode provocar alguma mudança no seu comportamento.

Franco contou-me o seguinte

Todos os meus irmãos trabalham como banqueiros e eu carrego o meu complexo de inferioridade por toda vida por ter decidido seguir outra carreira. Eu me tornei professor e, aos olhos dos meus irmãos, isso é um trabalho para medrosos e molengões. Em todas as festas de família, só se fala à mesa de dinheiro e negócios e nunca sobre meus alunos. Mas um dia ficou claro para mim que sempre entrei nesse jogo e eu mesmo acabei me apertando contra a parede, porque ficava sentado ali sem dizer nada. Propus-me a providenciar que, no próximo encontro, eles tenham de me escutar. Então lhes contarei sobre o trabalho incrivelmente importante que realizo. E todos eles terão de escutar-me o tempo todo quietos e concentrados!

Tarefa 15

Vamos supor que você seja capaz de baixar o nível das exigências que seus parentes lhe fazem e, desse modo, reduzir a influência negativa sobre você. Você não teria mais a sensação de que isso lhe custa mais energia do que você dispõe. Quantas coisas você poderia fazer então?

Registre por escrito suas ideias sobre isso.

Naquela vez, quando adoeci pouco antes do Natal (mais sobre isso no capítulo “Minha viagem”), toda a família sentiu os efeitos. Antes de eu cair de cama, sempre celebrávamos a festa de Natal na casa da minha irmã com fogo crepitando na lareira, comida para um batalhão, jogos e uma enorme quantidade de presentes, que às vezes levavam oito horas para serem distribuídos, e depois disso ainda sobravam alguns debaixo da árvore de Natal. Havia o mingau com a amêndoa da sorte, consumiam-se guloseimas feitas em casa e bebia-se quentão. Era uma festa natalina bem tradicional, só que sempre havia um pouquinho mais de tudo.

Fiquei doente três dias antes do Natal. Além disso, era a virada do milênio e tudo era ainda maior do que de costume nessa época do ano – as pessoas tiveram de organizar uma superfesta de Natal e, uma semana depois, a festa de *réveillon* da virada do milênio.

Eu, em contrapartida, estava deitada na minha cama naquele enorme hospital, olhando televisão e recebendo morfina. Meus parentes se revezaram no plantão junto à minha cama. Acredito que em média ficaram mais tempo no hospital do que ao pé da árvore de Natal. Era bonito de ver e dava uma sensação boa quando eu abria os olhos e tinha alguém ali comigo. Embora eu não fosse a companhia mais divertida naquela hora.

Naquela ocasião, terminou para mim a celebração de Natal como eu a conhecera até então. Assim se poderia dizer. E nunca mais aconteceu da mesma forma.

Porque, depois que adoeci, minha família e eu decidimos modificar certas coisas, que queríamos lidar de outro modo com a nossa vida. As tradições deveriam ser mantidas só quando proporcionavam alegria e faziam sentido, do contrário não. Não queríamos ser empurrados de uma festa para outra nos mais diferentes feriados só porque sempre já foi assim ou alguém tinha decidido que seria assim. Queríamos decidir juntos como festejar o Natal, os feriados e os aniversários juntos em família.

Desde então, experimentamos as mais diferentes coisas no Natal: fomos esquiar, fizemos campeonatos de queda de braço, assamos casinhas de massa de pão de mel, ouvimos música *rock*, comemos peru, brincamos, dançamos e tivemos bons momentos juntos. Para o Solstício de verão desenvolvemos novas tradições; na Páscoa geralmente viajamos e no *réveillon* bebemos champanhe com amigos e soltamos foguetes.

Hoje posso dizer que os relacionamentos com meus parentes me deixam muito feliz. Eles expressam muitas facetas diferentes da minha vida e há muitas pessoas maravilhosas entre eles. Estão espalhados pela Suécia e pelo mundo: em Dalarna, Småland, Halland, Skåne, na Noruega, na Inglaterra e na Grécia.

Hoje eu mesma opto por todas as atividades que empreendo com meus parentes. Não há pressão nem estresse, o que faz com que sempre consigamos nos divertir muito.

Chegar a esse ponto demorou muitos anos, mas a viagem valeu a pena.

Como poderei um dia chegar aos pés dela? – A história de Matilda

Matilda já está casada há alguns anos com Roni. Ele tem duas crianças do primeiro casamento, que vêm morar com ele a cada duas semanas. Matilda e Roni esperam agora sua primeira criança em comum.

A ex-mulher de Roni manteve o contato estreito com a família de Roni mesmo depois do divórcio. Ela se encontra regularmente com eles e participa de comemorações, nas quais Matilda e Roni não estão presentes.

Essa ex-mulher é descrita pelos demais como charmosa, superbacana, atenciosa e benquista por todos. Quando Matilda era nova na família, todos sempre falavam da outra e contavam histórias engraçadas de antes. E com cada nova anedota Matilda ia ficando menor.

> Eu só ficava pensando: socorro, quem é essa supermulher? E como algum dia poderei chegar aos pés dela? Eu me esforçava como uma condenada para que os outros gostassem de mim da mesma maneira, mas não sou tão franca e espontânea como ela no trato com as outras pessoas. Portanto, minhas tentativas geralmente acabavam me deslocando completamente.

Matilda tentou ser uma boa madrasta para os filhos de Roni. Ela os levou com ela para o trabalho, em uma companhia cinematográfica, lia histórias para eles antes de dormirem e se esforçava para construir uma relação com eles. Mas isso não foi fácil e ela não sabia como fazer, pois não tinha experiência com crianças nem um acesso natural a elas.

> Eu me sentia constantemente observada. Tudo o que eu fazia era registrado, comparado com a ex-mulher. E eu perdi cada uma dessas competições. Naturalmente eu era a única que havia proclamado essa competição; ela não tinha ciência de nada disso.

Roni apoiava Matilda da melhor maneira que podia. Ele dizia que tudo isso decerto logo se ajeitaria. Que cada um podia decidir por si mesmo com quem gostaria de passar seu tempo. E se os parentes gostavam de se encontrar com a sua ex-mulher, ele não podia exercer nenhuma influência sobre isso.

No entanto, o sentimento a roía por dentro. Ela se submeteu a uma pressão tão terrível para brilhar quando estava com os parentes de Roni que acabou sentindo um verdadeiro horror a esses encontros de família. Ela adoeceu, ficou em casa e, na sua fantasia, imaginou como todos finalmente podiam falar abertamente sobre a excelente ex-mulher.

> Foi um horror só, mas eu simplesmente não conseguia me desfazer dessa ideia.

Pelo menos é o que ela pensou. Após um seminário para lideranças, encontramo-nos para uma primeira sessão e, depois disso, ela já tinha um novo rumo para o qual ela poderia avançar. Sobretudo, com a finalidade de fortalecer sua autoestima, aceitar o passado de Roni e chegar ao reconhecimento de que seu problema não tinha nada a ver com a família nem com a ex-mulher, mas com ela mesma. Sua insegurança inflamou seus pensamentos e fez com que ela tomasse o rumo errado.

Depois que Matilda começou a trocar um pensamento após o outro por pensamentos que lhe davam energia em vez de sugá-la, as coisas de repente começaram a evoluir bem depressa. Hoje ela está satisfeita com a sua vida e com a situação. Ela aceitou que existe uma ex-mulher, a mãe dos meninos. Vez ou outra elas até se encontram e isso corre melhor do que se podia esperar.

> Eu entendo bem por que todas as pessoas gostam dela; ela é realmente bacana. Mas eu também sou.

"Eduque" seus parentes

Se há perfeccionistas entre seus parentes, você tem de educá-los para um comportamento que fica bem para você, com o qual você pode conviver. É fantástico que eles se esforcem tanto para deixar tudo bonito; aqui está a sua contribuição. Você faz o melhor que pode dentro das suas possibilidades, perfeito ou não. Permita que esse pensamento o fortaleça.

Se você é o perfeccionista e fica constantemente cobrando de si mesmo desempenho superior diante da família, deve aprender a ser suficientemente bom. Você é o parâmetro, devendo ser suficientemente bom para si mesmo e evitar refletir sobre como os outros o estão julgando. Você pode expressar isso com toda clareza. A partir de agora *está suficientemente bom.*

Troque as suas noções antigas por noções novas:

◆ **Noção antiga:** sinto-me sem importância, porque sou a única pessoa em nossa família que não tem formação acadêmica.

♥ **Noção nova:** sou o único membro da família que conhece a sociedade por um outro ângulo. Isso é interessante!

◆ **Noção antiga:** minha tia sempre prepara uma mesa de bolos perfeita quando a visitamos. Como poderemos um dia corresponder-lhe – eu nem sei como assar pão!

♥ **Noção nova:** talvez minha tia fique orgulhosa e feliz se eu lhe perguntar se não gostaria de trazer alguns dos seus sensacionais pãezinhos de cardamomo para um café em nossa casa? Ela adora assar pães! Não custa perguntar.

◆ **Noção antiga:** preciso encontrar de novo presentes de Natal perfeitos para todos, apesar de no momento estarmos com todas essas preocupações financeiras.

♥ **Noção nova:** não creio que a minha família conseguirá se alegrar com presentes, se souber que mal consigo pagar a conta da luz. Vou contar-lhes como está a situação; a montanha de presentes será um pouco menor este ano. Vamos ver o que se pode fazer.

◆ **Noção antiga:** o sogro e a sogra já vêm outra vez para jantar e terei de faxinar e cozinhar, embora esteja morta de cansada da semana de trabalho duro!

♥ **Noção nova:** este domingo será diferente do que costuma ser; o sogro e a sogra terão a honra de saborear conosco uma pizza do restaurante da esquina. Eles certamente vão achá-la deliciosa.

6
Existe a amizade perfeita?

Há muitos exemplos de pessoas, pobres e ricas, que vivem em perfeita amizade. Só temos de duplicar o seu número.

Mahatma Gandhi, político e líder espiritual indiano.

Há amigos e amigos.

Não, não é um erro de digitação.

Pois entre amigo e amigo pode haver uma distância quilométrica.

Se você passar por uma situação difícil ou delicada na vida, se perder o emprego, se for abandonado, se ficar seriamente enfermo, se fracassar totalmente, se tiver um sucesso enorme ou entrar em falência - é aí que as amizades são postas à prova.

Recentemente li o livro de Malin Sävstam, com o título *När livet stannar* [Quando a vida simplesmente para], no qual ela relata sua catástrofe pessoal quando foi atingida pelo tsunami no ano de 2004, perdendo duas de suas três crianças e seu esposo. O que mais me tocou, ao lado da descrição do terrível golpe do destino que ela e seu filho mais velho tiveram de suportar, foi a fantástica rede que ela possuía. Página após página ela fala das muitas pessoas que fizeram comida para ela, lavavam roupa, organizaram o enterro, levaram ela e seu filho junto nas férias, prestaram ajuda financeira e a auxiliaram na mudança, a empacotar as coisas, vender a casa e mil outras coisas.

"Cada qual tem os amigos que merece", diz sempre a minha amiga Agnes.

Num círculo de amigos, com frequência há uma distribuição de papéis que acontece automaticamente ou também intencionalmente. Um deles é especialmente divertido e o palhaço da turma, o outro é o consolador e o confidente, o terceiro é o "faz-tudo" que consegue consertar qualquer coisa, que sabe tudo e conhece todos, e o quarto é o cara bacana, um pouco discreto, mas totalmente confiável e leal. Naturalmente há um monte de outros caracteres; você pode refletir por alguns minutos sobre isso. Como é a situação no seu círculo de amigos? Você desempenha o papel que queria e que escolheu para si mesmo?

Fazer a escolha consciente de quem você quer chamar de amigo não é uma má ideia. No meu trabalho com pessoas que tiveram um esgotamento ou sofreram um colapso e precisam encontrar o caminho de volta para a vida, uma das tarefas importantes é descobrir quem são os ladrões de energia no círculo de amigos. Refiro-me a pessoas que não nos deixam como uma boa sensação depois que nos encontramos com elas. Com os quais nos sentimos como um pano de chão torcido, em vez de ficar tão carregados de novas energias que voltamos para casa saltitantes.

Eu sei que isso é difícil, mas necessário.

As pessoas perfeccionistas são notáveis ladras de energia. Perde-se enormes quantidades de energia em cada tentativa de corresponder às suas elevadas expectativas. E infelizmente essa energia não é ressarcida.

Existe a amizade perfeita?

Na verdade, é impossível definir em que consiste um bom amigo, porque nossas expectativas em relação a uma amizade são bastante diferentes. Um precisa de confiança, o outro quer diversão e dar muitas risadas, um terceiro só quer conversar fiado e xingar com seus companheiros.

Nossas necessidades definem nossa demanda a uma relação de amizade. E com frequência queremos coisas diferentes de diferentes amigos.

Alguns têm muitos amigos, outros apenas poucos. Alguns têm muitos conhecidos que parecem conhecer muito bem, mesmo que seja mais superficialmente, ao passo que outros têm apenas algumas poucas pessoas de confiança, que, no entanto, são amigos realmente chegados. Enquanto você tiver a constelação que quer ter, está bem assim.

Minha querida, meu querido, olhe para mim, ouça o que digo; então também existirei para você

Os perfeccionistas são viciados em elogios. Se você for uma pessoa perfeccionista, você busca ser querido e aceito por todos. As opiniões das outras pessoas são da maior importância e matizam positivamente a imagem que você tem de si mesmo. A verdade do entorno se torna a sua própria verdade e, nesse caso, a imagem que o entorno tem de você corresponde à imagem que você tem de si mesmo. Portanto, não ser elogiado significa que você não tem valor. Você só é alguém quando se vê pelos olhos dos outros, quando estes atestam o seu valor. Naturalmente a maioria de nós quer ser querido pelos outros; não há nenhuma dúvida sobre isso. Mas para a pessoa perfeccionista torna-se algo elementar ser aceita e reconhecida pelo entorno em que vive.

Disso faz parte naturalmente também não cometer erros, não escorregar nunca, de forma alguma dar motivos para crítica e evitar qualquer conflito. É preferível optar pela fuga. É preferível calar e sofrer em vez de dizer a verdade e arriscar não ser mais aceito e não mais fazer parte, arriscar talvez a desembarcar do trem.

Tarefa 16

Que repercussões o seu perfeccionismo ou o das pessoas com quem você convive teve até agora nas suas amizades?

Registre por escrito suas ideias sobre isso.

Estela contou-me o seguinte

Fico bem longe de pessoas perfeccionistas. Na companhia delas, minhas próprias fraquezas e deficiências ficam tão escancaradas. E elas também são cheias de princípios, não é mesmo? Tenho dificuldades com pessoas que têm princípios, porque eu mesma não tenho nenhum.

Joana e Martim contaram-me o seguinte

No nosso círculo de amigos, há um casal que já não aguentamos mais. Os dois são imbatíveis em tudo e sempre fazem tudo direitinho. É praticamente impossível estar à altura deles, mas, apesar disso, não conseguimos parar de nos comparar com eles!

Quando fazemos um piquenique com várias famílias e cada uma leva a sua comida, eles assaram baguetes fresquinhos e salada de batata para todos e levaram pequenas guloseimas para as crianças. Certa vez fomos esquiar, cinco famílias ao todo – eles não só tinham o equipamento perfeito, não, eles tinham providenciado para todos pequenos presentes, e depois do evento presentearam todos com um álbum de fotos da viagem feito por eles. Isso é absolutamente lindo da parte deles, mas nós não nos animamos a convidá-los para os nossos modestos barracos. Sentimo-nos, em comparação com eles, tão pequenos e insignificantes.

Como comportar-se em relação a quem é infalível? – A história de Sara

Sara tem 40 anos de idade. Ela tem um emprego de que gosta, mora num conjunto habitacional com seu marido e dois filhos, exercita-se algumas vezes por semana na academia de ginástica, sai com amigas, viaja uma vez por ano para o exterior e é uma dona de casa zelosa, na medida em que o permitem suas condições.

Ela tem muitos conhecidos e alguns poucos amigos chegados.

Uma de suas amigas é perfeccionista. Ela faz com extremo cuidado tudo o que assume, dá grande valor aos detalhes e dispõe de uma capacidade de memória comparável à do Banco de Dados do Serviço Secreto.

Essa amiga dá muita atenção à sua aparência, é extremamente bonita, está sempre bem-vestida, nada está em desalinho ou destoando, tudo está sempre bem harmonizado, as cores combinam, tudo é moderno e novo. Até mesmo quando ela se veste "confortavelmente", sua aparência é perfeita.

Sara descreve sua amiga e a relação com ela assim:

> Por exemplo, quando comemoramos alguma despedida de solteira ou o aniversário de uma amiga, ela estabelece um parâmetro tão alto que ninguém mais consegue chegar à altura dela. Ela escreve um discurso, inventa um quebra-cabeças de imagens que apresentamos com figuras impressas e recortes de películas, fica horas bolando e montando as coisas. Obviamente ela espera que nós contribuamos com a mesma quantidade de tempo e energia como ela.

Quando Sara não se engaja como esperado, a amiga se decepciona. Mas as expectativas raramente são expressas com todas as letras; Sara tem de descobrir por si mesma o que se pede dela. Sara entra com tudo nessa corrida, mas muitas vezes não chega na reta final. Quando isso acontece, a amiga não manifesta abertamente o seu desagrado, o comunica por outra via – mas não menos taxativa: por meio de comentários impertinentes, fechando a cara por semanas ou gabando-se para outros de tudo que ela teve de providenciar após a decepção com o fracasso da Sara. A amiga obviamente nunca comete nenhum erro. Pelo menos, ela jamais o admitiria.

> É difícil cultivar uma relação sincera com uma pessoa perfeccionista que não tem coragem de mostrar todo o seu eu, com todas as fraquezas e deficiências. Ela sempre quer se mostrar impecável. Mas no final a única impressão que fica é a de que estamos diante de uma fachada.

Como apesar de tudo Sara gosta dessa amiga e intui que, por trás dessa fachada, há muita coisa para descobrir, ela não quer desistir. Mas quer mais dessa relação, quer se libertar da sensação de estar carregando alguém nas costas o tempo todo e se livrar da tentativa vã de corresponder a expectativas altas demais e, ao fazer isso, nunca encontrar a pessoa inteira.

> Aos poucos estou ficando desconfiada e isso é um sentimento muito ruim. Quero simplesmente furar esse balão e ver o que está escondido dentro dele.

Quando comecei o trabalho com Sara, pude repassar-lhe algumas ferramentas para usar na relação com essa sua amiga perfeccionista. Ela teria de exercitar-se em deixar claros os seus limites e rejeitar uma incumbência, quando esta ia longe demais. E teria de aprender a solicitar instruções claras quando planejassem algum empreendimento juntas. Por exemplo, ela teve de ponderar o quanto queria se envolver no planejamento do quadragésimo aniversário de uma amiga em comum: quanto tempo poderia gastar, quanto dinheiro queria investir e quanta energia estava disposta a dispender para viabilizar esse evento? Como ela poderia contribuir? Como queria contribuir? Depois de ter refletido muito bem sobre isso e estabelecido uma linha própria, ela teve de reunir-se com sua amiga e contar-lhe como seria a sua contribuição.

> Trata-se de não levar para o lado pessoal quando a minha amiga fica aborrecida por eu não me engajar suficientemente. Agora eu sei que isso não tem nada a ver comigo, mas

> com o seu perfeccionismo e sua pressão pelo bom desempenho. Ela acha que precisa realizar todas essas coisas para ser querida por todos. Isso é tremendamente difícil e sinto-me insuficiente o tempo todo. Faço o melhor que posso, mas, no seu modo de ver, isso está longe de ser suficientemente bom. Mas deve bastar porque, no meu modo de ver e segundo os meus conceitos de valor, é suficientemente bom.

Sara treinou e aprendeu a estabelecer seus limites e, desse modo, determinar quanto espaço a amiga perfeita poderia ocupar. Porque Sara também tem a sua parcela de responsabilidade por essa relação.

É muito fácil pôr a culpa nos outros e ter pena de si mesmo e achar que não se pode fazer nada em relação ao comportamento dos demais. Em vez disso, Sara tem de aprender a considerar seu próprio papel nessa relação e assumir a responsabilidade por ele. Ela foi e continua sendo muito corajosa!

Ao deixar bem claros os seus limites e sua concepção de amizade, ela pôde, no mesmo fôlego, mostrar à sua amiga que não é preciso dar sempre 100% de si. Já está bem celebrar o aniversário de um amigo para demonstrar que se gosta da pessoa e não só porque se quer apresentar a torta de aniversário perfeita. Sara mostrou à sua amiga que gosta dela independentemente de suas realizações. Ao mostrar que sua base está dentro dela mesma, talvez consiga inspirar a amiga a seguir seu exemplo.

Sara tem coragem de ser suficientemente boa, tem coragem de empreender algo que será suficientemente bom e tem coragem de aguentar eventuais manifestações de desaprovação.

O próximo passo será, então, dar um claro "basta!", reagir a essa desaprovação caso ela se torne muito intensa. Assim ela assume uma parcela maior de responsabilidade nessa relação. Mas também pode ajudar a amiga e apoiá-la, dizendo-lhe o que está vendo. Ela pode dizer-lhe que a tem em alta conta e que estará à disposição quando a amiga necessitar de uma pausa para respirar e que com Sara ela poderá relaxar de toda a sua tensão.

Não haverá problema se ela fizer isso; apesar disso, Sara estará à disposição dela.

Naturalmente Sara não sabe como sua amiga reagirá a isso e essa incerteza a deixa nervosa. Ela entenderá o que Sara quer dizer? Porém, de uma coisa Sara pode estar certa: a amiga saberá que Sara estará à disposição dela quando um dia o balão estourar.

Como uma verdadeira amiga, na companhia da qual se consegue recuperar a tranquilidade.

Tarefa 17

Em pensamento, passe em revista todas as pessoas do seu entorno que chama de amigos ou conhecidos. Na companhia de quantos deles você consegue estar tranquilo? Na companhia de quem você pode ser como é? Qual deles aceita seus erros e suas deficiências e gosta de você como você é?
Depois disso, examine a sua parcela de responsabilidade nesse relacionamento – como você se comporta?
Reflita sobre isso.
Registre por escrito suas ideias sobre isso.

Tarefa 18

A próxima coisa a fazer é examinar os relacionamentos, nos quais você não se sente tão relaxada. Nesse caso também considere a parte que lhe toca nesse relacionamento. Há algo que você faz de modo totalmente diferente? Você mantém uma fachada? Você não permite que essas pessoas se aproximem muito? Você tem a sensação de ter de preencher expectativas? Estas foram verbalizadas ou existem só na sua imaginação?
Esta tarefa tem o objetivo de levar você a assumir sua parcela de responsabilidade numa relação de amizade. E isso começa quando você está disposto a refletir sobre essa sua parcela.
Registre por escrito suas ideias sobre isso.

Estar sempre à disposição

"Ela é uma amiga espetacular, está sempre à disposição e pensa o tempo todo primeiro nos outros!" Isso realmente é a definição de um bom amigo ou de uma boa amiga?

Li essa frase numa revista que fez uma reportagem sobre o tema "Nossos heróis suecos". Ela tratava de heróis do cotidiano que espontaneamente praticam boas ações, pessoas que dão mais do que se espera delas ou pessoas que trabalham como bombeiros ou como enfermeiras ou motoristas de caminhão de lixo.

A pergunta que faço é se realmente é tão heroico sempre estar à disposição e sempre pensar primeiro em todos os outros?

Há algum tempo, proferi uma palestra numa escola superior de formação de docentes sobre o desenvolvimento da personalidade. Tratava-se de como encontrar alegria de viver, fortalecer a autoestima e priorizar a si mesmo. Constantemente sou lembrada por minha própria vida e na minha atividade de *coach* de que toda comunicação está sujeita às condições do receptor.

Isso significa que posso me postar diante de um grupo e falar durante horas, posso me esforçar o máximo para transmitir a minha mensagem, mas no final das contas tudo depende de como as minhas palavras serão acolhidas e entendidas pelo ouvinte.

Depois da palestra, uma mulher mais velha me procurou e quis saber o que eu queria dizer propriamente com priorizar a si mesmo:

> Não entendo direito; você quer dizer que, quando convido meus amigos para tomar café e comer bolo, devo pegar primeiro o pedaço maior para mim e oferecer o restante a eles?

Caímos na risada, pois ela havia formulado o tema de modo tão engraçado. Às vezes precisamos de exemplos concretos, pois é nos grandes e pequenos instantes do cotidiano que nos exercitamos, nos desenvolvemos e crescemos.

Respondi-lhe que sua autoestima acabaria entregando os pontos se ela fosse sempre a última da fila e sempre só pegasse as sobras. Ela não poderia, para variar, ser a primeira da fila?

Tarefa 19

Quando trabalho com grupos em empresas, com frequência começo com um exercício de avaliação, na qual os participantes têm de encontrar uma atitude pessoal em relação a diversas declarações e máximas.

Uma delas tem o seguinte teor: *é mais importante estar aí para os amigos do que para si mesmo.*

Sempre é muito interessante observar como os participantes se comportam. Para uma parte do grupo é óbvio que se deve pensar em primeiro lugar nos outros, estar à disposição deles e ajudar sempre que for preciso – e isto desconsiderando o seu próprio tempo e a sua própria energia. Os outros, em contraposição, preferem preocupar-se primeiro consigo mesmos antes de bater à porta dos outros.
Qual a sua atitude diante dessa máxima?
Quais são os seus conceitos de valor quando se trata de amizade?
É mais importante estar aí para os seus amigos do que para si mesmo?
Ou você quer cuidar primeiro de si e só depois dos outros?
Registre por escrito suas ideias sobre isso.

Quando eu ainda era uma menina, enfrentei uma prova dura no que se refere ao tema “repartir”. Eu havia ganhado de presente uma barra de chocolate e minha mãe insistiu que eu deveria oferecer alguma coisa dela para as minhas amiguinhas e servir-me só depois que todas tivessem provado. Abri a embalagem, cuidadosamente retirei a barra do papel dourado, quebrei a barra em pequenos tabletes e os ofereci às minhas amigas. Quando a embalagem retornou para mim só havia mais um minúsculo pedacinho dentro dela. Então desatei a chorar.

Tenha coragem e mostre-se!

Geralmente medos nos dominam quando temos problemas. O medo de perder o controle, o medo de ter de entregar o controle, o medo de fracassar, o medo de mostrar o seu verdadeiro eu.

Um método bastante eficaz contra isso é expor-se de fato a essas situações perigosas e ver o que acontece. Porém, as pessoas perfeccionistas têm pânico disso e trabalham como condenadas para escapar a uma situação desagradável, inesperada e não planejada. Mas, nesse tocante, é de valor inestimável para o seu próprio desenvolvimento expor-se justamente a essas situações, refletir sobre o acontecido e perguntar-se como foi e como você se sentiu. Cada vez que fazemos isso crescemos um pouco mais.

Quando eu ainda era perfeccionista, também evitava toda e qualquer situação que pudesse ser desagradável, que era inesperada ou não planejada. Por exemplo, eu sonhava em ter uma casa aberta, na qual as pessoas pudessem passar espontaneamente para tomar um café. E ao mesmo tempo era uma ideia que me enchia de horror. Naturalmente eu sempre tinha tudo muito bem-arrumado, mas imagine se alguém aparecesse num dia ruim... Um horror...

Certa vez convidamos os vizinhos para jantar num sábado; tudo estava pronto, a comida cozida, mas eu havia me enganado um pouco com o tempo. Nossos convidados chegaram no justo momento em que eu estava me dirigindo ao banho. Eu queria me vestir e maquiar com toda calma. Encontramo-nos no corredor da casa; eles recém haviam tomado banho, estavam chiques, a vizinha estava maquiada, eu, ao contrário, descabelada, com os óculos em cima do nariz, uma camisa listrada de flanela e calça de malhar e estava envolta no aroma do assado, já que tinha passado sete horas na cozinha.

Mas quer saber? Sobrevivi.

Eles receberam um primeiro drinque, e enquanto isso fui para a ducha. Eu me arrumei e depois pudemos dar início ao jantar. Na minha imaginação, uma das piores coisas era não estar pronta quando os convidados chegassem, apresentar-me daquele jeito e não poder recebê-los à perfeição.

Tenho a sorte de hoje estar curada disso.

Agora a coisa mais bonita é quando meus amigos passam por aqui e cozinhamos juntos. Todos nós ficamos na cozinha conversando fiado e bebendo vinho, depois arrumamos a mesa e no final lavamos juntos os talheres. Imagine só, isso é muito mais divertido e cômodo!

Troque as suas noções antigas por noções novas

◆ **Noção antiga:** droga, no sábado a sobremesa que fiz não deu certo; o que eles vão pensar de mim? Sempre sou tão boa em fazer sobremesas.

♥ **Noção nova:** *ok*, pelo menos agora sei que essa receita não funciona. Melhor jogar fora e tentar algo diferente da próxima vez.

◆ **Noção antiga:** oh não, que constrangedor, esquecemos de comprar algo para levar. (No caminho até o endereço do convite para a refeição não se encontra loja nenhuma para ainda comprar às pressas algumas flores ou alguns bombons.) O que eles irão pensar? Não somos disso! Não se pode chegar a lugar algum de mãos vazias!

♥ **Noção nova:** opa, esquecemos de comprar algo para levar. Bom, então vamos convidá-los para irem conosco ao cinema na semana que vem e teremos a oportunidade de rever-nos logo. **Noção nova alternativa:** que bom que esquecemos o presente; vamos aproveitar a ocasião e decidir que, a partir de hoje, essa regra ridícula está abolida.

◆ **Noção antiga:** vejam só, agora os Nilssons convidaram os Lundins para jantar, mas nós não fomos convidados. Nós é que somos propriamente amigos dos Lundins. Provavelmente eles ficarão a noite toda falando de nós!

♥ **Noção nova:** que bom que os nossos amigos também se gostam!

◆ **Noção antiga:** não contaremos para ninguém que o Luís tirou nota baixa em cinco matérias; vamos fazer de conta que não foi nada.

♥ **Noção nova:** perguntarei aos outros pais e às outra mães o que eles fazem para motivar suas crianças a estudar; talvez eles nos deem algumas dicas para o Luís.

Tarefa 20

Infelizmente o perfeccionismo é demasiadas vezes recompensado e, assim, sempre volta a ganhar sustentação. Lembre-se de situações em que você elogiou alguém por um resultado perfeito. Você incentiva seus amigos ao perfeccionismo? E você já foi chamado(a) a ser perfeccionista?
Registre por escrito suas ideias sobre isso.

Insuficiente como amigo

O perfeccionismo pode significar a morte de um relacionamento. Seus amigos não têm vontade nenhuma de ficar o tempo todo cumprindo as suas elevadas demandas e exigências. Magoa quando se é avaliado só pelas coisas que se faz, é doloroso ficar carregando o peso da insuficiência e nunca conseguir ser suficientemente bom aos olhos de um amigo.

Tão certo como o amém na igreja, a autoestima do seu amigo ou da sua amiga diminuirá na sua companhia. E então ele ou ela provavelmente procurará a proximidade de outras pessoas, na companhia das quais ele(ela) se sentirá valorizado(a) e respeitado(a). Talvez vocês até voltem a ver-se de vez em quando, mas durante os encontros ele ou ela se sentirá diminuído, sem valor e desajeitado. Não posso imaginar que você queira ter esse tipo de relacionamento com as pessoas de sua convivência.

Mesmo que o seu perfeccionismo diga respeito só a você mesmo, ele tem repercussões negativas para as suas relações de amizade. Porque a exigência que você faz a si mesmo está fora da realidade quando comparada com a vida que seus amigos levam.

Lia contou-me o seguinte

Tenho uma amiga que é incrivelmente esbelta. Ela é super bem-treinada e tem o corpo mais lindo que se pode imaginar. Pele lisa, belos músculos, peitos lindos, bunda firme, unhas longas e bem-cuidadas, um belo rosto com maquiagem perfeita, cabelos longos e brilhantes e até os pés têm uma forma bonita. Só arrisco me encontrar com ela na época do inverno. Não, é sério! Não aguento ficar deitada ao lado dela na praia com meus pneuzinhos dentro do biquíni. E mesmo que eu fosse tão esbelta, bem-treinada e bonita como ela, jamais conseguiria estar à sua altura e andar sempre tão bem-vestida, como se sempre tivesse acabado de usar o secador de cabelos. Às vezes desejo que ela saia de casa como se tivesse acabado de levantar da cama. Ainda que também nesse caso com certeza sua aparência deve ser deslumbrante.

Amizade produz felicidade

"Bons relacionamentos propiciam felicidade." É o que disse Bengt Brülde, filósofo e docente de filosofia prática na Universidade de Göteborg, numa entrevista dada ao Jornal *Svenska Dagbladet* de 15/12/2005. Ele defende o aqui e agora, pois é preciso viver no presente e não esperar tanto por algum "mais tarde".

Suas pesquisas o levaram à conclusão de que não são as coisas materiais que trazem felicidade, mas amor e relações íntimas de amizade. Muitos querem ganhar mais dinheiro, casas maiores, automóveis mais luxuosos e viagens, mas tudo isso não nos deixa realmente mais felizes. A verdadeira felicidade brota de relacionamentos, mas naturalmente não de qualquer um. É no relacionamento com pessoas, na companhia das quais podemos estar relaxados e contentes, com as pessoas que mais significam para nós.

Tarefa 21

No trabalho e na escola se realizam diálogos de colaboradores ou diálogos de desenvolvimento, mas num relacionamento isso raramente acontece. Você assumiria a tarefa de convidar seus amigos para um café e interrogá-los sobre a relação entre vocês? O que é bom e o que não é tão bom? Que repercussões tem o seu perfeccionismo neles ou vice-versa? Como vocês querem evoluir no relacionamento?

Seja franco e então vocês poderão crescer e evoluir juntos.

Registre por escrito suas ideias sobre isso.

Naturalmente nos seus relacionamentos você quer ser visto e sentir-se importante e significativo. Pelo menos tão importante como os demais.

Quando você se encontra numa situação de conflito

Por mais que se esforce para fugir dela, mais cedo ou mais tarde você estará numa situação de conflito. Quando isso acontecer, seria muito bom saber como lidar com ela. Compilei algumas ideias com as quais você pode se ocupar.

- **Examine-se a partir de fora por um instante.** Examine a sua situação com certo distanciamento: O que exatamente você vê?
- **Qual a importância desse conflito para você?** Em que medida você poderá avançar se de fato entrar no conflito?
- **Veja o que está por trás da raiva – que sentimento aparece ali?** Decepção? Angústia? Preocupação? Inquietação? Alguma outra coisa? Fale, tomando esse sentimento como ponto de partida.
- **Escolha suas palavras com cuidado e pergunte-se isto:**
  1) O que você vai dizer logo em seguida é verdade?
  2) É necessário dizer isso justamente agora?

3) É absolutamente necessário que seja você a dizê-lo?

4) É algo carinhoso e respeitoso?

♥ **O que poderei aprender dessa situação?**

Registre por escrito suas ideias sobre isso.

Esses pontos e essas perguntas não se aplicam só a conflitos em relações de amizade; você pode usá-los em todas as situações e em todos os relacionamentos possíveis.

Para as pessoas perfeccionistas – e para todas as demais naturalmente também – é muito proveitoso examinar profundamente seus sentimentos, seus relacionamentos, suas formas de comunicação e seus conceitos de valor. Quanto maior for a responsabilidade que você assumir por seus sentimentos, seus relacionamentos, suas formas de comunicação e seus conceitos de valor, tanto menos precisará ficar preso aos seus padrões de comportamento perfeccionistas.

P.S.: Antes eu era a amiga perfeita. Era o que eu pensava. Mantinha contato com todos, estava informada sobre todos, engajava-me com todos da mesma maneira. Com tanto exagero que eu mesma praticamente não avançava. Quando há alguns anos passei por uma vivência terrível, abri-me com uma amiga. Então ela disse: "Nós nos conhecemos há quase quinze anos e eu revelei a você o meu íntimo e todos os segredos da minha vida. Mas esta é a primeira vez que você conta algo pessoal para mim". E isso era verdade. Abri espaço para todos, menos para mim mesma. Eu era tremendamente fiel nisso, lembrava de todos os aniversários, mandava cartões, flores e saudações, fazia tortas e inventava surpresas.

Uma colega de trabalho me disse certa vez: "Você é a melhor amiga que se pode imaginar". Isso fez bem como uma chuva cálida. Hoje sou isso realmente, para bem poucos. Mas de um modo bem mais descontraído e sincero.

7
Lar, doce lar

Onde é que essas pessoas escondem todas as suas coisas? Tenho certeza que elas têm em casa algum depósito só para isso.

Mia Törnblom, treinadora de lideranças e escritora.

Assisti na televisão uma entrevista com Barbra Streisand quando ela esteve no programa da Oprah Winfrey. Oprah lhe perguntou se é verdade que ela é perfeccionista? E como se manifesta isso?

Então Streisand contou que ela, por exemplo, liga para as suas assistentes quando quer morar por um tempo numa de suas casas para que elas providenciem flores frescas antes de sua chegada. Mas não podem ser quaisquer flores; a cor das flores no jardim deveria harmonizar em todos os aspectos com a decoração do interior da casa quando Barbra Streisand estivesse sentada no seu sofá e olhasse para o jardim através da janela.

Uma vez isso infelizmente não teria funcionado bem. Ao lado de um cômodo, em que as cores dominantes eram o azul-claro e o rosa, havia um cômodo secundário, em cujos vasos a respectiva assistente, vejam só, havia posto flores cor de laranja. Isso teria gerado uma desarmonia terrível e uma coisa dessas não poderia de forma alguma se repetir.

Cátia contou-me o seguinte

Como eles reagiriam se me visitassem na minha casa? Como é que alguém pode se sentir bem num lar assim? Qualquer coisa que se faça ali o desarruma!

Mora alguém aqui?

Lar, doce lar!

Ou lar tremenda-pressão-que-acaba-comigo lar?

O que é propriamente o lar perfeito? É aquele em que o dedo indicador que percorre as superfícies não encontra nenhum pó? Em que as cores das toalhas no banheiro dos hóspedes harmonizam? Ou em que as cortinas de Natal estejam penduradas pontualmente para o Natal? Em que o chão embaixo da banheira esteja brilhando de tão limpo e em que as peças de Lego das crianças se encontram todas nas caixas corretas?

Todos nós certamente já estivemos de visita em um lar perfeito. E ficamos um pouco chocados com a impessoalidade e a falta de algo que denunciasse que de fato alguém está vivendo ali.

Nas revistas de decoração de interiores de alto padrão, todos os apartamentos e todas as casas simplesmente parecem ser fantásticas; todo canto brilha e reluz, tudo está limpo e arrumado. Não se veem pilhas de correspondência, nem manchas no sofá nem cabides "sobrecarregados" de roupa no corredor. Tudo bem-ajustado e bem-cuidado, perfeitamente disposto e funcional.

Há alguns anos a onda do *home staging* respingou dos Estados Unidos para cá, o que significa que, antes de pôr seu apartamento ou sua casa à venda, é bom renovar sua aparência. Os móveis e a decoração são completamente reorganizados e, depois disso, adquirem um ar impessoal, rigoroso e moderno, como se vê nas revistas de interiores. Conjuntos de sofás brancos ou cinzas, um vaso com flores de corte vermelhas, toalhas cor de laranja no banheiro, superfícies de trabalho desocupadas e reluzindo de tão limpas na cozinha, aqui e ali eventualmente um frasco com ervas, uma coberta jogada como que casualmente sobre a poltrona de leitura, centenas de travesseiros agrupados em perfeita ordem sobre a cama de casal e velas de chá; para onde quer que se olhe tem velas de chá. O sentido disso é que o comprador em potencial possa se imaginar morando ali. É claro que, para isso, não pode haver fotos e desenhos de crianças pendurados em todas as paredes.

Observe os anúncios num jornal normal – todos os apartamentos e todas as casas oferecidos ali parecem idênticos; eles têm os mesmos conjuntos clássicos de sofás, as mesmas cores de fundo, papéis de parede e molduras nas janelas.

E de repente os preços disparam e os corretores vendem os objetos por valores muito mais altos, só porque todo o lixo foi removido.

O lar perfeito é atrativo.

Marina contou-me o seguinte

Eu piro quando alguém chega sem ter se anunciado. Quando não tenho mais tempo de arrumar tudo primeiro, limpar o banheiro e organizar a roupa – coisas que precisam estar resolvidas quando vem visita. Ou seja, quando alguém chega sem se anunciar, simplesmente não abro a porta, mas fico bem quieta e faço de conta que não tem ninguém em casa.

O estresse profissional se transforma em estresse doméstico

Como são as coisas na sua casa?

E como você quer dar conta dessa loucura que são exigências para se obter um lar perfeito?

Continuar trabalhando em casa depois que retornamos do trabalho é loucura total – olhando de um ponto de vista lógico.

Muitas pesquisas feitas nos últimos anos mostraram que o nível de estresse dos homens baixa quando voltam do trabalho para casa, o das mulheres, em contraposição, dispara para o alto.

Escuto com frequência falar de problemas domésticos. Como devem ser distribuídos os deveres domésticos, quem assume a responsabilidade por quais tarefas, quem se preocupa com o que e como se lida com as dificuldades, com as diferentes necessidades dos membros da família, para levar em conta seus hábitos e suas rotinas, seu estilo e seus gostos?

Ser convidado de uma pessoa perfeccionista pode às vezes nos deixar de queixo caído. Conheci uma mulher que tinha mudas de roupas para os amiguinhos de seu filho. E eles tinham que vestir quando vinham brincar em sua casa caso houvesse alguma sujeira em suas roupas. Aliás, o lar dessa mulher é a casa mais bem-arrumada e mais limpa que já vi na minha vida. (Eu podia ficar com as minhas roupas!) Tudo estava no seu lugar e eu tinha certeza absoluta de que não havia um grãozinho de pó sequer na fileira superior da estante de livros.

Há domicílios que parecem mais um objeto de exposição do que um lar. Neles são expostos objetos individuais que visam caracterizar os moradores. Embora com frequência se trate de como os moradores querem ser vistos.

Tarefa 22

Que repercussões o seu perfeccionismo ou o das pessoas com quem você convive teve até agora na sua casa?

Registre por escrito suas ideias sobre isso.

A minha própria jornada rumo ao lar perfeito

Quando pequena, eu odiava arrumar a casa. Preferia o meu quarto quando ele estava numa bela desordem – eu achava isso confortável. De preferência tudo numa confusão total: bonecas Barbie, automóveis, papel de desenho e lápis de cor. Minha mãe xingava e dava bronca. E eu arrumava tanto quanto podia aquilo que não se destacava tanto. Minha irmã, ao contrário, tinha mania de limpeza. No seu quarto sempre reinava a ordem militar e, por isso, às vezes ela vinha me ajudar. Eu suspirava e gemia e com grande esforço punha um lápis de cor no lugar, enquanto ela passava como um redemoinho pelo quarto e com a velocidade do vento organizava tudo metódica e sistematicamente – e, vapt-vupt, ficava parecido com as ofertas de catálogo, seção quarto infantil.

Quando mudei de casa, fui morar primeiro num apartamento de um quarto na Rua Nybro, em Estocolmo. Ele tinha um interior luminoso e simples. E logo ficou entupido de tralha. Uma loucura!

Morei durante dois anos nesse apartamento e o arrumei exatamente cinco vezes – quando minha mãe vinha me visitar. Quando ela tinha permissão para me visitar, devo acrescentar. Pois no restante do tempo o piso funcionava como cabide, a pia e a superfície de trabalho como depósito de louça usada e a mesa da cozinha como lugar para empilhar contas, correspondência, jornais e bilhetes.

Então conheci o pai das minhas crianças, um sujeito pedante até na presença de Deus, que no início achou o meu caos charmoso e até um pouco exótico. Nos primeiros anos, ele trabalhou duro para instaurar ordem, também dentro de mim. Deu certo, deu certo até demais; houve uma reviravolta e fiquei totalmente histérica. Eu trabalhava como uma condenada para manter a ordem e para ser alguém que, no fundo do meu ser, eu não era. Na realidade, eu era o caos em pessoa. Eu me acabava, faxinava, fazia e acontecia. Pensava que era assim que devia ser, que era bom que fosse assim, que seria assim. (Mais sobre isso no capítulo "Minha viagem".)

Hoje lá em casa as coisas são assim como preferimos tê-las: gostamos de limpeza, mas com pilhas de papel sobre a escrivaninha. Gostamos das coisas arrumadas na cozinha, sem louça suja com restos de comida ressecados, mas em compensação uma montanha de sapatos no corredor. Gosto de roupas de cama limpas e por isso as troco com frequência, mas quando alguma vez não tenho vontade de fazer isso, consigo adiar para o dia seguinte. Ou até para depois de amanhã.

No conforto da sala de estar

Ainda me lembro muito bem do conforto dessa sala de estar do tempo da minha infância. Jamais podíamos entrar nela para brincar quando havia amigos na casa. Nela havia sofás maravilhosos com almofadas que tinham uma dobra no meio e do teto pendiam lustres, sobre a mesa havia vasos e sobre a escrivaninha estavam as fotos de família com molduras de prata. Ela exalava um odor solene e desabitado. Toda vez que olhávamos sem ser notadas para dentro da sala – fazíamos isso de vez em quando –, tudo parecia estar exatamente do mesmo jeito como da última vez que olhamos.

Na minha casa, desfrutávamos diariamente do conforto da sala de estar. Nela projetávamos nossos mundos encantados ou vestíamos as meias de lã da vovó, enrolávamos o tapete e brincávamos de patinar no assoalho liso. Podíamos brincar ali o quanto queríamos, desde que depois arrumássemos tudo de novo.

As minhas crianças nem conhecem mais o conforto de uma sala de estar como essa.

Ela se tornou totalmente antiquada e isso é bom.

Luísa contou-me o seguinte

Sou perfeccionista desde que me conheço por gente. Passei muitos sábados faxinando, esfregando e varrendo – amei o cheiro de limpeza. Mas, a partir do momento em que tive filhos, o meu perfeccionismo se modificou: simplesmente não dou mais conta! Os quartos das minhas crianças estão em desordem total, mas acho isso bom. Antigamente eu jamais teria podido imaginar uma coisa dessas! Estou convencida de que elas viram isso no seu entorno escolar e na creche: ali os sapatos voam para todos os lados, tudo é atirado num monte, há poeira e sujeira por toda parte, blusões ficam jogados no chão e ninguém recolhe. Não consegui comover minhas crianças com a minha concepção de um lar bem-cuidado e agora não tenho mais forças para isso. Simplesmente abandonei essa briga. E, na verdade, acho isso muito bom.

Catrina contou-me o seguinte

Quando menina bem pequena eu era totalmente desleixada. Depois, aos dez anos de idade mais ou menos, tive uma amiga que adorava arrumar, classificar e organizar. Quando ela vinha me visitar no meu quarto desarrumado, geralmente começava logo a pôr tudo em ordem e ajeitar tudo como deveria ser de acordo com suas normas de limpeza. Por mim tudo bem; depois tudo ficava bem bonito. Somos amigas até hoje e de vez em quando nos vemos. No momento, ela está de atestado médico, na verdade já há três anos e meio – esgotamento. Mas na casa dela tudo continua arrumado do mesmo jeito. No guarda-roupas dela, todas as roupas estão meticulosamente dobradas e empilhadas, todas elas à mesma distância da beirada da prateleira. E isso é só um exemplo.

Mudemos juntos o nível de exigência

A jornalista Tinni Ernsjöö-Rappe e eu estávamos fazendo uma turnê de palestras pela Finlândia com o título “Cem brioches no ar”. Nossas palestras versavam sobre como decifrar o quebra-cabeças da vida, encontrar o equilíbrio entre profissão e vida privada, apresentávamos ferramentas de *coaching* e distribuíamos algumas dicas e ideias novas. Tinni pediu, por exemplo, que refletíssemos sobre o nosso comportamento quando vamos receber visitas. Começamos imediatamente com uma faxina geral e enfiamos todo o caos em gavetas e armários para que as superfícies polidas do nosso lar nos ofusquem com seu vazio berrante: tudo foi removido, em lugar nenhum se vê montes de roupa para lavar – e, desse modo, estabelecemos imediatamente o parâmetro de como queremos ser vistos. O próximo passo é elevar o nível no que se refere a como nossos amigos devem se apresentar.

Tinni diz que mostramos nosso verdadeiro eu quando deixamos o caos como ele está e aliviamos a pressão de sempre querer nos apresentar 100%. E, agindo desse modo, também damos aos amigos a possibilidade de nem sempre terem de fazer faxina geral quando vamos visitá-los. Juntos conseguiremos baixar o nível de exigência.

Tarefa 23

Aceite a sugestão de Tinni e, na próxima vez que sua amiga ou seu amigo vierem visitar você, deixe tudo como está. E observe a reação deles.

Há alguma reação?

Você teve de passar o tempo todo pensando nisso ou vocês conseguiram estar juntos descontraidamente?

Ele ou ela fizeram algum comentário sobre a desordem?

Registre por escrito suas ideias sobre isso.

A faxina acontece às custas da alegria de viver – A história de Maria

Maria ligou para mim logo após uma palestra que proferi há alguns anos em Estocolmo. Ela era uma perfeccionista que todo dia queria ter comida quente no jantar e também a casa em ordem, limpa e arrumada, as camas feitas e tudo brilhando de tão limpo e lindo. O padrão em sua casa era tão alto que Maria poderia a qualquer momento receber a visita da realeza.

Mas isso lhe custava muita energia, vontade e, em algum momento, também a alegria de viver. Pois, embora ela tivesse duas crianças já adolescentes, era ela que fazia todo o trabalho doméstico: lavava e passava as roupas, faxinava, cozinhava, era responsável pelas compras, por levar e buscar de carro, organizava convites para jantares, ou seja, tudo que faz parte do serviço doméstico em sentido estrito e em sentido amplo. O marido de Maria trabalhava em outra cidade e vinha para casa somente nos finais de semana.

A primeiríssima medida que tomamos foi estabelecer um horário, depois do qual não devia mais acontecer nenhum serviço doméstico. Depois das 20h não se lavava nem se passava mais roupas, não se arrumava mais a casa, não se lavava mais louça.

A segunda medida foi a delegação de tarefas para as crianças; foi estabelecido um dia de cozinha para cada uma das crianças e Maria foi proibida de interferir no ato de cozinhar ou na escolha do prato. A terceira mudança imediata foi a introdução de um dia para lavar roupas; uma vez por semana Maria poderia ocupar um dia inteiro lavando, em vez de ficar sete dias por semana na lavanderia.

Minha intuição dizia que, por trás dessa mania de limpeza, ocultavam-se outras coisas que apertavam o coração de Maria, outras necessidades não satisfeitas. Porém, primeiro quis devolver-lhe um pouco de energia e então ela teria força suficiente para ir mais fundo. Naquela ocasião, ela se esfalfava sem cessar e não estava em condições de dirigir os holofotes para o seu interior e realmente ouvir como se sentia e o que queria.

Dito e feito.

O dia de lavar roupa foi introduzido e fez grande sucesso.

O que Maria não conseguia fazer no dia da lavação tinha de ficar uma semana sem ser lavado.

As crianças acharam o dia de cozinhar o máximo. Elas assumiram sua tarefa com muito vigor e entusiasmo. No entanto, para Maria foi muito difícil deixar de interferir no processo; ela queria saber que temperos elas usavam, queria assegurar-se de que as superfícies de trabalho fossem limpas imediatamente após a preparação da comida, que nada queimasse na panela e que a massa não transbordasse.

Voltei a enfatizar que sua única tarefa consistia em elogiar. Nada mais! Seu elogio, sua afirmação e seu estímulo deveriam levar as crianças a se acharem capazes de fazer mais e desenvolver seus próprios interesses, em vez de esperarem por um parecer – isso apenas as tolheria e não promoveria seu desenvolvimento.

Ela resolveu entrar no jogo! Às vezes, o molho da carne não tinha ficado tão bom, mas isso não era o mais importante. Isso teria de esperar, mais adiante ela poderia dar pequenas dicas de como temperá-lo e prepará-lo.

Pontualmente às 20h Maria parava com seu trabalho doméstico e todos os demais também paravam. Pois a família teve por si só a ideia de dividir a casa em diferentes áreas de competência. Alguém era responsável pela entrada e pelo corredor e cuidava para que os sapatos estivessem arrumados e os casacos pendurados nos cabides, outro se ocupava com a sala de estar, com as almofadas em cima do sofá, removia os jornais e os depositava no lixo reciclável.

De repente, Maria começou a ter mais tempo à disposição. A noite inteira, para ser exata. No começo, ela não sabia bem o que fazer com esse tempo, mas descobriu com relativa rapidez que na televisão também havia programas bem interessantes e que ela dispunha de mais tempo para conversar com suas crianças e dar telefonemas. Que progresso!

Quando Maria se despediu das exigências exageradas que fazia a si mesma e ao seu entorno, subitamente novas ideias assomaram à superfície, ideias e sentimentos que ela nem desconfiava que tinha. Ela aprendeu a se conhecer melhor porque começou a auscultar o seu interior. Gastamos muito tempo tentando descobrir quais seriam as necessidades de Maria, o que desejava da vida e como queria viver.

No nosso último encontro, depois de cinco meses de trabalho em conjunto, Maria me contou que tinha saído de casa sem ter arrumado as camas. Ela tivera uma sensação muito estranha, mas também achou muito bom simplesmente poder sair a esmo. Bem mais importantes são suas reflexões sobre suas necessidades. Hoje ela já sabe melhor como quer viver, o que deseja do relacionamento com seu marido, que amigos lhe são importantes, como ela pode lidar com sua raiva e irritação e como deixar de lado sua mania de controlar.

Tipicamente feminino ou tipicamente masculino?

Irma contou-me o seguinte

Quem é que de fato dita as regras? Isso me deixa com muita raiva! Quando meu marido e eu chegamos em casa do trabalho, temos concepções diametralmente opostas do que deve acontecer em seguida. Eu imediatamente começo a arrumar as coisas, pergunto para as crianças como foi a escola (elas vêm sozinhas para casa), verifico as tarefas de casa e os horários das aulas, arrumo minha bolsa para o trabalho do dia seguinte, abro a correspondência, escuto as mensagens na secretária eletrônica, troco de roupa, ligo a máquina de lavar, começo a preparar a comida e procuro apurar como será o cronograma do dia seguinte e que compromissos haverá, para, dependendo das circunstâncias, preparar alguma coisa ainda à noite – para resolvê-los entre a condução de um ponto a outro ou na hora de pendurar as roupas no varal. Meu marido, pelo contrário, joga sua maleta no chão, troca de roupa e se atira no sofá. Isso é uma injustiça que clama aos céus!

Normalmente não sou fã de generalizações como "tipicamente feminino" ou "tipicamente masculino", porque, a meu ver, todos temos dentro de nós aspectos masculinos e femininos. Além disso, considero meio estreita essa visão categórica que se tem das pessoas. Já encontrei tanta gente que tem um comportamento que pode ser chamado de tudo, menos de "tipicamente feminino" ou "tipicamente masculino".

Porém, diante do cenário que Irma descreveu, sou obrigada a fazer uma exceção, pois já ouvi muitas mulheres dizerem exatamente a mesma coisa.

Irma deveria fazer exatamente o que faz o seu marido: chegar em casa, jogar a bolsa num canto, trocar de roupa, conversar com as crianças e descansar alguns momentos no sofá. Depois disso, todos podem juntos, com as energias renovadas, preparar a comida e distribuir as tarefas pendentes entre todos os membros da família (pois quem é capaz de vir sozinho da escola para casa, também consegue pendurar a roupa no varal).

Irma deve assumir a sua parcela de responsabilidade nessa situação. Enquanto se limitar a correr de um lado para outro resmungando e bufando, enquanto estiver amargurada e tiver muita pena de si mesma por ter de fazer tudo sozinha, vendo os outros encostados sem fazer nada, suas noites futuras não serão diferentes do que foram até agora. Ela tem de reunir os membros da família e conversar com eles sobre como querem organizar seus dias no futuro. Quem assume que tarefas, o que é importante e o que pode ser deixado de lado.

Tarefa 24

Coloque em prática a sugestão acima: descanse depois do trabalho.

A roupa suja, a arrumação da casa, fazer uma coisinha aqui e ali, tudo isso pode esperar.

Descanse. Coma algo.

Conversem uns com os outros.

E depois disso todos vocês farão juntos uma hora de trabalho doméstico concentrado.

O que vocês puderem resolver nesse prazo está feito, o resto terá de esperar.

Experimente fazer isso!

Registre por escrito suas ideias sobre isso.

Pelo menos ele tem de entender isso, ou?

Você dificulta desnecessariamente sua vida quando, muitas vezes, decide como algo deve ser sem se dar o trabalho de articular sua decisão. Você espera tacitamente que todos cumpram essas regras.

Isso é típico do perfeccionista.

Porque a sua abordagem é a única correta.

E é mais importante ter razão do que ser feliz.

Minha amiga Margarete morou com sua família numa pequena cabana improvisada em seu terreno durante os trabalhos de reforma da casa. Ela estava com duas crianças pequenas e tudo era bastante apertado, o espaço de que dispunha não chegava a quarenta metros quadrados. Nesse período, ela distribuíra suas tarefas assim: de manhã, ela acordava as crianças, preparava o café da manhã e as levava para a creche. Seu marido só levantava da cama mais tarde. Margarete chegava mais cedo do trabalho, buscava as crianças e preparava a comida e, quando seu marido chegava em casa à noite, ele se sentava à mesa já posta. Tudo o que havia para ser resolvido no período noturno era dividido entre os dois e ele ocupava todo minuto livre com os trabalhos de reforma da casa.

Na verdade, tudo bem distribuído, mas: todo santo dia de manhã, depois que seu marido havia tomado o café da manhã e lido o jornal, ele esquecia o pequeno detalhe de tirar as coisas da mesa e guardá-las no devido lugar. Nem pergunte quantas vezes Margarete o lembrou disso e lhe pediu para levar em consideração o espaço apertado. Pois toda noite, quando ela queria pôr a mesa, primeiro tinha de guardar as coisas esquecidas ali: o pacote de sucrilhos, a manteiga derretida, metades de pepinos, pratos e xícaras de café.

Um dia ela deu um basta.

Ela pôs a mesa sem limpá-la primeiro, colocando os pratos sobre os restos do café da manhã do marido!

Imagine só aquilo! Os pratos, os talheres sujos, a panela grande com o molho de carne, ao lado dela a travessa contendo as massas em cima do pacote de sucrilhos, enfeitada com cascas de pão secas! Imagine só a cara dele quando chegou em casa e quis sentar-se à mesa posta.

Na manhã seguinte, ele guardou as coisas e limpou a mesa e faz isso até hoje – e já faz muito tempo que voltaram a morar na casa reformada.

Aceite o seu lar e o dos outros

Lar é lar!

É o lugar para dormir, recuperar-se, revigorar-se e de reflexão.

É o lugar para refeições e comunhão, um ponto de encontro da família e o lugar em que se recebe parentes e amigos.

É o lugar onde guardamos nossas posses, o lugar em que nos sentimos abrigados e em que podemos estar à vontade, sem ser observados.

Contemple o seu lar por um momento sob essa luz. E também o lar dos outros.

Sempre é mais fácil condenar alguém por não ter conseguido arrumar ou limpar sua residência.

Receber a visita de uma pessoa perfeccionista pode ser uma verdadeira tortura.

Troque as suas noções perfeccionistas por noções novas

◆ **Noção antiga:** fico furiosa quando ele simplesmente joga suas meias de qualquer jeito no cesto de roupa suja e eu tenho de separar todas elas e combiná-las de novo.

♥ **Noção nova:** Hmm. Ele certamente estava com muita pressa quando jogou as meias desse jeito no cesto, e eu vou deixá-las novamente bem arrumadinhas. Naturalmente eu também poderia me irritar profundamente com isso, mas ele tem tantas coisas que eu acho maravilhosas.

◆ **Noção antiga:** a jardinagem precisa ser feita neste fim de semana de qualquer jeito: recolher as folhas secas, cortar a grama, plantar flores novas e um arbusto novo, podar as rosas e construir uma varanda para que nossos vizinhos não achem o nosso jardim horroroso. Temos de ficar no páreo.

♥ **Noção nova:** gosto do nosso jardim; ele tem charme e caráter. Onde está mesmo o telefone do serviço de jardinagem?

◆ **Noção antiga:** é uma pena que eu não tenha tempo para ler; eu adoro submergir no mundo fantástico dos livros. Mas antes disso ainda tenho de passar 10 lençóis, 20 conjuntos de roupas de cama e 30 fronhas. Quando terminar já será noite.

♥ **Noção nova:** qual será a sensação de dormir em cima de lençóis que não foram passados? É o que vou experimentar hoje à noite, mas antes disso ainda vou ler pelo menos vinte páginas do novo romance criminal.

◆ **Noção antiga:** sempre fico muito brava comigo mesma quando não consigo fazer tudo o que me propus. Será que isso é mesmo tão difícil de conseguir? Quero passar o aspirador, tirar o pó, passar o pano úmido no chão, limpar o banheiro e naturalmente arrumar tudo que for preciso, trocar as roupas de cama e limpar os espelhos, esvaziar as lixeiras, regar as flores e assar pão e pãezinhos doces, porque sempre temos isso. Quando deixo de fazer uma só dessas coisas fico o tempo todo olhando para ela; não consigo abstrair, TENHO DE dar conta dela.

♥ **Noção nova:** aqui está a lista de coisas que ainda precisam ser resolvidas. Vou dividir a lista em duas partes e começar com a primeira metade. Se conseguir fazer isso, estarei satisfeita comigo mesma. E se ainda sobrar tempo, continuarei com o primeiro ponto da segunda metade. Isso é muito estimulante!

Ter convidados, ou ser convidado

Suzana contou-me o seguinte

Recentemente visitei pela primeira vez amigos em sua casa no interior, acompanhada de meus dois filhos em idade de jardim de infância. Era para ser um fim de semana descontraído para nós três, com um pouco de ar do campo, longe do estresse cotidiano. Mas em toda minha vida nunca fiquei tão estressada! Passei o tempo todo com muito medo de que algo se quebrasse ou os meninos manchassem alguma coisa, que falassem muito alto, brincassem onde não deviam, fizessem muito barulho e pisassem no lugar errado, se movimentassem mal e respirassem errado.

A amiga de Suzana é uma perfeccionista incorrigível, que não deixa nada ao acaso. Suzana sabia disso, mas pensou que lá fora no campo as coisas seriam mais tranquilas. Ledo engano!

> Eu me senti como uma criança pequena em casa com seu pai e sua mãe enormes e rigorosos. Só faltou ela me dizer para limpar a boca com o guardanapo depois de comer.

Suzana nunca mais voltou lá.

Verônica contou-me o seguinte

Minha cunhada é uma perfeccionista, uma verdadeira superpedante! Quando vou visitá-la em sua casa, às vezes faço uma verificação aleatória nos lugares mais improváveis, como, por exemplo, atrás dos aquecedores da calefação do banheiro ou parecido. Mas não encontro qualquer vestígio de poeira ou sujeira, em lugar nenhum – na casa dela, tudo está clinicamente limpo.

Minha irmã vive em Londres. Lá não é tão costumeiro convidar pessoas para jantar na própria casa como entre nós na Suécia. As pessoas se encontram num restaurante ou marcam um drinque em algum bar. E mesmo quando se convida pessoas para visitar a casa nem se cogita ficar horas na cozinha preparando a comida. Pede-se comida em casa de qualquer país à livre-escolha e evita-se o estresse e o cheiro de assado na cozinha.

Um dos convites mais bizarros que recebi para jantar foi há alguns anos: eu havia sido convidada para comparecer a um castelo encantador fora de Estocolmo e à mesa tive a honra de ser designada para o assento ao lado do dono do castelo, que era conde ou barão. Tivemos uma noite divertida, contamos um para o outro nossas melhores histórias de viagem e lhe narrei as coisas mais malucas que me sucederam nas minhas viagens (a expressão do seu rosto era impagavelmente cômica ao ouvir minhas anedotas, mas isso já é outra história). Comíamos e comíamos, um prato após o outro, lebre e *parfait* e tudo que se pode imaginar. Para acompanhar tudo isso, havia vinhos caros envoltos pelo pó de uma vida longa passada sob as arcadas da adega senhorial. Depois disso, foi oferecido um conhaque no salão em poltronas crepitantes forradas com couro. Quando a noite foi chegando ao seu final, dissemo-nos boa noite e os que deveriam pernoitar no castelo foram levados para seus aposentos. Fomos recepcionados neles com roupa de cama florida e flores frescas sobre a mesa de cabeceira.

Porém, na manhã seguinte, o despertar foi um banho de água fria.

Nós, os que ali pernoitamos, despertamos dentro da realidade.

Foram trazidos aspiradores de pó, panos, detergentes, roupas de cama limpas e escovas de lavar louça.

Nós deveríamos limpar tudo!

Nunca me esquecerei disso: deixaram que brincássemos de castelo, de príncipe e princesa, mas depois devíamos fazer nossa parte e, depois da festa, deixar tudo arrumado. Um pouquinho como Cinderela, só que invertido.

Pudemos dar uma espiadinha atrás da fachada da família Dona-de-Castelo.

Foi só raspar um pouquinho – e detrás apareceu uma coisa bem diferente.

Amanda contou-me o seguinte

Quando vamos receber convidados, começo a zunir pelo apartamento, preparo a comida, deixo a mesa bem bonita, limpo os banheiros, arrumo o corredor, classifico os controles remotos por tamanho e passo o pano na mesinha de centro, acendo velas e me maquio – quero que tudo pareça perfeito. Meu companheiro acha que é mais do que suficiente preparar algo para comer. Ele considera todas as demais coisas supérfluas e não tem vontade nenhuma de desperdiçar nem sequer um pensamento com elas. E por isso ele vai para a ducha só quinze minutos antes de chegarem os convidados.

Da próxima vez, Amanda pode experimentar o jeito do seu companheiro e limitar-se a cozinhar. Simplesmente deixar as pilhas de roupas onde estão, oferecer só boa comida e companhia alegre e observar as reações. Talvez eles encontrem um meio-termo para que Amanda possa receber seus convidados com descontração e entusiasmo, em vez de esgotada e estressada. E talvez o seu companheiro possa envolver-se mais intensamente no processo para que seja um convite em comum aos seus convidados em comum.

Dóris contou-me o seguinte

Quando temos convidados, tenho de limpar os banheiros depois que eles foram embora. E não importa se são parentes próximos ou não, tenho de limpar a tampa do vaso e a pia, pendurar toalhas limpas e limpar tudo.

Tarefa 25

Gostaria de fazer-lhe algumas perguntas sobre o tema "multitarefas".

O que tem de tão especial nessa capacidade de fazer mil coisas ao mesmo tempo? Isso é realmente um motivo para vangloriar-se?

Acho que não.

Ei, vocês homens, que sempre resolvem uma coisa de cada vez, nós mulheres ainda temos um monte de coisas a aprender com vocês!

Em vez de fazer tudo ao mesmo tempo, faça o seguinte:

♥ Resolva sempre uma coisa de cada vez.

♥ Quando tiver terminado uma, você começará a outra.

♥ Você evitará uma úlcera estomacal, um infarto cardíaco, o olhar vidrado e um pescoço contraído.

♥ Você será capaz de desfrutar melhor cada momento.

Registre por escrito suas ideias sobre isso.

8
Como assim, você tem tempo livre?

Tempo livre é o tempo para as atividades úteis.
Benjamin Franklin, político norte-americano.

Como você quer gastar seu tempo livre?

Pois é disso que se trata. É o seu tempo livre, é o seu tempo de lazer.

Um tempo no qual você deve poder fazer o que quiser.

Tempo livre significa o mesmo que liberdade.

Liberdade significa o mesmo que livre-escolha.

Quantas pessoas hoje em dia escolhem totalmente por si mesmas o que fazer no seu tempo livre?

Tudo é cada vez mais rápido, mais efetivo, somos capazes de fazer muito mais coisas num tempo bem mais curto, podemos enviar e-mails e SMS em vez de conversar uns com os outros, somos capazes de fazer 200 coisas ao mesmo tempo e temos de conseguir tanto quanto nos é possível – exatamente quando estamos "livres" é que estamos ocupados.

Assim "descontraídas" como soaram as linhas anteriores são as pessoas perfeccionistas no seu tempo livre. Para elas é tremendamente difícil trocar de marcha e fazer algo não planejado, realizar atividades espontâneas em vez de seguir sempre no mesmo trote.

Nosso tempo livre é uma piada – A história de Ricardo

Um dia chegou um e-mail de um homem, no qual ele fala a respeito do chamado "tempo livre" em sua família:

> Chamar nosso tempo livre de lazer é piada. Eu me mato de tanto trabalhar para conseguir dar conta dos compromissos que a minha mulher planeja para nós – sem jamais ter perguntado a minha opinião. Em casa fico muito mais estressado do que no trabalho. E isso, sendo que trabalho como corretor de imóveis, ramo em que é preciso aguentar pressão.

A mulher de Ricardo organizava de tudo: almoços, jantares, aniversários das crianças, encontros de família, piqueniques e passeios. Ela convidava o sogro e a sogra, parentes e amigos, planejava visitas a museus, ia a exposições e concertos, comprava viagens de fim de semana, organizava festas do solstício, noitadas do quentão, festas de ano-novo e convidava amigos para coquetéis.

> E quando não tem nada programado, ela decide que temos de pôr ordem no sótão, pintar a garagem, organizar as roupas das crianças ou reformar a casinha de campo. Eu sou o motorista, ajudante, carpinteiro, cozinheiro e responsável pelas compras grandes. Mas não é só isso – ainda se espera que eu ache tudo isso superlegal! Preciso dizer que não é?

Continuamos por certo tempo com nossos contatos por e-mail. Incumbi Ricardo de descrever como ele queria que fossem seus fins de semana. O que de fato significa tempo livre para ele? Quais as necessidades que não estavam sendo satisfeitas? Ele tinha necessidade de repouso e paz, de silêncio, reflexão e contemplação? Ele tinha necessidade da natureza? Como ele agiria se tivesse menos contatos sociais? E como lidaria com as demandas de suas crianças por atividades?

Ele teria de reunir todo o seu ânimo para impor sua vontade à sua forte mulher. E teria de começar a assumir a responsabilidade pela relação, teria de admitir que ele próprio contribuía em grande medida para a situação, pois a permitia.

Todo fim de semana a mesma coisa. Dirigir de um lado para outro, consertar, carregar coisas, esfalfar-se, correr.

Enquanto ele colaborasse, tudo continuaria como era.

> Só o que eu gostaria de fazer é descansar. Comer bem. Ficar fora da casa. Passear no mato. Simplesmente existir.

Sua próxima tarefa consistiu em escolher um fim de semana e anunciar para a sua mulher que não deveria agendar nem planejar nada para esta data e desmarcar tudo que já havia sido combinado. Eles simplesmente iriam ao encontro desses dias e fariam só o que tivessem vontade de fazer. Ele também deveria descrever-lhe seus sentimentos e suas ideias, falar de suas necessidades e contar-lhe como imagina o seu tempo livre.

Dito e feito. Duas semanas depois, chegou o referido fim de semana sem compromissos. Para a sua mulher no começo tudo não passou de outro projeto, de um empreendimento novo.

E Ricardo aproveitou bem. Ele preparou um grande e demorado café da manhã. Leu muito. Foi passear. Brincou. Nada de telefone, nada de pessoas estranhas, nada de encontros.

E a mulher do Ricardo – ela dormiu. Pois evidentemente tinha uma grande necessidade de repouso, descanso e descontração, mas isso tinha sido reprimido de tal maneira que ela não tinha nenhuma consciência disso. Ela passou o dia dormindo.

Nas semanas seguintes, Ricardo reivindicou cada vez mais espaço, escolheu as atividades de acordo com suas necessidades e seus interesses e assumiu mais responsabilidade por não se deixar empurrar para um papel que ele não queria desempenhar.

Agora ambos são igualmente responsáveis por seu tempo livre. A opinião de Ricardo também pesa na hora de decidir e nas conversas entre ambos porque ele exigiu ser ouvido. Eles obtiveram um novo respeito mútuo e para as necessidades um do outro. E desde que decidem juntos como querem passar o seu tempo livre, conseguiram entrar num diálogo bem mais franco um com o outro.

Tarefa 26

Faça como Ricardo: marque um fim de semana sem compromissos.

Deixe o período de sexta-feira à noite até segunda-feira de manhã passar do jeito que vier. Não faça previamente a lista do mês, mas vá espontaneamente ao supermercado e compre só aquilo que deseja comer naquele momento. Faça só aquilo que você tem vontade de fazer nesse fim de semana, convide alguém se tiver vontade de encontrar-se com essa pessoa, empreenda algo que considera interessante, divertido, diferente, algo novo – ou não faça absolutamente nada.

Providencie uma pilha de DVDs ou compre um livro novo ou enrole-se num cobertor, peça uma pizza por telefone ou alguma outra coisa.

Se você tiver família e crianças, permita que elas procedam exatamente da mesma maneira – que façam o que tiverem vontade, construam cavernas que poderão ficar por ali durante dias, passem o sábado sem sair de casa, comam só coisas que começam com certa letra, desenhem, pintem, folheiem álbuns de fotos antigos, assem sete tipos diferentes de biscoitos. Desligue o telefone e alegre-se com a boa sensação que isso dá. Ou medite com suas crianças, o que é fantástico!

Faça isso ou não faça nada, mas, acima de tudo, faça só o que lhe ocorre no momento.

Reflita sobre o que está acontecendo.

O que faz esse momento ser diferente dos demais?

Qual é a sensação de não saber o que irá acontecer, mas confiar apenas na intuição e na sua própria vontade? Organizar o dia unicamente com base na vontade do momento?

Registre por escrito suas ideias sobre isso.

Todo o tempo livre é dedicado às crianças

Fico seriamente preocupada quando escuto que crianças de sete anos de idade não têm tempo para brincar com seus amigos devido à grande quantidade de atividades de lazer. Deparei-me com crianças que podiam combinar encontros com os amigos somente aos sábados das 11 às 12h, porque o restante do tempo estava tomado por atividades. Com toda sinceridade, que vida é essa?

Pais e mães fanáticos por esporte também são especialistas em pressionar-se mutuamente – e, claro, também às crianças. Se você não quiser ajudar o clube vendendo cachorro-quente na cafeteria, espera-se que você venda flores ou ajude a distribuir folhetos de propaganda de algum patrocinador. Claro que vocês podem dizer também: "Não, muito obrigado, não queremos vender flores, preferimos fazer alguma outra coisa. Se o pessoal tiver dificuldades financeiras, estamos dispostos a dar nossa contribuição em dinheiro". Mas isso seria o mesmo que praguejar dentro da igreja. Se uma criança cheia de vitalidade gostar de jogar hóquei ou futebol, isso não quer dizer obrigatoriamente que seu pai e sua mãe têm que ser produtivos no seu tempo livre.

Estêvão contou-me o seguinte

Tudo bem quando as crianças têm nove anos de idade, mas, quando estão com dezesseis ou mais, é gozado comparecer a um encontro de pais e mães e depois ter de vender coisas por aí.

Naturalmente também há os pais e as mães que tiram grande proveito do fato de os adultos se engajarem juntos. Para estes isso tem um significado bem maior do que se imagina.

Jásper contou-me o seguinte

Sem o treino de hóquei no gelo e as competições de que participa o meu filho eu praticamente não teria contatos sociais. É claro que isso é triste, mas é fato. Embora me interesse bastante por hóquei no gelo, não é a melhor coisa do mundo ficar parado na lateral de um ginásio gélido num domingo de manhã às 7h, em algum subúrbio do qual até aquele momento eu nunca ouvira falar. Mas esse é o único contato que tenho com outros adultos, excetuando naturalmente meus colegas de trabalho. As pessoas sempre estão muito ocupadas o tempo todo. Eu também faço isso, mas somos só nós dois, o rapaz e eu, e por isso fico contente que haja o seu hóquei no gelo.

Fico parada ali fervendo de raiva – A história de Charlote

> Meu marido tem uma motocicleta e, sabe, às vezes acredito que ela significa para ele muito mais do que as crianças e eu. Sim, isso é verdade, por mais horrível que soe. Ambos trabalhamos em turno integral e temos só os fins de semana para resolver as coisas - na casa e para as crianças. E, por isso, no sábado às vezes há um milhão de coisas para fazer. Mas ele levanta de manhã, veste seu conjunto de couro e simplesmente vai ao mundo com a sua moto. E eu fico parada ali fervendo de raiva. Imagine se eu simplesmente me mandasse no sábado de manhã e fosse dançar balé durante sete horas? Ah, muito agradecida. Isso aqui viraria um inferno.

Charlote ferveu de raiva a maior parte do tempo; na sua opinião, o seu marido pelo menos deveria entender por que ela não tem vontade de fazer sexo à noite. Mas há alternativas para isso; basta subdividir o fim de semana em apenas duas categorias:

1) O que você quer fazer.

2) O que você deve fazer.

O bom-senso diz para começar com o ponto 1, pois infelizmente ele tende a submergir assim que emergem todos os "deveres". Para o fim de semana seguinte, Charlote e seu marido devem fazer uma lista de "deveres".

(Coloco a palavra entre aspas porque na verdade não existe muita coisa na vida que realmente devemos fazer. Minha amiga Blossom Tainton, uma cantora sueca e papisa do exercício físico, diz que na vida há apenas duas coisas que devemos fazer: morrer e decidir-nos.)

Mas de volta a Charlote e à lista para este fim de semana:

1) Passar óleo de peroba na varanda e nos móveis do jardim.

2) Arrumar as roupas de inverno e levá-las ao sótão.

3) Verificar que sapatos e roupas de primavera ainda servem nas crianças.

4) Comprar novos, caso estejam pequenos.

5) No sábado à noite, convite dos vizinhos para jantar.

6) Providenciar um presente para os vizinhos.

7) Encher os pneus de todas as bicicletas.

8) Verificar se os capacetes de ciclista das crianças ainda servem.

9) Lavar roupa.

10) Estender a roupa no varal.

11) Recolher a roupa.

12) Arrumar a roupa.

13) Passar as camisas para a próxima semana (cinco peças).

14) Ligar para a sogra.

15) Eventualmente convidar a sogra para o café de domingo.

16) Eventualmente assar um bolo para o café de domingo com a sogra.

Você pode imaginar o estado em que se encontra a casa deles?

Diante disso, não me surpreende que o marido monte na moto e caia fora. Talvez a sogra devesse um domingo desses cuidar das crianças e assar um bolo com elas; então Charlote poderia sentar-se na garupa da moto e passear com o seu marido pelo vasto mundo. Talvez ela até ache interessante participar do entusiasmo do seu marido; além disso, poderia desligar por algumas horas e fazer algo bem diferente do usual. Acredito que ela se abriria num sorriso de felicidade.

Mas retornando à lista. Não consta nela um único ponto que esse casal DEVE resolver. Tudo pode ser adiado para outro dia e uma parte pode ser resolvida de imediato.

As camisas podem ser levadas a uma lavanderia para serem passadas a ferro, as bicicletas podem ser levadas a uma loja de bicicletas para uma revisão técnica e as crianças podem ser incumbidas de classificar suas peças de roupa em "serve" e "muito pequeno".

Nada disso DEVE ser resolvido. Tudo é uma questão de decisão própria.

Mas digamos que eles possam escolher três coisas da lista, realmente escolher. Eles pegariam o jantar com os vizinhos e o café de domingo, combinado com a arrumação das roupas de inverno. A sogra vem e assa o bolo com as crianças, enquanto eles arrumam as roupas e a lavação de roupa é adiada para o domingo à noite porque eles teriam todo o fim de semana livre.

O restante fica para o próximo fim de semana ou eles pedem que o adolescente de 14 anos de idade do vizinho passe óleo na varanda e nos móveis em troca de algumas entradas de cinema ou uma contribuição para sua nova bicicleta esportiva.

Ao dizer isso, só estou querendo mostrar que você pode de vez em quando levantar os olhos e dar um formato próprio ao seu tempo livre. Aceite ajuda sempre que possível; muita gente gosta de ajudar. A maioria das pessoas gosta de se sentir chamada a fazer algo significativo para os outros. Se a sogra receber uma tarefa, a sua visita não precisa se tornar um fator de estresse. Sua ajuda é aceita e tem sua importância.

Moderar suas ambições não faz parte da especialidade de um perfeccionista.

Mas pode vir a fazer parte.

No fundo, trata-se de valoração e concepções de valor, como tantas vezes. Que valores você aplica ao seu tempo livre? O que você crê ser o mais importante no seu tempo livre? Significa para você riscar tantos pontos quantos for possível de uma lista de "deveres" ou descansar e fazer coisas que você tem vontade de fazer porque agora dispõe de tempo livre?

Janine contou-me o seguinte

Confesso que sou uma perfeccionista – até a raiz dos cabelos! Tenho de ser a chefe perfeita, a amiga perfeita, a esposa perfeita, preciso ter uma residência perfeita, um corpo perfeito, minha aparência tem de ser perfeita e naturalmente toda a minha vida e o que faço dela devem transmitir essa perfeição. Meu marido e eu passamos o nosso tempo livre jogando golfe, tênis, viajando, com amigos e com cultura. Num curso sobre desenvolvimento da personalidade, perguntaram-me o que eu faria se tivesse só a mim mesma e não tivesse de levar ninguém em consideração. Isso me desconcertou completamente! Eu não tinha resposta para essa pergunta, não fazia ideia. Pelo que EU me interessava? Quem, diabos, sou EU na verdade? Não me ocorria nada para dizer! Isso foi realmente terrível! Depois disso, comecei a pensar no assunto e que eu gostaria de retomar a pintura. Quando era pequena pintei muito com aquarela. Portanto, vou começar a pintar de novo e talvez até providencie em algum momento um cavalete e utensílios de pintura mais apropriados. Mas não mostrarei para ninguém os produtos, vou pintar só para mim mesma, porque isso é relaxante e divertido.

Antigamente não era assim como é hoje.

As pessoas não trabalhavam tanto. O homem e a mulher não tinham cada qual um emprego de tempo integral e as pessoas também não possuíam tantas coisas. As crianças não tinham centenas de atividades no tempo livre. Elas iam para a escola e o final da aula também significava final para elas. Não havia festa escolar, excursões da classe, passeios da escola e assim por diante, que se repetem a cada ano. As crianças também jogavam futebol, mas nem por isso os pais e as mães tinham de vender flores ou ajudar a bancar o clube. Os bebês também ainda não praticavam a ioga.

Temos de admitir que fomos nós mesmos que inventamos isso tudo. Pois a pessoa perfeccionista está sempre muito preocupada com o que seu entorno pensa e diz dela. E com como ela tem de ser.

Portanto, volta e meia você pode conceder a si mesmo uma pausa desses pensamentos.

Tarefa 27

Pergunte-se como quer configurar o seu tempo livre.

O que lhe faria bem?

Com o que você gostaria de gastar o seu tempo livre?

Talvez não fazendo nada, para variar?

O que você quer fazer com mais frequência? O que quer fazer mais raramente?

E depois que tiver refletido sobre isso, pondere quais dessas ideias são realistas e modere suas ambições um pouco mais.

Se você convive com alguém ou tem família, pergunte a todos os membros dela o que pensam disso. Conversem todos juntos sobre como deve ser o tempo livre de vocês e como poderão tirar o melhor proveito dele. O que não quer dizer que devam embutir tudo que puderem no plano, mas apenas fazer aquilo que tiverem vontade.

Registre por escrito suas ideias sobre isso.

Coisas boas que você pode fazer (uma de cada vez)

♥ **Faça um passeio a pé.** Observe as folhagens coloridas e as flores, desfrute as cores e os odores das estações. Tome tempo, não julgue, não resolva nada, vá sem destino e volte quando quiser.

♥ **Ouça música.** Ouça com atenção! Ouça os diversos instrumentos, como o ritmo acelera e volta a ficar mais lento, as diferentes tonalidades e os tons.

♥ **Saia de carro a esmo sem saber para onde.** Sente-se ao volante do seu carro com o tanque cheio e uma bolsa para um ou dois dias e ande sempre para onde aponta o nariz. Ou você pode embarcar num navio ou num ônibus intermunicipal. Ou quem sabe no trem? Simplesmente saia por aí e viva as coisas como vierem.

♥ **Convide seus amigos e peça-lhes para trazerem cada um a sua própria comida.** Você se responsabiliza pelos drinques e pelo vinho. Deixe-se surpreender pelo que trarão e a mágica que se pode fazer com isso. Vocês poderão cozinhar juntos ou eles poderão trazer as refeições já prontas. Será um pouco como num baile de máscaras – uma mistura bem variada que poderá ou não combinar.

♥ **Vá ao cinema sem antes escolher um filme.** Decida só na hora que filme combina melhor com o horário, em vez de escolher um filme antecipadamente. Assista o filme com toda a atenção: a luz, o som, os adereços, os figurinos, o desempenho dos atores, a direção, o roteiro. Concentre toda a sua atenção e presença no filme.

♥ **Deite-se na esteira e medite.** Deixe seus pensamentos correrem soltos, sem avaliá-los ou interpretá-los, deixe-se levar por eles e desfrute da bela sensação de não precisar regular ou desempenhar algo.

♥ **Você pode acrescentar a esta lista tantos pontos quantos quiser.** A única coisa importante é que eles não demandem nenhuma realização; deves tão somente vivenciar a música, o filme e a natureza. Faça isso sozinho ou junto com um amigo ou uma amiga e conversem sobre as experiências de vocês.

Registre por escrito suas ideias sobre isso.

Cinco horas adicionais por dia

Depois de uma palestra na Finlândia, perguntei para o público, constituído de 400 maravilhosas participantes, o que fariam se tivessem cinco horas adicionais por dia.

"Dormir mais", disse uma.

"Passar mais tempo com a família", disse outra.

"Passar mais roupa", disse uma mulher loira de pequena estatura e esbelta.

Depois da palestra, ela veio ao meu encontro e sussurrou para mim que sente uma fisgada no braço esquerdo e um aperto no peito. Se, a meu ver, ela deveria procurar um médico.

SIM!

TAREFA 28

O que VOCÊ faria se tivesse cinco horas adicionais por dia? Na verdade, é irrelevante se isso vale para um dia ou para todos os dias. O importante nisso tudo é que a escolha recaia sobre o que VOCÊ QUER, mas nunca faz porque pensa que não tem tempo para isso e prioriza outras coisas porque acha que tem de fazê-las.

Se você tiver encontrado algo, pondere como integrar isso no seu dia de vinte e quatro horas.

O que você poderia descartar e despachar para fazer espaço?

Registre por escrito suas ideias sobre isso.

Já vivenciei as férias inteiras antes de começar a viagem – A história de Laura

Laura é louca por viagens e traquejada no assunto. Ela já fez muitas viagens pelo mundo, visitou alvas praias arenosas e metrópoles pulsantes. Ela viaja muito, geralmente com toda a sua família, composta do marido e de três crianças, todas elas em idade escolar.

Laura é responsável pela organização das viagens. E pelo planejamento. E por todos os preparativos.

> Graças à internet tenho acesso a todas as informações a partir de casa. Posso verificar os hotéis, como é a mobília de que dispõem, como são os aposentos, que tipo de café da manhã oferecem e em que horários, como é a piscina, se as esteiras têm custo extra, se as toalhas de banho estão incluídas no serviço, onde é o bar e onde fica o quarto.

Laura fala rápido e com desenvoltura. Ela sabe exatamente o que quer, é perseverante e não se dá por satisfeita com a primeira oferta que aparece.

> Em seguida checo as possibilidades de passeios, as atrações turísticas, lugares famosos ou eventos especiais como concertos ou dias de feira. Depois de ter reunido o programa para as semanas de férias, monto um plano, uma espécie de programa semanal como numa visita de Estado, levando em conta as vias de acesso, as distâncias, as diferentes possibilidades de transporte e a estimativa se é melhor alugar um carro ou tomar um táxi: verifico o funcionamento do transporte público local, ônibus, trens, se é possível alugar bici-

> cletas; busco na rede as linhas de ônibus e suas tabelas de horários e verifico se não há feriados naquele período, para não termos surpresas desagradáveis fazendo um longo percurso até um museu que, nesse dia, está fechado.

Rapidamente ela toma fôlego e prossegue com seu relato.

> Mas os restaurantes também são importantes. Estragar o estômago pode custar alguns dias das férias. Isso é algo bastante enervante. Naturalmente levamos nossa maleta de primeiros socorros e nos vacinamos quando recomendado. Leio previamente reportagens de viagens, busco informações a respeito do que jornalistas especializados em viagens recomendam, também leio os críticos de restaurantes, informo-me sobre a região, o bairro, as ruas onde ficam os restaurantes, reservo uma mesa quando dizem que é algo especialmente bom; feito isso, não precisamos mais nos preocupar com isso. Imprimo os cardápios, refaço o cálculo do nosso orçamento de viagem – jantar num restaurante mais caro numa noite significa escolher um mais barato no dia seguinte.

Laura e eu nos encontramos pela primeira vez pouco antes das suas férias com a família na Escócia. Já estava tudo preparado, os passeios já haviam sido comprados, os pontos turísticos interessantes e os restaurantes promissores marcados num mapa. Ela havia montado um arquivo, impresso fotos da internet e encadernado artigos, ilustrações, brochuras informativas e catálogos.

Ela estava completamente exausta.

> Já vivi as férias todas antes de começar a viagem! E isso que nem cheguei ao aeroporto e muito menos no táxi em que vou até lá. Sei exatamente qual será o próximo passo, o que faremos, o que vivenciaremos. Nada fica ao acaso.

Laura me procurou depois de uma das minhas palestras em que narrei a viagem da minha vida, o que aconteceu na minha vida, que mudanças resolvi fazer – e, acima de tudo, como me sinto muito melhor hoje.

Ela quis ajuda em primeira linha para conseguir dominar a sua pronunciada mania de controlar tudo; ela sofria por nunca conseguir realmente largar o osso.

Pois ao lado do fato de já ter feito antes mesmo de terem partido a viagem de férias que estavam para empreender, Laura usava boa parte de suas férias planejando as próximas. Ela não conseguia permanecer no aqui e agora. E inclusive, quando convidava pessoas para jantar, ela não se concentrava na noite com os convidados, mas ficava organizando mentalmente o próximo encontro. E quando se encontrava em viagem, ela dedicava toda a sua atenção à busca por um novo destino para a próxima viagem. Ela nunca estava presente, mas sempre já um pouquinho à frente.

Diante disso, só havia uma coisa a fazer: para a próxima viagem, ela definiria o destino e compraria os voos e faria as reservas do hotel. Nada mais. Quando lhe perguntei via e-mail se conseguira ater-se a isso, ela disse que sim, ou pelo menos quase isso. Ela apenas havia lido alguma coisa na internet, mas essa viagem seria vivenciada no próprio local.

O perfeccionista não deixa nada ao acaso ou a uma intuição espontânea. Ele gosta de esquecer que está num país estrangeiro do outro lado do globo terrestre, onde as coisas têm um andamento diferente do que em casa.

Por isso, os perfeccionistas são os primeiros a reclamar em alta voz que o leite tem um gosto estranho, que os ônibus não parecem aptos para transitar ou que o ar-condicionado é muito barulhento.

Por que viajar para o exterior quando se espera que tudo seja exatamente igual ao que temos em casa?

E, como ocorre em todas as demais situações em que o perfeccionista faz exigências descabidas e espera que tudo aconteça de acordo com as suas expectativas, não tolerando falha nenhuma, assim também as férias e o tempo livre podem se transformar numa provação.

Sandra contou-me o seguinte

Tínhamos feito reservas para uma semana, sete dias; era para ser totalmente romântico e agradável, já que na verdade passáramos o inverno todo só brigando. Então peguei uma gastrenterite, que durou cinco dias. Fiquei o tempo todo de cama, vomitando e com diarreia. Tudo que vi da Tunísia foi o banheiro do hotel e o aeroporto.

Jaime contou-me o seguinte

Era para ser as férias perfeitas, nossa primeira semana juntos e a sós depois que as crianças vieram ao mundo. O sogro e a sogra assumiram as crianças e a casa e nós tí-

nhamos uma semana de Grécia pela frente – o que poderia dar errado? Mas começamos a brigar já no aeroporto e ficamos brigando durante todo o voo até Creta. Depois disso, essa briga pairou como uma tempestade sobre nossas cabeças. Houve pequenas indiretas, grande gritaria, nada era como tínhamos imaginado, nem um pouco parecido com o prospecto de viagem.

Não se deve subestimar expectativas exageradas. A decepção que delas decorre é grande, grave e dolorida.

Tarefa 29

Que repercussões o seu perfeccionismo ou o das pessoas que convivem com você teve até agora no seu tempo livre?

Registre por escrito suas ideias sobre isso.

Nosso maior medo é deixar brilhar nossa luz própria

"Nunca tenho tempo de praticar esporte", queixou-se uma mulher durante um curso de atualização.

"E por que não?", perguntei-lhe.

"Não dá, simplesmente não é viável, não posso sair à noite de jeito nenhum."

Essa mulher estava plenamente convicta de ser indispensável na casa. Tinha decidido que a família não conseguiria se virar, que dificilmente seria capaz de sobreviver se ela deixasse a casa duas noites por semana. Que nada, só duas noites por semana, duas horas por noite, pois mais tempo não é preciso para ir até o centro esportivo, treinar e voltar para casa. Para poupar tempo até é possível tomar banho e trocar de roupa em casa. Ela também poderia praticar esporte em alguma manhã do fim de semana, quando de qualquer forma todos os membros da família ficam sem fazer nada.

Infelizmente a crença de que somos indispensáveis é muito difundida – mas você pode vez ou outra deixar a casa; eles conseguirão se virar. Eles ficarão ótimos. Você simplesmente diz que precisa de movimento para permanecer em forma e, além disso, vai fazer algo de que gosta.

Se as suas crianças ainda forem pequenas ou o seu marido trabalhar até tarde, peça-lhe que venha mais cedo para casa em duas noites e, se isso for impraticável, peça a uma vizinha ou a uma amiga para cuidar das crianças. Você pode cuidar das crianças dela quando ela precisar de ajuda.

Começar a dar espaço às suas necessidades pode pôr em movimento um processo que causa um pouco de medo. Você descobre sua própria grandeza e sua própria luz.

A título de pequeno auxílio para a jornada, eu gostaria de mostrar a você um dos mais belos textos que já li na vida: um trecho de *Retorno ao amor* de Marianne Williamson.

> Nosso maior medo não é o de sermos irrelevantes. Nosso maior medo é o de sermos desmedidamente poderosos. O que mais nos assusta é a nossa luz e não a nossa escuridão. Perguntamo-nos: quem sou eu para que seja tão brilhante, grandiosa, talentosa, fabulosa? Mas quem é você para não ser assim? És uma filha de Deus. Diminuir-se não trará nenhum proveito para o mundo. Não há nada de iluminado no fato de você se deixar encolher de tal maneira que não consegue mais provocar insegurança nas outras pessoas. Todos devemos brilhar como as crianças. Nascemos para manifestar em nós a glória de Deus. Ela existe em todos nós, não só em algumas poucas pessoas. E quando deixamos nossa luz própria brilhar, inconscientemente permitimos também que outras pessoas façam o mesmo. Quando estamos livres do nosso próprio temor, nossa presença liberta automaticamente também os outros.

Aliás, pode até provocar certa angústia constatar que a família conseguiu se virar mesmo sem você.

Objetivo e sentido

Fomos criados para a atividade.

Fomos criados para enfrentar desafios e para avançar.

Fomos criados para trabalhar, correr, pular, dançar, falar, estar juntos, construir, prover, amar.

Sair de férias e não fazer nada, só ficar deitado de costas na beira da praia e observar o sol nascer e se pôr – isso não corresponde à natureza humana.

Precisamos de objetivo e sentido para ser felizes, para viver bem e estar contentes. Os prospectos que oferecem a viagem dos sonhos estão cheios de imagens de casais deitados ao sol em suas esteiras em praias desertas com três palmeiras do lado esquerdo e à sua frente nada além do imenso mar azul, a sensação de ilha deserta, uma infinidade de tempo e silêncio. As pessoas se esfalfam dia e noite, poupam dinheiro durante meses e até anos para viajar para essa mesma praia e então – não fazer nada. E quando finalmente tiverem chegado lá, depois de terem viajado o tempo todo na velocidade máxima, a frustração e a decepção já estão à espreita atrás da primeira palmeira.

Em alguma investigação li que os suecos prezam muito seu tempo livre, mas também prezam o equilíbrio entre trabalho e tempo livre. Quanto mais velhos ficamos, maior a importância do tempo livre e a carreira passa para o segundo plano. Sendo assim, é esquisito subdividir esse tempo em deveres e cargas que não cumprimos nem carregamos para nos proporcionar alegria, mas porque acreditamos que devemos fazer isso.

Agenda abarrotada

Talvez agora eu esteja indo um pouco longe demais.

Mas vou correr o risco.

Pois encontrei algumas pessoas que empreendem uma quantidade inacreditável de coisas para chegar na segunda-feira de manhã no escritório e poder falar do seu fim de semana cheio. Todos os lugares em que foram convidados para comer, como caíram de cansaço no sábado à noite, os progressos que fizeram na reforma da cozinha, de quantas crianças tomaram conta. E assim por diante. E isso não acontece só nos escritórios, nos canteiros de obras e nos hospitais das nossas cidades. Acontece também nas escolas, onde nossos pequenos filhotes devem contar para todos o que vivenciaram. Eles podem estar ali sentados em grupo e a professora quer saber – sim, quando isso acontece, queremos ter algo para contar.

Não é de se admirar que fiquemos com dor de barriga e dor de cabeça.

Num domingo de fevereiro fui com as crianças ver a exposição de Andy Warhol no Museu de Arte Moderna. Era o acontecimento da hora, mas eu havia me interessado por essa exposição porque (1) havia estado há alguns anos numa exposição de Warhol no Museu de Arte Moderna de Nova York e queria ver suas obras mais uma vez e porque (2) há muito já sou fã do Andy Warhol e porque (3) queria fazer uma coisa diferente com as crianças num domingo.

Estava todo mundo lá.

E tive a impressão de que cerca da metade dos visitantes só foi lá para depois poder dizer que esteve presente. Não foi possível ver muita coisa das pinturas porque havia sempre em torno de cem pessoas obstruindo a visão.

Devíamos ter ido numa terça-feira bem normal.

Recentemente fui buscar minha filha caçula no jardim de infância Montessori que ela frequenta. Estávamos diante de um fim de semana prolongado, um desses que ocorre com frequência na primavera. A educadora e alguns pais e mães estavam num grupo conversando sobre seus planos para os dias que tinham pela frente. Alguns queriam viajar para o interior, outros visitar os avós, um até queria viajar para a Dinamarca.

"E o que vocês vão fazer?", perguntaram-nos.

Tínhamos feito planos, minha filha e eu. Passáramos a semana burilando um plano para o sábado.

"Vamos fazer um bolo de chocolate!", disse minha filha com uma boa porção de orgulho na voz. Era a mais pura verdade.

Compraríamos farinha, chocolate, baunilha, ovos e outras coisas mais. Em seguida, vestiríamos nossos aventais e colocaríamos tudo na superfície de trabalho da cozinha e faríamos a preparação. Ela subiria na sua escadinha e começaríamos a preparar, misturar, bater claras em neve, colocar na forma, lamber os restos de massa das bacias e bater a cobertura.

E quando o bolo tivesse terminado de assar, quando o despertador soasse e nós corrêssemos para a cozinha, esperaríamos esfriar um pouquinho antes de passar a cobertura de chocolate nele. Depois juntaríamos pratos, guardanapos, suco, a garrafa térmica com café e uma toalha e iríamos até o parque fazer piquenique. Escolheríamos um lugar bonito para comer o bolo e conversar sobre como o havíamos assado. E sobre como estava gostoso. E sobre como estávamos tão maravilhosamente lambuzadas de chocolate. E lá vai mais uma fatia.

E foi exatamente isso que fizemos nesse fim de semana prolongado. Fizemos também outras coisas, mas esse foi claramente o ponto alto.

Sinto pena das pessoas que fazem as coisas só para poder mencioná-las em conversa com outras. Denota muita falta de autenticidade.

A pronunciada necessidade de afirmação do perfeccionista anda à espreita e o risco é grande de que o fim de semana planejado ou a viagem malogrem, que o tempo precioso não possa ser entupido até o gargalo como foi planejado. Isso faz com que você se torne vulnerável e então você se esfalfa tanto mais para fazer com que ele seja aquilo que imaginou.

Em vez de simplesmente fazer aquilo que você tem vontade de fazer naquele momento.

Como é o tempo livre perfeito?

Quando você passa o seu tempo livre fazendo as coisas que tem vontade de fazer?

Ou fazendo coisas que depois quer contar para os outros?

Só você pode saber como é o seu tempo livre perfeito, porque isso varia muito de indivíduo para indivíduo. Temos interesses, valores, ideais, sonhos e expectativas distintos e por isso não há um modelo padronizado que funcione melhor. Em vez disso, talvez haja algo como um entorno, uma cultura, uma mentalidade, que apontam em direções similares. Há hábitos, moldes e maneiras de se comportar concordantes em nossa sociedade.

Se é que há mesmo algo como tempo livre.

P.S.: O tempo livre mais bonito quando não estou em viagem, o que mais gosto de fazer quando todos estamos livres de compromissos, é passar o tempo sem fazer planos. Acordar no sábado de manhã, abrir os olhos, receber café fresquinho e o jornal na cama, alongar-me com toda calma. Ler uma história para as pequenas, ficar deitada na cama e aconchegar-me. Depois disso, acolhemos o dia conforme ele vai chegando. Tudo pode acontecer.

9

É pra já, chefe!

Não deixe o perfeccionismo se tornar uma desculpa para nunca começar.

Marilu Henner, atriz norte-americana.

O mundo do trabalho não é fácil para as pessoas perfeccionistas. Mas elas tampouco facilitam a vida dos seus colegas. Embora seja você quem estabelece as normas de como trabalhar, de como os outros devem ver você e o que se pode esperar de você, você nunca fica contente. O parâmetro sempre pode ser elevado um pouco mais, os limites sempre podem ser estendidos mais além, a exigência sempre pode ser um pouco maior, o resultado sempre um pouco mais, sempre um pouco melhor, sempre um pouco mais rápido, sempre um pouco mais elegante.

Se você esperar que seus colegas mostrem um engajamento parecido e a mesma prontidão para mostrar serviço, a probabilidade de uma decepção é grande e aflitiva. Você arrancará os cabelos de desespero e todos no escritório logo se acostumarão com a ideia de que você sempre faz um pouco mais e por isso eles próprios nem precisam se esforçar muito.

E como se isso não bastasse, as pessoas perfeccionistas geralmente ficam na sua. Você é isolado porque se sobressaiu. Ninguém chega aos seus pés, ninguém consegue superá-lo assim tão facilmente. Tudo ricocheteia em você e você sempre tem uma porção de desculpas à mão que, de algum modo, sempre são aceitas.

Você consegue se safar por ser inacessível.

No começo do livro, falei sobre meu tempo como diretora de projetos numa emissora de televisão. Coordenadora é como se chamava o que eu fazia. E isso significava que, cada vez que eu aceitava uma nova incumbência, tinha de ler muito sobre um tema completamente novo. Tinha um mês para fazer isso; então eu lia, lia e lia. Todos os artigos, todas as colunas, todos os tratados e todas as reportagens em que conseguia pôr as mãos. Apesar disso, tinha a sensação de não entender absolutamente nada. Antes da minha primeira reunião, já tinha trabalhado como se tivesse que entregar um trabalho para o exame final. Mas, por mais que me esforçasse, nunca era suficientemente bom. Essa categoria simplesmente não existia para mim. As exigências que fazia a mim mesma estavam fora da realidade; eu queria saber pelo menos tanto quanto os colegas que já trabalhavam nisso há uma década.

Agora aprendi a reduzir as exigências a mim mesma. Mas seria muito fácil retomar essa postura, comparando-me com outros consultores, palestrantes, treinadores de lideranças e autores de livros especializados. Eu poderia dizer para mim mesma que tenho de ser pelo menos tão boa quanto ele ou ela, ganhar o mesmo que eles, ter o mesmo número de incumbências, o mesmo número de clientes importantes. Embora a pessoa que serve de comparação tenha muitos anos de vantagem!

Quando percebo minha tendência para esse lado, intercepto-me ali mesmo e digo para mim que sou a única com a qual posso me comparar. E faço isso para aprender e não para me diminuir. Por exemplo, para averiguar por que uma reunião de trabalho foi especialmente bem-sucedida e outra não. O que eu poderia ter feito diferente naquela que foi malsucedida?

Em contrapartida, inspiro-me de bom grado em outras pessoas e de cada encontro com uma pessoa ou de cada preleção que frequento tiro alguma coisa instrutiva para mim.

Tarefa 30

Que repercussões o seu perfeccionismo ou o das pessoas que convivem com você teve na sua vida profissional?

Registre por escrito suas ideias sobre isso.

Anderson contou-me o seguinte

Sou perfeccionista. Tudo tem de ser feito como eu quero, caso contrário melhor nem fazer. Fico tremendamente frustrado quando as pessoas fazem as coisas de modo medíocre, relaxado ou pela metade. Não entendo como conseguem dormir bem à noite.

Se um perfeccionista não consegue corresponder às suas próprias expectativas de sucesso, tudo é declarado como fracasso. É que seu mundo é preto ou branco, tudo ou nada. E o fracasso dói tanto que o perfeccionista até pondera nunca mais tentar.

Para atingir o objetivo e impedir um fracasso, o perfeccionista é capaz de dar asas à sua imaginação; quase qualquer meio serve.

Você ainda se lembra das atletas de patinação artística Nancy Kerrigan e Tonya Harding? Durante a fase de treinamento antes dos Jogos Olímpicos em Lillehammer, em 1994, Kerrigan, a favorita do público e ademais a beleza personificada, foi atacada e ferida por um homem de Detroit. Descobriu-se que o homem em questão fora contratado pelo marido de Tonya Harding. Esta não resistira à pressão e quis eliminar sua concorrente mais forte. Mas o plano não foi totalmente bem-sucedido: os ferimentos de Kerrigan ficaram curados e ela ganhou a medalha de prata. Tonya Harding, em contrapartida, foi barrada por toda vida em todos os campeonatos de patinação artística.

Aqui alguns famosos perfeccionistas do nosso tempo

- **Marie Curie** (1867-1934), física polonesa ganhadora do Prêmio Nobel, disse: "Nunca vejo o que já foi feito, sempre só o que falta e ainda tem de ser feito". Ela tinha dificuldades de dar-se por satisfeita com algo e exigia realizações de si mesma incessantemente.
- **Juana Inés de la Cruz** (1651-1695) foi escritora e autora de peças de teatro; nasceu e morou no México. Sua ambição era aprender latim. E ao perceber que o processo não andou suficientemente rápido, quer dizer, com a rapidez pretendida por ela, ela cortou seus longos cabelos negros para castigar-se.
- O diretor cinematográfico, roteirista e produtor de filmes **Stanley Kubrick** (1928-1999) talvez tenha sido o perfeccionista mais famoso do ramo cinematográfico; ele não deixava nada ao acaso.
- **Ettore Bugatti** (1881-1947), lenda do ramo automobilístico e fundador da marca de automóveis Bugatti, definitivamente foi um perfeccionista. E o foi na medida em que se recusava a vender seus automó-

veis a pessoas que não mostravam boa educação – como o jovem rei albanês que, a seu ver, tinha maus modos à mesa, para mencionar só um exemplo.

- **James Cameron** (*1954) é o homem por trás do sucesso de bilheteria "Titanic" e foi caracterizado por seus colaboradores no set de filmagem como verdadeiro perfeccionista, que se encolerizava instantaneamente quando algo não saía como ele queria.

Corina contou-me o seguinte

No meu trabalho sempre exijo de mim mesma perfeição e nada menos que isso. Minha necessidade de controlar é extremamente pronunciada; verifico tudo duas, de preferência três vezes, porque só confio em mim mesma. Sinto-me miserável quando algo não sai torto ou não dá certo; fico remoendo isso durante dias e semanas.

Eu nunca deveria ter contratado uma perfeccionista – A história de Marcos

É o que Marcos diz hoje. Ele é gerente de uma empresa com trinta empregados. Ele se sente muito responsável pela sua equipe e cuida pessoalmente do recrutamento de novos colaboradores, interessa-se por pessoas de modo geral e por padrões de comportamento em particular.

> Deparei-me com muitos homens e muitas mulheres jovens, com boa formação, inteligentes e ambiciosos que queriam ser constantemente elogiados, queriam as provas em voz alta de que estavam fazendo um bom trabalho. E quando se esquece o elogio, eles imediatamente pressupõem que fracassaram em alguma coisa, tornam-se exageradamente autocríticos e perdem totalmente a distância em relação ao seu emprego. É preciso procurar muito para achar pessoas mais egocêntricas do que as perfeccionistas.

Marcos pode olhar para quinze anos de experiência como líder com responsabilidade pessoal e, com o passar do tempo, aplicou métodos, muitos dos quais foram bem-sucedidos, mas também houve os que não deram certo. Há muitos anos, ele empregou uma mulher que parecia ter o perfil exato para o posto em questão. Ela era a primeira a chegar pela manhã e a última a sair à noite, trabalhava durante a hora do almoço, cumpria as tarefas com pontualidade, com frequência fazia dez vezes mais do que era pedido, era rápida, efetiva e leal. Dava a impressão de ser segura e dotada de muita autoconfiança.

> Mas um dia o balão estourou; ela foi diagnosticada com doença aguda e nunca mais retornou ao local de trabalho. Isso foi uma grande lástima, porque ela era uma colaboradora muito boa. Ao mesmo tempo, porém, vejo a nossa responsabilidade nessa história; nós não a ajudamos a sair desse ciclo. Simplesmente estávamos acomodados e admirados com seu ritmo, sua efetividade – justamente esse lado perfeccionista dela.

Marcos também descreveu a impressão de segurança pessoal que ela transmitia, tanto com referência à sua própria pessoa quanto às coisas que ela fazia. Hoje ele sabe que de todos na empresa ela era a que tinha menos autoconfiança.

> Suponho que ela não queira admitir o quanto ficou mal e por isso não quer voltar. Nós a aceitaríamos de volta só com a metade da sua ambição, do seu cuidado e da sua dedicação. Mas eu tirei minha lição desse assunto; nunca mais vou contratar um perfeccionista! Meus colaboradores têm de ser humanos, ter êxito e falhar. Desse modo o trabalho sempre tem mais graça.

A decisão por uma pessoa supostamente perfeita no trabalho pode ser um erro, se ela não dispuser de flexibilidade, espontaneidade e autoconfiança suficientes. Consta que, entre as pessoas com transtornos de personalidade, há muitas que são perfeccionistas. Além disso, há também traços de personalidade próprios da pessoa perfeccionista: depressão, neuroses obsessivas, angústia, estresse, dependência de reconhecimento e outros tipos diferentes de dependência e abuso. Há também formas de abuso que não são tão facilmente identificáveis como tais, como, por exemplo, o abuso do relacionamento. Pois em algum lugar é preciso descarregar a frustração. E se você teve de se comportar como um ser perfeito o dia inteiro, oito horas a fio ou mais, não é de se admirar que, depois do trabalho, não consiga mais se controlar.

Medalha de ouro em manter a fachada

Agnes contou-me o seguinte

Não quero mostrar o meu verdadeiro eu para os colegas de trabalho. Seria como se eu andasse nua pelo escritório, como se me despisse completamente diante de todos.

Agnes é corretora de imóveis e está constantemente rodeada de gente, seja de clientes ou interessados ou por colegas ou concorrentes. Ela é uma mulher muito elegante num traje cinza claro que lhe acentua o talhe, a cor dos seus sapatos e a cor da bolsa de mão combinam e em suas orelhas cintilam brilhantes.

> Visto minha roupa de manhã como se fosse uma segunda pele. Então estou pronta para ir para o trabalho...

No trabalho de Agnes está em jogo exclusivamente o desempenho; nesse caso, já o ato de entrar em cena de modo alegre e charmoso pode ser um bom desempenho. Não há espaço para erros ou para ter um mau dia – tudo conta, tudo é registrado implacavelmente.

No trabalho ela não revela sobre sua vida privada mais do que o exigido pelas necessárias conversas informais. Ela gostaria de manter suas debilidades ocultas, não mostrar falhas nem deficiências e está acostumada a ser considerada como a pessoa que faz tudo perfeito.

> Às vezes penso no que aconteceria se, na vida privada, eu me envolvesse numa situação traumática e precisasse de apoio do local de trabalho – como as pessoas reagiriam a isso? O que pensariam e diriam de mim? Nossa, só de pensar nisso já fico apavorada!

É muito fácil construir uma fachada. Só o que se precisa fazer é revestir-se pela manhã com uma couraça protetora e cuidar para não tirá-la em hipótese alguma. Aparência perfeita, cuidada, refinada, de fino trato, gentil, de seus lábios jamais sai um palavrão, você não ultrapassa nenhum limite, não tem defeito e, a rigor, também é totalmente inautêntica.

Demora muito tempo para derrubar uma fachada como essa – ou tudo pode acontecer vertiginosamente!

O último caso se dá por estados de esgotamento, licença por motivo de doença, crises, grandes catástrofes profissionais e decisões equivocadas ou qualquer outra situação, na qual o perfeccionista se sente acuado e não encontra saída.

A gravidade do problema se multiplica quando você não dispõe de uma rede social que amorteça a sua queda e que seja formada por pessoas calorosas, empáticas e respeitosas que não a condenam, mas que ajudam e apoiam. Construir uma rede desse tipo demanda tempo e se torna essencialmente mais difícil quando você não permite que ninguém olhe o que há por trás da sua fachada.

Alícia contou-me o seguinte

Sempre e em toda parte quero ser a melhor. No nível puramente racional, sei que isso é impossível, mas não consigo ser diferente. É tão bom ser a melhor em algo que eu gostaria de ter essa sensação em todos os âmbitos da vida. Certa vez fomos pela firma para uma conferência e no programa estavam previstas diversas atividades, como, por exemplo, jogar boliche e andar de kart. Sabendo disso, treinei antes essas atividades. Naturalmente não contei isso para ninguém. É que eu não podia suportar a ideia de passar por algum constrangimento ou ser pior que os demais. E acabei me dando bem: ganhei no boliche e no kart pelo menos consegui a segunda colocação. Não foi uma sensação realmente boa ter conseguido apenas o segundo lugar, mas o vencedor já anda de kart há muitos anos. Às vezes acredito que meus colegas ficam irritados comigo porque sempre tenho de ser a melhor e sempre quero ganhar. Mas não sei como parar com isso.

O perfeccionismo mata a criatividade

O aspecto sob o qual eu gostaria de examinar o perfeccionismo agora não deixa de ter sua importância – pois trata-se da perda de criatividade e processos criativos. Quando o trabalho é estruturado de maneira demasiado esquemática, com um regulamento muito rigoroso, não há espaço para processos criativos. Naturalmente precisa-se de alguma espécie de estrutura, mas geralmente ficamos demasiadamente temerosos de abandonar os padrões costumeiros, as vias batidas e observar o que aconteceria se o fizéssemos. Pois para isso necessitamos autoconfiança, e o perfeccionista raramente dispõe dela.

Quando a emissora de televisão TV 4 foi criada, no último trimestre do ano de 1990, foram contratadas muitas pessoas jovens, ávidas, criativas e inventivas. A elas se associaram alguns veteranos de outra emissora, que contribuíram com muita experiência e muito saber. O conjunto resultante foi uma equipe forte que trabalhava com muita criatividade e engajamento. Hoje a emissora é uma das maiores do país.

No Google, nos Estados Unidos, foi instalado um espaço próprio para incentivar a criatividade. Os colaboradores deveriam desenvolver o gosto pelo *brainstorming*. Quando uma reunião para ter ideias está marcada, o lema não é perfeccionismo, mas, acima de tudo, um "está bom assim". Se todas as ideias já tivessem de vir perfeitas de antemão e prontas para a aplicação, ninguém se animaria a expressar uma ideia criativa. Mas a finalidade dessas reuniões é justamente que a criatividade possa fluir livremente e só no próximo passo se dá início ao polimento das ideias aptas a serem desenvolvidas.

Quando proferi uma palestra numa grande firma imobiliária em Estocolmo sobre alegria de trabalhar, um dos colaboradores me contou que, nessa firma, cada ideia nova é recompensada com uma cartela de raspadinha. E isso independentemente de a ideia ser aplicada ou não.

Acho isso excelente.

Infelizmente as novas ideias com demasiada frequência são desfeitas pelos perfeccionistas, justamente por parecerem novas, desconhecidas, imprevisíveis e incontroláveis. A pessoa perfeccionista precisa saber a finalidade de algo, quando, como e por quê. Mas para você que trabalha com um desses perfeccionistas a mera ciência desses processos pode ser útil, porque você será capaz de enfrentar essa situação com mais compreensão, maior flexibilidade e menos irritação e frustração e comportar-se de modo correspondente.

Perfeccionistas no trabalho – Você é assim:

- **Tende a fazer a si mesmo exigências exageradas, fora da realidade**, seja em termos de rapidez ou de energia. A realidade não corresponde ao que você acredita ser capaz.
- **É pedante com relação aos detalhes.** E ressalta em alto e bom-tom como são importantes justamente os detalhes.
- **Transfere para os outros as altas exigências que faz a si mesmo e em nível de suas realizações.**
- **Frustra-se com muita rapidez com o comportamento dos outros.** Outras pessoas rapidamente conseguem irritá-lo. Muitas vezes você reage com raiva e insolência e derrama críticas sobre o entorno.

- **Fixa-se em rotinas e diretrizes.** Acredita que determinadas coisas devem ser resolvidas de determinado modo. O que significa o mesmo que: do seu modo. Você chama isso de estrutura, mas na realidade tem medo do inesperado, tem medo de ir além dos limites.
- **É impulsionado pelo "deve".** Mesmo assim, nunca está satisfeito, jamais alguma coisa está suficientemente boa.
- **Quanto mais resolve e produz, tanto mais há para fazer.** A obrigação do dever fazer, as realizações esperadas e a pressão crescem com a quantidade das tarefas já resolvidas.

Você se identifica nesses itens?

Registre por escrito suas ideias sobre isso.

O perfeccionismo como ferramenta de trabalho

Melquior contou-me o seguinte

Por muito tempo deixei que o perfeccionismo ditasse o meu trabalho, o que foi extremamente esgotante. Mas agora o uso como ferramenta quando posso precisar dele. Desde então o clima no meu trabalho melhorou muito e sou capaz de ligar e desligar a busca do perfeccionismo.

O perfeccionismo pode ser usado como ferramenta excelente, como motivação. Em vez de deixar-se paralisar pelo fracasso, submergir na ruminação das ideias e não conseguir avançar, aprenda a administrar suas realizações e a ser o melhor quando realmente importa. É impossível – sobretudo levando em consideração a própria saúde – aplicar o perfeccionismo a todas as esferas da vida simultaneamente.

Segue um artigo sobre o fotógrafo de guerra Jens Assur por ocasião de uma exposição de suas fotografias no Museu do Trabalho em Norrköping:

> O próprio fotógrafo Jens Assur ordenou que todas as imagens fossem deslocadas alguns centímetros para um lado. Assur não gostou do modo como haviam sido penduradas as suas superobras emolduradas, que juntas pesam várias toneladas! Um espectador comum não teria conseguido ver qualquer di-

> ferença, mas para Assur foi essencial. Obstinação e perfeccionismo são as marcas registradas que mais se destacam nele (Dagens Nyheter).

Nunca se deveria deixar de dar o melhor de si – A história de Pontus

Pontus Frithiof é um homem jovem que já pode olhar para uma carreira considerável. Ele começou como aprendiz do famoso dono de restaurantes Erik Lallerstedt, no seu Restaurante Eriks, em Gamla Stan, no centro histórico de Estocolmo. Naquela ocasião, ele estava com 26 anos de idade. Alguns anos depois, Pontus assumiu a gerência e transformou o local em *Pontus the Green House*, pouco depois inaugurou o *Pontus by the Sea* e recentemente o *Pontus!*, uma verdadeira pérola no Stureplan, no centro de Estocolmo. Cardápio seleto, pessoal experiente, interior singelo, mas arrojado.

Pontus trabalha cotidianamente com o perfeccionismo.

> No perfeccionismo, trata-se, no fundo, do modo de conduzir as coisas, dos sinais que os *chefs* emitem e como eu me comporto em relação a eles. Mas no desenvolvimento do conceito já foi estipulado em que nível nos movemos.

Embora de fora tudo pareça perfeito, todo dia acontecem pequenos contratempos nos restaurantes, afinal neles trabalham seres humanos. Pontus trabalha muito com listas de checagem, verificações e controles; ele determina o modo de preparação, escreve receitas e estipula os tempos e as temperaturas de cozimento. Nada de molho na borda do prato, nada de pratos frios, nada de verduras queimadas. No *Pontus!*, em Estocolmo, trabalham os melhores cozinheiros do país, que não toleram qualquer negligência.

> Também nesse caso trata-se da condução e das exigências feitas ao pessoal. No ramo dos restaurantes, muita coisa gira em torno da ética profissional: os cozinheiros querem que suas coisas sejam boas. Jamais se deveria deixar de dar o melhor de si; cada dia pode ser um pouquinho melhor do que o anterior.

Pontus é perfeccionista até a raiz dos cabelos, mas um assim chamado perfeccionista positivo (mais sobre isso no capítulo "Perfeccionismo"). Isso significa que ele é flexível e tenta encontrar soluções em vez de julgar-se com demasiada dureza e ter medo de experimentar algo novo. Mas, para isso, todos os erros e contratempos são minuciosamente registrados por escrito – toda noite são registradas numa espécie de diário de bordo todas as intercorrências nos restaurantes –, para tirar lições dos muitos pequenos incidentes.

E o que foi a coisa mais perfeita com que ele próprio se deparou?

> Alain Ducasse, um dos mais sólidos donos de restaurante da França, figura no topo da minha lista de perfeição. Num dos seus restaurantes, um de três estrelas, há no carpete um ornato de flores que a maioria dos frequentadores descreve como muito bonito. Mas ele só mandou colocá-lo ali por uma razão bem determinada – para que o pessoal saiba exatamente por onde se movimentar. Essa perfeição me impressiona. E é apenas um detalhe dentre muitos no caso dele.

Quando tudo deve *parecer* perfeito

Teresa contou-me o seguinte

Tenho uma colega de trabalho chamada Maria; a escrivaninha dela parece um plano quadriculado: tudo está disposto em linhas e fileiras, a calculadora está exatamente paralela à borda da mesa, todos os bilhetes pendem exatamente à mesma distância um do outro na parede, as canetas da primeira gaveta estão organizadas de acordo com um certo sistema. A borracha, os grampos, os elásticos, a fita adesiva, a tesoura, o grampeador, o furador de folhas – tudo está sempre no seu lugar. E ela colou seu nome em todas as coisas. Exceto nos grampos... Quando alguém pega algo dela emprestado ou põe algo de volta no lugar errado ou se senta no seu lugar e, ao fazer isso, sem querer derruba alguma coisa, ela perde a linha totalmente e começa a berrar que até num escritório deve haver regras. Ser como ela certamente não é fácil.

Cristina trabalha numa agência de publicidade e de vez em quando redige comunicados de imprensa em nome de clientes. Esses sempre precisam ser lidos por uma segunda pessoa, e, quando essa pessoa é o seu colega João, ela sabe que a metade do documento será devolvida em vermelho.

Cristina contou-me o seguinte

Na verdade, ele deveria corrigir apenas erros gramaticais, que ele naturalmente descobre na hora. Mas ele acha que tudo tem de ser perfeito, perfeito, perfeito, e escreve na margem longas sugestões de como eu poderia formular de outro modo. Isso irrita enormemente. Além disso, geralmente ele tem razão, o que não torna as coisas mais simples.

Se você for uma pessoa perfeccionista no trabalho e quiser mudar isso, proceda da seguinte maneira:

♥ **Vá pontualmente para casa**, em vez de ficar horas no trabalho, burilando os detalhes.

♥ **Não é preciso que você esteja no escritório antes do início oficial do expediente de trabalho.**

♥ **Aproveite todas as pausas e interrupções de que você dispõe no decorrer do seu dia de trabalho.** Vá almoçar, combine um encontro com colegas no intervalo de almoço ou dê um passeio.

♥ **No caso de uma tarefa difícil, estipule para você mesmo um determinado número – digamos, três – de investidas e tentativas**; depois disso, considere que está bem assim e dê o assunto por encerrado.

Registre por escrito suas ideias sobre isso.

Se você tiver uma colega ou um chefe que são perfeccionistas e quiser mudar isso:

♥ **Seja explícito na comunicação de expectativas.** O que o chefe espera de você? Se isso não estiver claro para você, descubra o que é e pondere se as expectativas são realistas, levando em conta tempo, recursos, fatores financeiros e outros.

♥ **Seja explícito na comunicação de prioridade e urgência.** Você precisa se debater por horas a fio com bagatelas para que a coisa saia perfeita ou é mais importante que você consiga avançar? Neste caso, o que você pode declarar como não prioritário?

♥ **Revise os pontos mais uma vez** e esclareça o que conta e é importante. Assim, você evitará o estresse que pode ser provocado pela incerteza.

Registre por escrito suas ideias sobre isso.

Isto fica para depois!

Como é possível que as pessoas perfeccionistas também sejam especialistas em protelar tarefas? Isso não combina nem um pouco com o senso de responsabilidade e a seriedade.

Certo, mas nesse caso trata-se de contornar o risco de que a realização possa não sair perfeita.

E você ainda pode se persuadir de que ela teria saído perfeita se tivesse tido o tempo necessário.

Denise trabalha no gabinete de imprensa de uma grande empresa em um escritório nobre em Estocolmo. Ali trabalha também Lucas, que é responsável pelo *layout* dos impressos e dos documentos. Quando tem início um novo projeto, cada um dos colaboradores recebe a sua atribuição e todos têm o mesmo prazo final.

Denise contou-me o seguinte

Lucas tem um cronograma bem próprio. Primeiro ele recolhe todas as imagens e ideias e todos os textos – que nós todos lhe entregamos bem antes do prazo final. Depois ficamos perguntando todo dia se já há algo para ver, como ele tem avançado, se já podemos ver os primeiros esboços para poder imaginar como ficará. Mas ele fica fazendo todo um mistério e se mostra sempre extremamente estressado. No dia anterior ao prazo final, ele ainda nem começou. Todos nós quase piramos porque isso é tão angustiante! Então ele passa a noite trabalhando e, quando chegamos no escritório pela manhã, está tudo pronto. E, é claro, o resultado é rotundo, superprofissional mesmo. E, ainda assim, ele desqualifica o seu esforço, dizendo que estava pressionado pelo tempo e que, na verdade, precisaria de mais tempo.

As pessoas perfeccionistas produzem menos do que outras

As pessoas perfeccionistas têm de fazer tudo sem mácula e recomeçam do começo quando não sai como esperado: rejeitar tudo, novos esboços, recusar tudo, novos diagramas, rejeitar de novo. Como nunca está suficientemente bom, não há como aprontar.

Quando se entrega algo, tem de ser perfeito.

Caso contrário, rasga-se tudo e começa-se do princípio.

Aurora contou-me o seguinte

Tenho essa mania de escrever bonito. Portanto, quando escrevo um lembrete curto para um colega ou para o meu chefe, ele tem de ser caligráfico. Quero que as pessoas admirem a minha caligrafia. Mas às vezes não sai como eu quero, por não estar bem sentada ou o lápis não estar bem apontado; então pode acontecer que eu jogue fora um bilhete após o outro e comece de novo umas vinte vezes até que me pareça bom. Sei que isso é totalmente doentio. Frequentemente consta no bilhete nada além de um "Telefonar para Margarete".

Caso você se identificar nessas coisas, considere isto:

♥ **Comece com a tarefa mais difícil, mais desagradável, mais monótona, mais complicada** – com aquela que você preferiria protelar. Comece o seu dia de trabalho com ela, enquanto ainda estiver desperto e de cabeça fresca, em vez de empurrar para depois do meio-dia, quando já estiver cansado, suado, no bagaço e já estiver pensando em ir para casa.

♥ **Conclua um trabalho antes de começar um novo.** Nada de continuar fugindo.

♥ **Não fique pensando muito, mas faça o que tiver de fazer.** Mais ação e menos conversa mole e ruminação.

♥ **Faça um plano realista e atenha-se a ele.** Se uma tarefa for muito grande e muito difícil, você a protelará porque sua execução parecerá impossível.

♥ **Uma tarefa é a soma de suas pequenas partes.** Subdivida a sua tarefa em muitos passos menores e resolva um após o outro.

♥ **Faça uma coisa de cada vez.** Por que resolver 100 coisas ao mesmo tempo e nenhuma direito? É melhor terminar primeiro uma coisa e depois dedicar-se à próxima. Não faço um bom juízo do multitarefas. Quando muitas coisas são resolvidas simultaneamente, quando muitos projetos têm de ser assegurados e quando muitas "bolas são levantadas" ao mesmo tempo, é simples esquivar-se com a desculpa: *se eu tivesse tido mais tempo teria ficado perfeito.*

- ♥ **Estime tempo suficiente para cada tarefa.** Se você ficar eternamente se fixando em detalhes, não é de se admirar que perca de vista o todo e de repente lhe faltem importantes elementos na outra ponta. Faça uma avaliação clara e seja crítico ao fazê-la.
- ♥ **Proteja-se!** Proteja-se de fatores perturbadores como e-mails, telefone, pilhas de papel e desordem. Não se coloque sempre à disposição, recuse alguma coisa quando necessitar de tranquilidade e peça aos importunos que voltem mais tarde. Ser interrompido 28 vezes quando você está para finalizar uma ideia é terror puro. Onde é que foram parar o velho e bom sinal de "ocupado" e a lâmpada vermelha? E exatamente assim você deve se comportar quando quiser ir até um colega ou telefonar para alguém. Pergunte se está sendo importuno ou quando seria melhor ligar e diga-lhe mais ou menos quanto tempo seu assunto demandará.
- ♥ **Comece!** E você já terá começado.

Registre por escrito suas ideias sobre isso.

Enfrente o seu medo, se tiver coragem

Você não tem ideia de quantas vezes na vida somos guiados por nossos medos! Chega a dar medo.

Estar preso no seu perfeccionismo e ter de apresentar o resultado perfeito em dez de dez situações, jamais perder o controle, nunca ser capaz de largar as rédeas e abrir mão das aparências.

Pois qual é a pior coisa que pode acontecer?

Que você cometa um erro?

Que você fique mal na foto?

Que o chefe o desmascare?

Que os colegas falem de você?

Você será capaz de sobreviver a tudo isso. Talvez até proporcione às pessoas uma gargalhada por ter cometido um erro engraçado – olhando tudo com um pouco de distanciamento. (Ops, isso naturalmente não vale para você que é neurocirurgião!)

Porém, as pessoas que sempre, sempre, sempre têm mil coisas para fazer, uma agenda abarrotada e não são nem um pouco acessíveis, jamais refletirão sobre seus medos. Infelizmente.

Tarefa 31

Tire um momento à noite antes de ir para a cama, durante o café da manhã, debaixo da ducha, no engarrafamento, no ônibus, um momento para dedicar-se aos seus pensamentos. E pondere a respeito do que você tem medo.
Estou me referindo ao medo de verdade.
O que disso tudo se deve apenas à imagem que você faz de si mesmo?
O que é fato e o que você construiu de acordo com a sua própria imagem?
Qual é a pior coisa que pode acontecer se não sair tudo perfeito no trabalho?
Como seria isso concretamente no seu caso?
O que você faria nesse caso?
Como você se sentiria?
O que sucederia em seguida, depois do acontecimento?
E como seria se você NÃO tivesse mais medo disso?
Como você se sentiria?
O que significaria para você se não existissem mais esses obstáculos?
Como é não sentir mais nenhum medo?
O que você faria que agora não consegue fazer?
Pense sobre isso. Familiarize-se com suas ideias, seus valores e sentimentos.
Esse é o primeiro passo para soltar-se e ganhar mais autoconfiança.
Escreva um diário, se você quiser, e observe como suas reflexões se modificam no decorrer do tempo. Não se deveria subestimar o poder das ideias.
Registre por escrito suas ideias sobre isso.

Altas exigências?

Você já deve ter notado que as pessoas perfeccionistas fazem exigências muito altas a si mesmas. E ao seu entorno. A lista das coisas a fazer tem 34 itens e você deve ser capaz de resolver TODOS eles, caso contrário considera-se um imprestável. Está na hora de mudar seus conceitos!

TAREFA 32

Como você pode reduzir esse nível de exigências?

Registre por escrito suas ideias sobre isso.

(Se não lhe ocorrer absolutamente nada em relação a isso, você receberá uma medida grátis de mim: faça uma lista de coisas a fazer com três itens, resolva esses e dê muitos vivas! Se você ainda tiver tempo e energia sobrando, anote mais três itens, resolva-os e dê mais alguns vivas! E assim por diante...)

Troque as suas noções perfeccionistas por noções novas

◆ **Noção antiga:** socorro, como foi constrangedor hoje na reunião de trabalho quando ficou claro que eu não conhecia as informações mais recentes sobre o novo trabalho a fazer, que vergonha! E todos perceberam!

♥ **Noção nova:** *ok*, eu poderia ter me preparado melhor, mas foi realmente tão grave? Se eu examinar o ocorrido num contexto maior, ele não representa uma ameaça à minha existência. Mas tirarei disso a minha lição e, antes da próxima reunião de trabalho, buscarei informar-me melhor.

◆ **Noção antiga:** eu sabia! Não consegui o emprego na outra seção, para o qual eu havia me candidatado. Portanto, vou mofar aqui, mas não me candidatarei mais. Essa oportunidade já era!

♥ **Noção nova:** que pena que não deu certo. Mas agora vou reunir novas forças até aparecer uma nova oportunidade de candidatar-me.

◆ **Noção antiga:** se eu retomar o meu trabalho depois dessa licença por motivo de doença, certamente todos esperam de mim que eu venha com todo gás. Eles ficarão terrivelmente decepcionados comigo. Como diabos poderei corresponder às suas expectativas sem me arruinar fisicamente?

♥ **Noção nova:** quando eu retornar ao escritório, a primeira coisa que farei é comunicar a todos minha nova estratégia de trabalho. Meu conhecimento e minha competência continuam os mesmos e, além disso, agreguei uma experiência nova, mas diminuirei meu ritmo de trabalho para um nível normal. Diminuirei as exigências que faço a mim mesmo e então verei se no futuro poderei continuar trabalhando ali.

Viva no aqui e no agora!

As pessoas perfeccionistas não vivem no aqui e no agora.

Você fica remoendo sem parar o que aconteceu ontem e se preocupa com o que acontecerá amanhã.

É por isso que raramente você está realmente presente nas coisas que está fazendo neste momento. Porém, devido a isso, você perde uma série de pareceres, atitudes, acontecimentos e variações que podem ser decisivas no mundo profissional.

As pessoas perfeccionistas também estão o tempo todo em movimento dentro da cabeça, como costumo dizer. Tudo é tratado dentro do cérebro, e incessantemente. No entanto, o que ocorre aí não é reflexão, mas preocupação, aflição, verificação e ruminação. Isso rouba energia e não proporciona nova energia, como faz a reflexão. A reflexão é resultado do bom-senso e do conhecimento; ela aclara e fortalece, evidencia interconexões e nos proporciona uma perspectiva panorâmica.

As pessoas perfeccionistas só poderão ter êxito se descerem alguns degraus da escada e olharem para dentro de si mesmas e para seu pressentimento, se começarem a confiar na sua intuição para estar presentes no aqui e agora.

O problema é a suposição de que você está perdendo um monte de coisas se já não estiver um passo adiante, se já não tiver ponderado como deve comportar-se, se já não estiver preparado e tiver previsto todos os cenários possíveis e impossíveis – só para não perder nada! Mas, ao fazer isso, passa por você justamente aquilo que não se consegue agarrar nem captar: aquilo que está acontecendo neste momento! Um tom de voz, uma expressão facial, uma pergunta, um conhecimento.

Quando aceito um trabalho como consultora ou vou a alguma empresa para convencer meus clientes de que sou boa como consultora, naturalmente eu poderia me sentar ali e falar de garantia de qualidade e desenvolvimento de competência e usar muitas expressões complicadas. Eu poderia me sentar ali com meu terninho elegante, distribuir cartões de visita, como se logo fôssemos jogar pôquer, poderia ser uma verdadeira mulher de negócios e me portar como alguém se porta quando quer vender algo.

Porém, isso não funcionaria, porque para o meu interlocutor seria um encontro como qualquer outro. Depois do encontro ele não saberia sobre *coaching* nada além do que já sabia, teria só um cartão de visitas a mais na mão e um monte de perguntas para as quais não recebeu nenhuma resposta.

Nesse caso, é muito melhor proporcionar um encontro de fato, encontrar o ser humano sentado atrás da escrivaninha. Com que questões delicadas ele se depara em sua empresa? O que ele gostaria de melhorar no âmbito do seu trabalho? Ou fora dele? Então poderíamos logo começar dando uma amostra de *coaching*, por assim dizer, na esperança de que ele reconheça o que é *coaching* e como poderia utilizá-lo no seu local de trabalho ou na sua empresa e, desse modo, encontrar uma solução para o seu problema.

É uma conversa no aqui e agora, nenhum "mais tarde" e "algum dia"; é aqui e agora e vamos em frente!

Estar presente leva também a que você seja capaz de identificar e aproveitar uma oportunidade, que você agarre as chances que se oferecem. Isso pode proporcionar-lhe muito mais do que uma reunião de trabalho planejada, bem formal na sala de conferências, com xícara de café e pontos da agenda. As ideias que passam rugindo por nós quando estamos conversando com outras pessoas, parados na fila do refeitório, no elevador, no bar durante uma viagem a serviço – você deveria de qualquer maneira anotar essas ideias e depois dar uma olhada cuidadosa nelas. Pois, sejamos sinceros, quanta criatividade há nesses encontros de trabalho, durante os quais ficamos sentados em torno de uma mesa de conferências, com uma lâmpada fluorescente brilhando no teto e sentados em cadeiras duras demais?

Quando você tiver deixado de lado as preocupações do dia anterior e a inquietação do amanhã, terá criado espaço para o que acontece AGORA!

NESTE EXATO MOMENTO!

Nada sabemos sobre o futuro, a única constante é a mudança.

Mas sobre o momento que está acontecendo AGORA estamos bem-informados.

Adultos jovens já foram pegos na mesma armadilha

Talvez eu devesse ter dedicado um capítulo próprio aos adultos jovens, pois eles já foram pegos na mesma armadilha em que nós estamos.

- Eles têm expectativas exageradas em relação a si mesmos.
- Eles têm de ser os melhore em tudo.
- Eles são instigados à perfeição.
- Eles sempre se sentem insuficientes.
- Eles possuem uma imagem convencional do sucesso.
- Eles se pressionam reciprocamente.
- Eles valorizam exclusivamente a realização.

Estas são algumas impressões das experiências reunidas por colegas que se preocupam com os futuros estudantes. Nossos adultos jovens estão no caminho certo para se destruírem. Eles estão em condições cada vez piores, tanto física como psiquicamente: angústias, depressões, fobias, distúrbios estomacais, dores cardíacas e cefaleias, distúrbios do sono. A concorrência é duríssima, o mercado de trabalho para o qual se dirigem é inseguro e eles se sentem entregues a si mesmos, por não experimentarem apoio da sociedade.

Uma entrevista telefônica feita em todo o país pelo jornal Svenska Dagbladet há alguns anos revelou que psicólogos e os centros estudantis de grandes cidades universitárias puderam confirmar essa circunstância inquietante entre os seus estudantes.

Tenho a fantástica sorte de trabalhar com alguns desses adultos jovens, tanto como coach quanto como assessora honorária no Bris[4]. Encontro ali regularmente meninas e meninos que sofrem com a pressão pelo bom desempenho e a falta de autoconfiança, que cambaleiam pela vida

---

4 *Barnens rätt i samhället* = obra de apoio a crianças [N.T.].

cheios de insegurança, embora ainda nem tenham conseguido se desvincular de seu lar.

Elisa contou-me o seguinte

Nunca fico contente com o que faço. Repetidamente me dou conta disso, mas não sei como fazer diferente. É fácil pensar de outro modo, mas difícil fazer de outro modo. Acho inquietante nunca estar contente.

Max contou-me o seguinte

Todos os outros sempre conseguem tudo, é preciso acompanhar e fazer tudo tão bem quanto eles. A vida inteira é uma única competição com diversas modalidades: uma para a escola, uma para a aparência, uma para o esporte, uma para as meninas... E assim por diante. Isso exige muito esforço. Às vezes me sinto como um homem velho, embora tenha apenas 22 anos. Se isso significa ser adulto, não acho nada legal.

O que nós – pais e mães, professores e professoras, chefes e outros adultos – podemos fazer pela geração que vem logo depois de nós é ser bons exemplos. Podemos lhes mostrar que é possível levar uma vida maravilhosa sem ter de ser perfeito sempre. O "está bem assim" é plenamente suficiente, ademais essa atitude nos faz viver mais e conservará a humanidade por mais tempo. Se você tiver adultos jovens no seu entorno imediato, pense um pouco em como dar um bom exemplo para eles.

Registre por escrito suas ideias sobre isso.

10
Corpo e alma

Se você quiser alcançar os objetivos da sua vida, comece com a alma.

Oprah Winfrey, apresentadora norte-americana.

A revista norte-americana *People* publica todo ano uma lista das 100 pessoas mais lindas do mundo. Nela constam nomes como Brad Pitt, Angelina Jolie, Eva Longoria, Jessica Alba, Teri Hatcher, Matthew McConaughey, Beyoncé, George Clooney, Antonio Banderas e ainda muitas outras beldades, a maioria das quais atores e atrizes. As demais revistas naturalmente não querem ficar para trás e, portanto, também elaboram suas listas e depois todas elas são devidamente festejadas.

Às vezes, na esteira dessa publicação, pergunta-se aos leitores e às leitoras com quem eles gostariam mais de se parecer. Quem tem a aparência mais perfeita?

Então fazem uma fotomontagem, na qual é composta uma nova mulher com as diferentes partes do corpo das beldades: os lábios volumes de Angelina Jolie, os grandes olhos de gazela de Izabella Scorupco, os cabelos de Jennifer Aniston e o bumbum arredondado de Jennifer Lopez. Ou surge um novo homem com a boca de Brad Pitt (ou algum dos membros do seu corpo), os olhos de George Clooney ou Antonio Banderas e o queixo de Michael Douglas. E vapt-vupt, aí está o rosto perfeito!

"Fotos atuais do novo supercorpo de Madonna!", berram ao nosso encontro as manchetes nas bancas e nos mostram o corpo bem torneado de uma *superstar* com braços musculosos como os de um praticante de musculação. Ela acabara de fazer 50 anos de idade e estava treinando para a sua turnê mundial.

"Treinamento rigoroso e dieta severa!" seriam necessários, revela o artigo, caso se queira chegar a ter um supercorpo como esse.

Também li entrevistas, nas quais perguntou-se a essas estrelas coisas como: "O que mais lhe agrada na sua aparência e no seu corpo?" A maioria aponta para detalhes que de qualquer maneira todos já acham bonitos. Mas quando se pergunta: "Do que você gosta menos na sua aparência ou no seu corpo?", a maioria não quer responder e declara: "Se eu disser, todos só olharão para isso!" – como seu nariz desproporcional ou os pés protuberantes. Nesse momento, toda a fachada da estrela desmoronaria e estrelas e estrelinhas repentinamente se transformariam em pessoas bem normais dotadas de partes do corpo nem tão bonitas. Isso não ficaria nada bem!

Não é por acaso que começo este capítulo exatamente com os meios de comunicação de massa – pois é deles que extraímos nossos modelos no que se refere à percepção que temos de nós mesmos, à imagem do nosso corpo e à nossa aparência. Queremos ter a aparência de estrelas.

Juliana contou-me o seguinte

Eu me sinto ainda pior quando vejo todos aqueles corpos bonitos nos anúncios e nos jornais. Se eu não visse essas imagens em toda parte, talvez estivesse bem satisfeita comigo e com o meu corpo.

Como frequentemente acontece com o perfeccionismo, o parâmetro é posto num nível alto demais. A meta simplesmente está fora da realidade. Querer ter a aparência da Madonna exige várias horas diárias de treinamento, de preferência com um *personal trainer* e uma dieta especial com alimentos que, dependendo das circunstâncias, são difíceis de conseguir. Você sabe do que estou falando. É como se você levasse uma foto de um penteado excêntrico para o seu cabeleireiro e dissesse: "É essa a aparência que quero ter!" Se você tirar duas horas toda manhã para isso e tiver as ferramentas corretas, poderá ter essa aparência. Mas quem tem esse tempo ou quer gastar tanto tempo nisso?

Famosos são lindos. Mas você também é.

Tarefa 33

Que repercussões o seu perfeccionismo ou o das pessoas com quem você convive teve até agora no seu corpo e na sua alma?
Registre por escrito suas ideias sobre isso.

Julgando pela aparência?

A aparência é a primeira coisa que o seu entorno registra. Em fração de segundo, você é julgado pela sua aparência. Como são seus olhos, seu rosto, se está maquiada, se a depilação está bem-feita, o penteado, as roupas, a linguagem e a postura do corpo.

Em seguida, quando você abre a boca e começa a falar, começa a segunda rodada: sua voz, seu timbre, sua entonação e naturalmente suas palavras.

Mas as palavras faladas perfazem apenas cerca de 7% da impressão inicial; foi esse o resultado de pesquisas sobre formas de comunicação. Os restantes 93% vão para a linguagem corporal, os gestos, a voz e a mímica.

E, por fim, são julgadas também suas ações, o que você faz, como age, que escolha você faz e que decisões toma, que valores defende, quais são suas qualidades e seus talentos.

As pessoas perfeccionistas têm um anseio imensurável de serem aceitas no seu ambiente, e, além disso, ser constantemente confirmadas e elogiadas no que fazem.

Lembro-me de uma exibição na televisão, depois da qual eu fiquei muito satisfeita comigo mesma por ter apresentado o meu ponto de vista de forma adequada e clara. Além disso, eu ainda consegui dar aos telespectadores algumas dicas e auxílios que eles poderiam usar para sondar e fixar seus limites. E também recebi reações de espectadores – entretanto, elas se referiram ao meu cabelo! Durante as tomadas, eles estavam bastante rebeldes e repetidamente despencavam como uma cortina por cima de um dos meus olhos. Tive de jogá-los algumas vezes para trás com um leve balançar da cabeça.

Aqui um dos e-mails:

> Minha esposa e eu não conseguimos nos concentrar nem minimamente nas suas palavras porque você estava sempre com os cabelos caídos por cima dos olhos. É uma pena, porque de resto você nos deu a impressão de ser muito inteligente.

Tarefa 34

Agora você pode brincar com os seus demais sentidos. Pense numa pessoa no seu entorno. Uma de quem você gosta ou não gosta tanto, alguém no seu entorno mais próximo ou do círculo mais amplo de conhecidos.

Descreva essa pessoa. Você pode fazer isso em pensamento ou por meio de anotações. Na descrição que você fizer não deve aparecer nada sobre a aparência dessa pessoa, mas somente atributos que a caracterizem melhor.

Como é o seu tom de voz? Como é o seu cheiro?

Que qualidades são dignas de nota?

Que linguagem, que palavras ou expressões ela utiliza?

Ela faz movimentos característicos?

Tente encontrar o maior número possível de atributos para descrever melhor essa pessoa. Repita a tarefa também com outras pessoas.

Não se trata aqui de um exercício cerebral excepcional para beneficiar nossa saúde mental, mas de um método para enxergar por trás da embalagem exterior e perceber outras sensações dos sentidos e ter outras impressões.

Registre por escrito suas ideias sobre isso.

Tarefa 35

Dê continuidade a essa tarefa na próxima vez que você se encontrar com uma pessoa desconhecida. Observe-a com outro olhar, perceba outras coisas além da sua aparência, a exemplo do que você fez na tarefa 34.

Cheiro, expressão, gestos, voz, jeito de rir, contato físico – tudo menos aparência e roupa da respectiva pessoa.

É difícil fazer isso?

É fácil?

Exercite isso e reflita.

Com o passar do tempo, você começará automaticamente a perceber outras coisas quando encontrar com novas pessoas.

Registre por escrito suas ideias sobre isso.

Tarefa 36

Sobre o pano de fundo das duas tarefas precedentes: O que você pensa a respeito de si mesmo? Que odor você exala? Como é sua voz? Você gesticula? Como você se move?

Há algo que se repete regularmente na sua linguagem corporal?

Você tem uma voz abafada ou uma voz clara?

Você fala rápido ou devagar?

Você interrompe as frases ao formulá-las ou fala como se fosse por escrito?

O seu aperto de mão é firme ou mole?

Você usa sempre o mesmo perfume, de modo que é possível reconhecê-lo por meio dele?

Se você não conseguir responder a todas essas perguntas, pergunte para alguém que o conhece.

Registre por escrito suas ideias sobre isso.

Antigamente tudo era melhor?

Antigamente o corpo feminino ideal era bem diferente do que é hoje. Os corpos tinham de ser cheinhos e roliços, visto que um corpo demasiado magro era sinal de falta de alimentação adequada e, portanto, indicava pobreza.

Foi só nos últimos séculos, que nós, humanos, começamos a correr atrás de um ideal mais magro. Primeiro, espremendo-nos dentro de corpetes, de tal modo que as mulheres quase não conseguiam mais respirar – até os dias de hoje, quando lemos histórias de horror de mulheres que mandam tirar costelas para ter um talhe mais magro.

Hoje em dia a nossa sociedade é essencialmente mais individualizada e projetamos nosso próprio corpo. Quem consegue resistir ao desejo de se entupir com pãezinhos e guloseimas é tido como disciplinado e competente e, portanto, bem-sucedido. Em algumas religiões, o crente deve renunciar a certas comidas ou deve passar algum tempo sem comer nada, ao passo que para outros trata-se de renunciar para fortalecer o caráter e para manter-se no controle.

A obesidade aumentou tanto que hoje muitas pessoas morrem de doenças decorrentes do sobrepeso.

Os jovens e sua aparência

Há algum tempo foi feita, na Universidade de Luleå, uma pesquisa sobre a percepção que os jovens têm da sua própria aparência e do seu próprio corpo.

O resultado foi que 32% das meninas entre 13 e 16 anos não está contente com o seu corpo, ao passo que só a metade dos meninos, 16%, disse a mesma coisa. No tocante à aparência de modo geral, 43% das meninas disse não estar contente, enquanto apenas 8% dos meninos disse não estar contente. As meninas dedicam à sua aparência e ao seu corpo muito mais tempo do que os meninos. No que se refere ao peso, 63% dos meninos estavam contentes, ao passo que exatamente o mesmo número de meninas desejava pesar menos.

Esses jovens também declararam que as medidas que adotam contra seu descontentamento são a prática de esporte, dietas ou cuidado com a alimentação. 36% das meninas conheciam alguém com perturbações digestivas. 33% das meninas que disseram estar descontentes com seu corpo disseram que recorreriam a uma cirurgia plástica. Entre os meninos a percentagem foi quase igual. O que eles consideraram foi aumento do tórax, lipoaspiração, a correção de um ferimento ou de uma protuberância no rosto ou no corpo.

Quase todas as meninas que participaram do estudo já tinham ouvido comentários sobre sua aparência, com mais frequência de suas mães ou das próprias amigas. Mas também os meninos ouviram comentários, e também eles principalmente das mães, mas também já dos seus amigos. Grande parte deles indicou que essas manifestações influenciaram seu modo de olhar para sua aparência e seu corpo. As demais influências – além da família e dos amigos – vêm de filmes, da televisão, dos anúncios e das revistas, sendo que as meninas parecem ser mais receptivas a isso do que os meninos.

74% acham que é importante ter um corpo bonito. 48% responderam que é importante que outros achem seu corpo bonito. 64% acham importante *que* o amigo ou a amiga tenha um corpo bonito, mas *como* é a aparência do corpo dos amigos é algo secundário. 60% pensam que o entorno trata melhor quem tem um corpo bonito e 27% acham que a boa aparência ajuda na hora de procurar emprego.

No final os jovens foram perguntados: “Você acredita que a aparência tem alguma importância? Em caso afirmativo, para quem?” As meninas responderam que os meninos só reparam na aparência e que para conquistar um menino é preciso ter um corpo bonito. Muitas meninas opinaram que uma boa aparência é importante sobretudo para a própria pessoa. Além disso, elas acreditam que ela desempenha um papel importante na maneira com que se é tratado e que é importante ter boa aparência quando se procura um emprego.

“Uma grande empresa não contrata uma secretária obesa”, disse uma das meninas.

“Tendo boa aparência, obtém-se popularidade, afirmação e garotos. Quem tem boa aparência é mais interessante. Quando se é feia, é mais difícil ser notada. Uma boa aparência impõe respeito”, disse outra.

“Nossa sociedade não aceita pessoas feias”, afirma uma terceira.

Os meninos, em contraposição, não têm uma posição tão explícita sobre a importância da aparência.

“Gostam da gente apesar disso!”, disse um deles.

“É muita onda em torno da aparência. Esquecemos totalmente que somos seres humanos”, pensa outro.

No distrito rural de Kronobergs Län foi feita uma enquete entre jovens sobre como percebem seu corpo. No ensino médio, 40% das meninas disseram que se sentem muito gordas. Entre os meninos, foi só a metade, 20%. Em compensação, 20% dos meninos se acharam magros demais. No ensino fundamental, em contrapartida, 60% dos alunos acha que está bem e tem boa aparência. Somente 8% das meninas desse nível fazem dietas.

Há pesquisas que se ocupam também dos mais novos; elas mostram que crianças de seis anos de idade já pensam que é preciso ser magro e vestir roupas bonitas. Crianças de cinco anos, em contraposição, ainda não olham para o seu corpo nesses termos.

Porém, o que fica claro é que, nas diferentes faixas etárias, tentamos corresponder a uma norma, a um ideal, que nos é apresentado nos meios de comunicação e na sociedade. E que até as pessoas mais novas já captam que aparência devem ter para obter reconhecimento.

Modo de sentir o corpo e modo de ver o corpo

O modo como você percebe seu corpo e sua aparência influencia sua saúde. Isso é verdade. Quando você mesma se acha bonita e está contente com o seu corpo – automaticamente você se sente melhor tanto física como psiquicamente. E isso não quer dizer que você deva ser especialmente magra ou ter medidas fora de série, mas apenas que você esteja contente com sua aparência.

Há muitos estudos sobre isso em todo mundo. Um desses estudos sobre o modo como os homens sentem o seu corpo mostrou que os homens encaram a obesidade das pessoas do mesmo sexo como sinal de personalidade fraca, de descontrole e fraqueza de caráter. Na Antiguidade grega, o corpo atlético, forte e musculoso já correspondia ao ideal masculino e era sinal de objetividade, determinação e força – também de natureza mental.

Muitas mulheres e muitos homens sofrem pressão constante para ter um corpo perfeito, mas não têm nem o tempo nem a energia necessários para atingir esse resultado.

O estudo seguinte também comprova os mecanismos por trás disso: os participantes deveriam descrever com poucas palavras o seu próprio corpo. Feito isso, eles foram divididos em dois grupos. Um dos grupos olhou fotos de homens musculosos e corpos femininos esbeltos, o outro grupo visualizou fotos de pessoas com aparência mais neutra e comum.

Depois disso, os participantes foram instados a descrever novamente o modo como veem e o modo como sentem o seu próprio corpo. O grupo que havia olhado os corpos ideais acabou expressando um descontentamento ainda maior com a sua aparência e o seu corpo do que no começo da pesquisa.

Corpo perfeito = ser humano bem-sucedido?

Pedro contou-me o seguinte

Um corpo bem treinado impõe respeito. Recebe-se mais reconhecimento e ganha-se autoconfiança. A pessoa é bem-sucedida quando tem um corpo que irradia disciplina, bem-estar e saúde. Isso custa muito tempo de treinamento e dedicação, mas vale a pena.

É realmente assim?

A nosso ver, a pessoa de bom porte físico, bem treinada e esbelta é mais bem-sucedida do que a pessoa roliça com pneuzinhos e queixo duplo?

A revista britânica *Psychologies* realizou um estudo que, entre outras coisas, ocupou-se com a questão se a carreira é influenciada pela aparência. Ao todo 66% dos participantes responderam afirmativamente essa pergunta!

Outra pesquisa, norte-americana, mostrou que pessoas de boa aparência ganham mais e que a estatura física dos chefes masculinos é vantajosa para a carreira.

Num estudo realizado na Finlândia entre 1900 políticos, evidenciou-se que os políticos bonitos eram considerados mais gentis e competentes e eram mais bem-sucedidos nas eleições políticas.

E muitos chefes da economia sueca confessaram que, no preenchimento de um novo posto de trabalho, as pessoas com excesso de peso e sem preparo físico são excluídas de antemão da lista de candidatos.

Uma artista anônima contou-me o seguinte

Nem no supermercado eu iria sem me maquiar. As pessoas esperam que eu tenha esta aparência e não quero decepcionar meus fãs.

Homens são mais contentes que mulheres?

Um número muito maior de homens suecos do que de mulheres suecas estão contentes com seu corpo. Mas os homens abaixo do peso sofrem tanto de baixa autoestima quanto as mulheres com excesso de peso.

Um estudo norueguês mostrou que 82% dos noruegueses consultados gostariam de ter mais massa muscular.

"As mulheres nos acham mais atraentes assim", comenta um dos consultados.

Nas academias de ginástica, há muito mais homens do que mulheres treinando. Nelas, como em nenhum outro lugar, o corpo está no centro. E ali o parâmetro é posto a tal altura que é praticamente impossível superá-lo. O esportista normal não tem tempo nem energia para atingir esse resultado. Essa exigência exige dedicação no mais alto grau.

Mas os fanáticos da boa forma investem o engajamento exigido e passam um sem-número de horas ocupados com treinamento, alimentação, aparência e cuidado corporal.

Carlos contou-me o seguinte

Se eu não puder treinar seis dias por semana, a consciência pesa terrivelmente e não consigo parar de pensar em como sou miserável.

Jane contou-me o seguinte

Sempre tenho de estar com uma aparência ótima. Afinal, faz muito tempo que fixei essas normas. Meus colegas no trabalho e meus amigos esperam que eu seja esbelta, bela, bem treinada e bem cuidada. Se algum dia eu não aguentar mais ser assim, decerto terei de me mudar para outra cidade.

Jeff é *personal trainer* e trabalha em Estocolmo. Ele dispõe de longos anos de experiência de sua época no mundo da boa forma, da musculação e do ramo esportivo, tanto na Suécia quanto nos Estados Unidos, onde nasceu.

> Algumas pessoas treinam sem considerar as perdas. Elas treinam e treinam e correm ofegantes atrás de um objetivo que, porém, nunca é formulado. Quando é o bastante? Quando se alcançou o objetivo? A maioria das pessoas têm baixa autoestima e sua autoconfiança não é lá essas coisas, o que as leva a concentrar-se no próprio corpo de maneira não muito saudável. O principal é que os músculos cresçam e elas consigam levantar pesos cada vez mais pesados, talvez até os mais pesados que houver na academia – isso as fará felizes.

Jeff observou como muitos passaram dos limites do bom-senso e apelaram para meios ilegais, como esteroides anabolizantes, para atingir seu objetivo.

> Mostrar-se disposto a cometer uma violação da lei e, sobretudo, a colocar sua saúde em risco só para atingir o resultado perfeito é ir longe demais. Há alguns dias vi um cara na academia que ainda não deve ter passado um dia sequer dos vinte anos de idade. Não faz muito tempo ele tinha uma aparência bem normal, era esbelto e de compleição normal, mas de repente ficou todo inchado e intumescido, seus músculos parecem balões inflados por causa da água que se acumula na musculatura. É impossível que ele tenha conseguido isso de modo natural apenas com o treinamento.

Mania de corpo, com todos os extras!

Onde chegamos mais perto do perfeccionismo é na disciplina "aparência", mais especificamente, quando dela resultam perturbações digestivas. Certas características da personalidade são mais frequentes em pessoas que sofrem de perturbações digestivas.

Entre elas estão o perfeccionismo e uma grande necessidade de controle.

Infelizmente ainda são poucos os resultados de pesquisas na área das perturbações digestivas, mas a maioria dos atingidos padece de anorexia nervosa ou de bulimia.

Grande parte dos enfermos se recupera disso, mas a cura demora bastante e com frequência há efeitos colaterais crônicos.

A reviravolta na doença não é alcançada mediante o consumo de energéticos ou imposição de comida, mas unicamente pelo discernimento e conhecimento da própria pessoa. Os atingidos precisam aprender a se conhecer de novo, tornar consciente a decisão que tomaram e ficar cientes de como querem se comportar perante a vida – só isso é capaz de pôr fim ao estado doentio e pode levar à convalescença. As pessoas anoréxicas com frequência padecem de uma autopercepção distorcida e buscam o controle total. Só quando esse padrão mental doentio for interrompido é possível encetar a viagem de volta à vida.

Mônica (curada) contou-me o seguinte

Eu mesma me pressionei como louca; queria ter tudo sob controle, ser super bem-sucedida em todos os âmbitos – e meu corpo foi o âmbito em que isso mais rapidamente se tornou visível e pelo qual eu mais obtive reconhecimento. Porque consegui emagrecer e renunciar a batata frita e refrigerantes.

As pessoas perfeccionistas conseguem se fixar na sua aparência de modo desproporcionalmente intenso. Tudo tem de estar e parecer perfeito. As cores combinando, a composição jeitosa, tom e sobretom, tudo limpo e bonito, bem cuidado. Mas às vezes é demais.

Eveline contou-me o seguinte

Todo dia tenho de estar perfeitamente maquiada. Pinto cada cílio, um de cada vez; quero que eles emoldurem meus olhos como um leque. Quando não dá certo, tiro toda a maquiagem e começo de novo. Isso demanda muito tempo pela manhã e por isso tenho de levantar bem cedo para dar conta.

Dado que as pessoas perfeccionistas são muito fixadas em seu entorno e nas opiniões dos outros, elas dificilmente conseguem suportar a crítica à sua aparência. Se alguém disser sem pensar alguma coisa sobre uma blusa que não cai bem, ela jamais voltará a ser vestida.

Do mesmo modo, todavia, elas não conseguem suportar quando a gravata do colega está torta, uma mecha de cabelo cai no rosto ou uma mancha é detectada na calça nova.

A pessoa perfeccionista vê tudo. Ela não consegue simplesmente deixar passar alguma coisa.

O corpo é seu melhor doutor

"O melhor doutor mora dentro de você mesmo." É o que afirma o professor norueguês Per Fugelli numa entrevista concedida à revista norueguesa *Det Gode Liv*. O artigo me foi entregue por uma mulher depois de uma palestra sobre autoestima num acampamento de formação em Monte Gordo, Portugal.

Não assumimos mais pessoalmente a responsabilidade por nossa saúde, mas a transferimos aos especialistas, corremos para os médicos quando temos enxaqueca e dores de cabeça decorrentes da tensão e recebemos um ou dois comprimidos. Mas continuamos a levar nossa vida estressante sob alta pressão do mesmo jeito e não nos preocupamos com as causas da enxaqueca.

"Nosso corpo é nosso melhor aparelho diagnóstico!", diz o professor Fugelli. Nosso corpo se manifesta quando não estamos bem, diz ele, e estar bem é um dos principais pressupostos para ter boa saúde. "Mas espero que logo as pessoas exijam que sua autonomia lhes seja devolvida, pois é impossível fazer jus à imagem de perfeição com que despertamos todas as manhãs. Quando não conseguimos estar à altura das nossas exigências ou das exigências dos outros, concluímos que há algo errado conosco. Mas não temos coragem de dizer isso. Em vez disso, engolimos um comprimido."

E o que dizer da alma?

Imagine o que seria se o ser humano dedicasse à sua alma exatamente tanto tempo quanto dedica ao seu corpo. Cabeleireiro, academia, unhas, maquiagem, tratamento de pele, roupa e outras aparelhagens para o corpo – tudo isso nos demanda muito tempo e dinheiro, mas a alma tem de entrar no fim da fila.

Embora a alma seja a primeira a necessitar de cura, é ela que deve ser engrandecida e altiva para que a aparência possa ser percebida e reconhecida.

Todos gostam de ver um exterior bonito.

Uma bela alma é um ser agradável, amoroso, empático e vivaz.

O exterior bonito pode ser produzido, confeccionado com a ajuda de cirurgias; isso custa tempo e dinheiro, mas é viável.

A bela alma é uma construção que surge totalmente dos seus próprios recursos e do seu trabalho pessoal.

Um dicionário descreve a alma como aquilo que, no ser humano, não faz parte do corpo, aquilo que para muitos continua a viver quando o corpo morre. Mas ela também é designada de psique, razão, sentimento e caráter. Em outro dicionário, encontram-se mais alguns sinônimos: espírito, sentido, essência interior, o íntimo, vida psíquica, personalidade, natureza e mentalidade. E num terceiro livro, este do século XVIII, encontra-se a tradução do latim: "A alma é um ser espiritual, simples e vivente, capaz de pensar e unida com um corpo orgânico".

Ou o que você acha desta formulação: "A portadora da consciência humana"?

Se você não dedicar ao seu íntimo tempo e energia, interesse e curiosidade, o seu corpo não passará de uma casca que anda de um lado para outro respirando, trabalhando, comendo e tagarelando. Qualquer pessoa que reflete um pouco reconhece isso.

Corpo e alma precisam estar unidos e cada qual deve receber a mesma quantidade de energia e atenção, para que você esteja em harmonia e para que, desse modo, você se sinta incrivelmente bem.

Segundo os dicionários, o cuidado com a direção espiritual se refere sobretudo ao trabalho da igreja direcionado para a fé dos seus membros e sua moral espiritual. Mas aqui no meu livro refiro-me de fato ao cuidado com a nossa alma. Trata-se essencialmente do desenvolvimento da sua personalidade, da proteção da sua integridade, da sua pessoa, do seu caráter, dos seus interesses e da preservação dos seus ideais. Trata-se de propiciar a você tempo e a possibilidade de encontrar paz de espírito. Deixar de lado a ruminação incessante, assumir a sua história, encontrar uma forma de existência que lhe faça bem. Decidir por você mesmo e levar a vida que escolheu para si. Todas essas coisas serão úteis para despedir-se do seu comportamento perfeccionista e valer-se dele só quando necessário, em vez de sempre e em toda parte ser seu escravo.

Fortalecer a sua autoestima é uma espécie de trabalho feito na alma (mais sobre isso no próximo capítulo *Autoestima = necessidade vital*). Disso também faz parte tratar-se com respeito e assumir a atitude de se achar suficientemente bom. Se você tomar tempo para o cuidado com o corpo, deve abrir brechas temporais também para isso no transcurso do seu dia. Se tratar sua alma com o mesmo interesse com que trata o seu corpo, você se sentirá bem – de dentro para fora.

Tarefa 37

Imagine dedicar à sua alma a mesma quantidade de tempo que você dedica ao seu corpo.

Como você poderia organizar isso?

O que você faria?

Registre por escrito suas ideias sobre isso.

Perguntas matinais & perguntas noturnas

Você receberá agora uma tarefa que é melhor começar a resolver já, aqui e agora, e que pode continuar a resolver por toda eternidade. Trata-se de viver com mais consciência, começar o dia com alguns minutos de reflexão e terminá-lo da mesma maneira, para que a alma não perca o fio de meada.

Por isso, apresento a você agora minhas perguntas matinais e minhas perguntas noturnas.

Comece com menos perguntas, mais tarde poderá adicionar mais, para que você não fique assoberbado logo de início. A intenção não é provocar qualquer pressão, pois você já deve estar suficientemente pressionado.

Providencie um bloco de notas. Pode ser um bloco encadernado e caro ou um simples de espiral, não importa, o mais importante é que você possa escrever nele. E uma caneta – qualquer uma, o mais importante é que ela escreva.

Às vezes você terá bastante tempo, estará plenamente inspirado e poderá escrever muito, às vezes o conteúdo será escasso e penoso e você praticamente não conseguirá extrair do cérebro uma ideia que preste. Porém, seja teimoso, simplesmente continue escrevendo, folheie as páginas anteriores, leia as anotações antigas, observe como suas ideias, seus sentimentos e seu comportamento mudaram.

Pois então!

Perguntas matinais para começar

- ♥ O que está me fazendo feliz neste momento?
- ♥ O que posso fazer para elevar minha qualidade de vida e a de outros?
- ♥ O que pretendo fazer hoje?

Perguntas noturnas para começar

- ♥ O que fiz bem hoje e que qualidades minhas se evidenciaram hoje?
- ♥ Pelo que sou grato hoje?
- ♥ Se eu pudesse viver este dia novamente, o que eu faria diferente?

Perguntas matinais para continuar

- ♥ O que pretendo dar e o que pretendo receber hoje?
- ♥ Que limites quero fixar hoje?
- ♥ O que pretendo treinar hoje para promover o desenvolvimento da minha personalidade?
- ♥ Como posso me comunicar mais claramente hoje?
- ♥ Como e quando poderei aplicar hoje os meus pontos fortes?
- ♥ O que mal posso esperar para fazer hoje?

Perguntas noturnas para continuar

- ♥ O que dei e o que recebi hoje?
- ♥ Que novos conhecimentos obtive hoje?
- ♥ Que novas ideias tive hoje que ontem eu ainda não tinha?
- ♥ O encontro com quais pessoas significou muito para mim hoje?
- ♥ Que conversa achei estimulante no dia de hoje?
- ♥ O que aprendi hoje?

Quando encho as páginas dos meus blocos da manhã e da noite, as respostas que advêm daí são muito diferenciadas. Mas também não quero criar nenhuma rotina e escrever todo dia a mesma coisa.

Por exemplo, eu poderia dar todo dia a mesma resposta à primeira pergunta "O que está me fazendo feliz neste momento?" – *as pessoas à minha volta*. Entre elas estão minhas crianças, meu parceiro, os amigos e membros da família, meus colegas e as pessoas que encontro e que me dão alegria.

Mas se minhas crianças e o parceiro de qualquer maneira já tem um lugar garantido, posso direcionar o meu olhar para outras coisas que me fazem feliz – não importa o quanto o dia foi cinzento e sombrio. O fato de eu ter um teto sobre a cabeça ou meu corpo estar saudável ou mal poder esperar por um encontro nesse dia ou poder ter nadado com golfinhos e justamente estar me lembrando de como isso foi lindo.

Viajei muito e adoro viajar. Portanto, quando pela manhã antevejo um deserto de felicidade à minha frente, posso a qualquer tempo buscar na minha memória uma das viagens que fiz e alegrar-me por um momento por ter visitado este ou aquele lugar.

De vez em quando também folheio nos meus blocos de anotações e leio o que escrevi. Desse modo, posso comemorar mais uma vez meus êxitos – por exemplo, que tal e tal incumbência, que de início me pareceu tão pesada e terrível, acabou transcorrendo muito bem ou que cheguei a um conhecimento a respeito de algo que jamais pensara antes.

Campeonato mundial em desenvolvimento pessoal?

Corpo e alma devem, portanto, viver em harmonia. Mas isso não é uma competição! Você é capaz de imaginar quantas vezes princesas do desempenho pessoal, pessoas superpedantes e verdadeiras megaperfeccionistas me procuram para pedir ajuda? E que – mal começamos os trabalhos – prosseguem com o seu velho e bem conhecido padrão de comportamento e não conseguem deixar de provar para mim como são exemplares também no quesito desenvolvimento da personalidade?

Resposta: muitas vezes! Tantas vezes que até já parei de contar.

Elas estão sentadas ali diante de mim e fazem um grande esforço para expor como são diligentes; elas estão ávidas de reconhecimento e louvor de fora.

Mas aqui não está acontecendo nenhuma competição. Tampouco se trata de dar-se por satisfeito com "apenas" um "assim já está bom". O objetivo é sentir-se bem e tratar seu corpo e sua alma da melhor maneira que se possa e se queira.

11
Autoestima = necessidade vital

Em quase todo trabalho que aceito, quer se trate de administração de conflitos, problemáticas de relacionamento, comunicação, superação de estresse ou seminários sobre efetividade, formação do espírito de equipe, acompanhamento da tristeza, processos de mudança, jornadas de inspiração, seminário para lideranças ou similares – em quase cada um desses cursos cedo ou tarde toco no tema da autoestima. Ou vou fundo no tema e o trato detalhadamente, como neste capítulo, ou o uso como provocação para chamar a atenção dos meus ouvintes e deixá-los curiosos a ponto de se ocuparem com o significado da autoestima.

Por que faço isso?

Bem, isso é fácil de responder. Independentemente da situação em que um ser humano se encontra, ele tira grande proveito de fortalecer sua autoestima ou pelo menos cuidar dela. Isso nunca representa tempo e esforço perdidos.

Alguns exemplos: fui chamada a uma empresa porque um grupo de colaboradores masculinos tinha dificuldades de cooperar. Depois de observar o modo como se comunicavam uns com os outros, a primeira coisa que fizemos foi fortalecer a autoestima – tanto a de cada um dos indivíduos quanto a do grupo como unidade.

Num seminário de *coaching* para lideranças – chefes do médio escalão administrativo –, chegamos a trabalhar a autoestima como ponto de partida para poder inclusive ousar a delegação e o *coaching*, para ousar confiar em outros e assistir ao seu crescimento.

Até quando falo com as crianças no Bris (*Barnens rätt i samhället* = obra de apoio a crianças), trata-se com frequência de fortalecer sua autoestima e apoiá-las em sua busca de identidade, para que possam resistir à pressão e às expectativas do seu entorno e para que acabem tendo acesso ao que se passa em sua alma.

Você quer aprender a lidar com o seu perfeccionismo para levar uma vida melhor e, no final das contas, até mesmo atingir melhores resultados? E você quer se sentir suficientemente bom? Sendo assim, a primeira coisa a fazer é consolidar a sua autoestima. Disso fazem parte a compreensão do conceito e da forma de manifestação do perfeccionismo, uma grande dose de autoconhecimento e muitos outros aspectos que tratei no livro.

Contudo, primeiro gostaria de eliminar o mal-entendido corrente de que autoestima e autoconfiança são a mesma coisa.

A diferença entre autoestima e autoconfiança

Permita-me apresentar primeiro as diferenças essenciais entre autoestima e autoconfiança:

- ♥ Dispondo de uma boa autoestima, você tem ciência do seu valor.
- ♥ Tendo uma boa autoconfiança, você tem ciência do que é capaz de fazer.
- ♥ Autoestima = quem somos.
- ♥ Autoconfiança = o que fazemos.
- ♥ A autoestima nos dá estabilidade, ao passo que a autoconfiança nos impulsiona.

Numa pessoa com boa autoestima, nem mesmo um dia com realizações não tão boas consegue alterar algo em seu valor como ser humano. Uma pessoa com baixa autoestima, em contraposição, dificilmente resiste a um dia ruim no escritório, caso o seu desempenho tenha deixado a desejar. Ela recrimina, pune, desqualifica a si mesma, a sua pessoa e sua importância – mas não o erro.

Uma pessoa com boa autoestima dá conta da maioria das situações em que se envolve, porque dispõe de segurança interior. Sua vida não é dirigida pelo temor corrosivo e pela preocupação diante de acontecimentos futuros.

Leoni contou-me o seguinte

Estou constantemente preocupada. É como se eu estivesse numa secadora; as ideias giram o tempo todo em torno de si mesmas, sem que eu consiga dar um passo adiante. Tudo é uma bagunça só.

Beatriz contou-me o seguinte

Fico o tempo todo pensando no que os outros acham de mim. Tenho de ponderar comigo mesma o que fazer, o que dizer e como devo ser para que os outros gostem de mim. Nem sei mais quem sou eu realmente.

Essas declarações são características de uma baixa autoestima: a constante ruminação e ponderação e o foco na opinião dos outros. Mas tudo isso também é muito egocêntrico e voltado para si mesmo, porque você parte do pressuposto de que todos estão o tempo todo só pensando em você.

Quando começa a soprar o vento contrário, quando a resistência começa a ficar maior e mais dura, uma boa autoestima constitui uma base segura para proporcionar-lhe sustentação e mantê-lo de cabeça erguida – no entanto, é claro que, para além disso, você também deve tomar decisões inteligentes e tomar as medidas cabíveis.

Meu colega e amigo Jan Söderberg gosta de comparar isso com um joão-teimoso, o boneco com um peso na base que sempre se levanta de novo, não importando em que direção ele venha a cair. Ele se levanta, balança por alguns instantes de um lado para outro, mas sempre volta a assumir a posição ereta.

É claro que uma boa autoestima não resolve todos os problemas, é claro que não é só consertar alguma coisa aqui e ali e já podemos marchar pela vida sem jamais topar com dificuldades. Mas a autoestima permite que você tenha mais confiança em você e em suas capacidades e, justamente por isso, consiga resolver situações difíceis e delicadas de modo mais efetivo e inteligente. Sua fé em si mesmo é positiva e estável.

Autoconfiança, trata-se disto

A autoconfiança está baseada em suas realizações. Ou seja, o que você realiza no trabalho, no esporte, no jantar comemorativo, ao falar em público, ao organizar um evento ou uma festa. Tudo o que você realiza, entrega e faz, mas também os papéis, nos quais você atua como pai ou mãe, como parceiro ou parceira, como filha ou filho, como irmã ou irmão, como amigo, como vizinho, como membro de associação, como empregado, como colega de trabalho, como chefe e assim por diante. As realizações que você protagoniza nesses papéis estão embasadas na sua autoconfiança.

Por exemplo, o fato de você ter topado um desafio no emprego e ter dado conta dele e, em troca, ter colhido reconhecimento e louvor o acompanha na próxima tarefa. Mais dez tarefas resolvidas e você já sabe que domina o assunto, o que lhe confere uma boa dose de autoconfiança nesse campo. Pode haver complicações se você for demasiadamente bem-sucedido e todos sempre esperam de você só o melhor – nesse caso, aumenta exponencialmente a pressão para que você consiga apresentar esse resultado de qualquer maneira e a sua autoconfiança pode acabar se esfacelando. Você acaba ficando nervoso e na próxima vez não será mais bem-sucedido.

E ninguém compreende o que aconteceu. Muito menos você mesmo.

Porém, dispondo de uma forte autoestima – em combinação com uma forte autoconfiança – você tem consciência e reconhece que "dessa vez a coisa saiu meio torta", mas logo você já será capaz de rir disso outra vez.

A pessoa que dispõe de uma boa autoconfiança e sabe exatamente do que é capaz não é necessariamente uma pessoa consciente de si e segura, embora rapidamente estejamos inclinados – e isso vale também para a pessoa em questão – a inferir isso valendo-nos do raciocínio em sentido contrário. Ela pode ser, pelo contrário, um ser muito inseguro e deplorável dotado de baixa autoestima, que sem as suas realizações se considera totalmente sem valor.

Equilíbrio – sim, muito obrigada!

Equilíbrio pode ser uma palavra bem enfadonha!

Todos falam que temos de encontrar nosso equilíbrio na vida.

Mas a minha vida não é assim; num dia estou viajando, no dia seguinte em casa, num dia me encontro diante de cem diretores de empresas com a tarefa de ensinar-lhes algo, no outro estou brincando de memória ou gamão com minhas fantásticas crianças, num dia estou muito ocupada, sou efetiva, rápida e ativa, no próximo sou tranquila, lenta, ponderada, sem programa para cumprir, além de comer, dormir, brincar, respirar, amar.

Mas há âmbitos em que vislumbro grandes vantagens quando reina o equilíbrio e, dentre eles, figuram o equilíbrio de poder entre parceiros e entre os sexos, o equilíbrio físico em prol do maior bem-estar possível do corpo e o equilíbrio entre autoconfiança e autoestima.

Há algum tempo tive um encontro com uma diretora executiva que ostentava uma carreira imponente. Puxa, que grandes negócios ela havia fechado! Ela contava, contava e contava. Sobre um grande negócio depois do outro, os milhões rolavam por cima da mesa e os cifrões em dólares flamejavam nas suas pupilas. Ela sentia orgulho de suas realizações (e isso com toda razão!); sentia orgulho de sua carreira e de todos os apertos de mão que haviam selado negociações exitosas em muitos salões de conferências deste mundão.

Depois que ela passou certo tempo contando sua história, perguntei-lhe:

> Saiba que estou plenamente convencida de que você é uma mulher de negócios fora do comum! Mas eu gostaria de saber mais sobre VOCÊ. Quem é você? Quais são os seus sonhos? As suas necessidades estão sendo satisfeitas? Conte-me de você, que qualidades fantásticas VOCÊ tem? O que faz de você essa pessoa singular que você é?

Instantaneamente ela se desfez em lágrimas e continuou a chorar até o final da nossa sessão.

Seu percurso até conseguir uma boa autoestima foi longo, intrincado, contundente e doloroso. Mas para essa mulher valeu a pena, pois ela hoje é muito mais do que a soma dos grandiosos negócios que fechou. Inclusive a seus próprios olhos.

Em outro contexto, tive um encontro com um homem que desde criança tinha sido cumulado de reconhecimento e louvor e a quem tinha sido dito claramente que seria uma pessoa fantástica. E que ele nem precisaria fazer nada, pois seria uma pessoa maravilhosa simplesmente sendo ele mesmo. A fé que ele tinha em si mesmo era inabalável, não havendo nem uma centelha de dúvida. Porém, sua autoconfiança o abandonava quando se tratava de realmente mostrar realizações – como cumprir uma tarefa ou uma incumbência ou participar de um evento esportivo para seniores e representar a equipe. Nesse caso, não era suficiente ser maravilhoso, pois ali só o que contava era o desempenho. E fim de papo.

Com certeza estamos de acordo que, nesse caso, seria muito bom que reinasse um equilíbrio entre autoestima e autoconfiança.

A autoestima está na moda agora?

Por ocasião de um ciclo de palestras, fui entrevistada por um jornal diário. O jornalista me perguntou: “Diga-me uma coisa sobre esse negócio de autoestima: Por que de repente todos devem tê-la? Não estivemos nos dando bem sem ela até agora?”

Achei a ideia engraçada e sua argumentação tem um fundo de verdade. Estamos há uma eternidade zanzando pela superfície da terra, semeamos e colhemos, pusemos crianças no mundo, caçamos, cavalgamos, construímos, escavamos, labutamos e suamos, inventamos a medicina e a televisão, máquinas de assar e a dieta glicêmica e tudo funcionou superbem, sem que alguém soubesse qualquer coisa sobre essa autoestima. E então vêm os especialistas e dizem que é algo necessário à vida!

Penso o seguinte a respeito disso: *ok*, naturalmente também sempre encontramos nossos caminhos e destinos antes de haver GPS, mas com ele tudo fica bem mais fácil ou não? Também fomos capazes de nos comunicar e de avisar que chegaríamos atrasados antes de haver telefone celular. Mas com ele essas coisas se tornaram mais efetivas e flexíveis e muitas pessoas puderam ser salvas porque se conseguiu contatar o socorro mais rápido.

Grupos de apoio para situações de crise tampouco existiam antigamente; sucediam desgraças e tudo ficava por isso mesmo. Os atingidos perambulavam pela vida carregando suas vivências traumáticas e simplesmente continuavam a viver; mas eles ficavam bem? Desses grupos de crise e de acompanhamento ao luto, dos minutos de silêncio e dos memoriais, graças aos sacerdotes que possibilitam igrejas abertas e das escolas que incentivam seus alunos a falar e lhes permitem contar suas vivências em vez de condená-los ao mutismo, aprendemos que podemos elaborar melhor a tristeza, as decepções, as demissões, a separação, as mortes e outros eventos dolorosos quando trabalhamos nossas vivências, nossas ideias e nossos sentimentos.

A expressão sueca para autoestima – *självkänlsa* – foi cunhada por Mia Törnblom, escritora e *coach* de personalidades, com muita experiência de vida e um grande coração. Ela inventou um método próprio para desenvolver, fortalecer e cultivar a autoestima. Desde então, as pessoas estão mais familiarizadas com esse conceito e seu significado, mas sempre encontro algumas que não sabem o que significa ou que o confundem com autoconfiança.

Autoestima num contexto maior

É só o ser humano individualmente que pode ter uma boa autoestima? Não, na minha opinião, esse conceito pode ser ampliado. Por exemplo, uma empresa pode ter uma boa autoestima. Isso a torna extremamente atrativa!

Quando uma empresa sustenta sua ideia comercial, suas convicções e seus valores e mostra que as pessoas que trabalham nela acreditam nessa empresa, na *sua* empresa, então surge algo como uma aura especial.

Há tempos li num jornal que o diretor da filial de uma rede de supermercados em Umeå decidira não mais oferecer cigarros no seu estabelecimento. Considerando que um número cada vez maior de pessoas morre em decorrência do fumo, ele achou que não era uma boa ideia oferecer cigarros. Por meio dessa ação ele quis sublinhar sua postura em relação ao tema com toda clareza. A jornalista dentro de mim pensou na mesma hora que se tratou de um lance de relações públicas muito habilidoso para aumentar suas vendas – em vez de reduzi-las. Mas até isso teria sido bem-feito, porque ele demonstrou coragem e bom-senso, promoveu o esclarecimento sobre o cigarro, difundiu boas ideias e teve coragem de posicionar-se. Se morasse em Umeå, este seria o supermercado em que eu escolheria comprar.

Trabalhei em empresas que não possuíam nenhuma autoestima. Sem espinha dorsal, elas eram tudo, menos atraentes. Ali cada um cuidava do seu, porque faltava a confiança na sua própria empresa. Isso não é especialmente atrativo.

Até mesmo um país inteiro pode ter uma boa autoestima.

Pesquisadores dos Estados Unidos, do Japão e da China publicaram um estudo em conjunto que tratou da autoestima na população de seu respectivo país. Na base da pesquisa estava a teoria de que os japoneses possuem uma autoestima mais baixa do que a população dos outros dois países. Mas a autoestima foi alta em todos os três, apesar dos diferentes sistemas educacionais, ambientes sociais e das diferentes culturas.

Mahatma Gandhi disse que *você deve ser a mudança que quer ver no mundo*. Nós o tomamos pela palavra e começamos conosco mesmos.

Por isso, você examinará mais de perto a sua autoestima. Ficará sabendo como está a sua autoestima e o que se passa na sua alma em relação a ela.

Indicativos característicos de baixa autoestima:

- **Você está constantemente se comparando com outros.** Quer se trate do quanto você é magro, do quanto você é bom no seu trabalho, do quanto a sua casa é arrumada ou de quanto tempo você dedica às atividades de lazer das suas crianças, você só fica contente quando ninguém é melhor do que você. Você está o tempo todo comparando, constantemente ocupado fazendo avaliações de todas as pessoas presentes no recinto e submetendo-se à avaliação externa.

- **Outras pessoas irritam você.** Todas as pessoas possíveis e também as impossíveis: pessoas que ficam embromando no caixa eletrônico; a colega que sempre ri muito alto das piadas do chefe; a sogra que interfere na educação das suas crianças; a amiga que nunca toma a iniciativa. Você consegue se irritar muito rápido com pessoas e coisas.
- **Você é rápido em criticar.** Você olha a maioria das pessoas de cima para baixo, pois quanto mais baixo elas estão, mais alto está você.
- **Você é desnecessariamente autocrítico, sobretudo quando cometeu um erro.** "Como pude fazer isso? Seu idiota!", você pensa então, e "Nunca mais posso aparecer por lá!" E isso pode se referir a praticamente tudo, a algo que você disse, fez ou deixou de fazer, um aniversário que esqueceu, um relatório atrasado, uma piada sem graça, uma situação constrangedora. Você é implacável, autocrítico e se pune por seus erros.
- **Você está absolutamente convicto de que bastam as exterioridades para aumentar a sua autoestima.** Por isso, você acredita que tudo ficaria melhor e você seria mais feliz se apenas fosse um pouco mais magra, fosse um pouco mais rica, tivesse um jardim mais bonito, fosse um pouco mais corajosa e assim por diante.
- **Você faz coisas para que os outros vejam do que você é capaz e que você é capaz.** Em vez de simplesmente fazer o que lhe dá prazer, sem ficar preocupado com que alguém esteja olhando. Você quer reconhecimento e por isso apresenta realizações. "Olhe só como faço isso bem. Olhe só isso!"
- **Você remói seus pensamentos o tempo todo, fica preocupado e pensativo em relação a pequenas e grandes coisas e esboça um plano de emergência após o outro.** Plano A, plano B, plano C, plano D e assim por diante. Isso demanda uma quantidade incrível de energia e tempo. O escritório dentro da sua cabeça tem um expediente de 24 horas diárias e trabalha também à noite a todo vapor quando, na verdade, você precisa de sono e repouso. Por que isso acontece? Você parte do pressuposto de que todos sempre estão se ocupando com você: com sua aparência, com o que você diz, com o que você faz – você está no centro e tudo parte de você. Essa não é uma postura especialmente descontraída em relação a si mesmo e ao seu entorno.

Uma mulher que me procurou para fortalecer sua autoestima me contou o que acontecia no seu íntimo quando saía à noite. Ela acreditava que todos estavam olhando para ela e pensando:

> "Socorro, que mulher mais feia! Como é que alguém assim tem permissão para andar pela cidade!" Ela estava realmente convicta disso. E também estava convicta de que as pessoas no supermercado a observavam comprando doces e pensavam: "Veja só, e agora ela irá para casa e se entupirá dessas coisas; com o corpo que tem, ela não deveria fazer isso. Que nojo; sorte nossa que não precisamos assistir a isso!"
>
> E também no trabalho ela supunha sussurros maliciosos pelas suas costas que silenciavam assim que ela entrava no recinto: "Pssst, ela vem vindo!" Naturalmente não havia nada disso. O que obviamente acontecia era que as pessoas na cidade, no supermercado e no trabalho estavam totalmente absortas pensando em si mesmas! É o que fazem todas as pessoas: pensam em si mesmas. E ficar remoendo coisas passadas, acontecimentos, o entorno, pareceres, opiniões e assim por diante apenas nos priva desnecessariamente de uma energia que não nos será reposta por ninguém.

- **Você está fixado no modo como os outros veem as coisas.** "O que as pessoas pensarão se eu fizer isso? O que dirão se eu fizer aquilo?" – Essas perguntas ocupam mais espaço do que os seus próprios valores, modos de ver as coisas e pensamentos. E isso leva você a não ter consciência dos seus próprios princípios e valores.
- **Você espera que as pessoas à sua volta descubram e desmascarem seus erros e suas deficiências.** Pensa na sensação de alguém vindo por trás, dando um tapinha nas suas costas e dizendo: "Acabou, descobrimos tudo, você não é capaz de dar conta dessa tarefa, nós o desmascaramos". Conheci uma excelente escritora que vende muitos livros em todo o mundo; ela me disse isto: "Toda vez que envio um novo manuscrito para a editora, temo que eles telefonem para mim e digam que finalmente descobriram que lhes passei a perna porque na verdade eu não saberia escrever e até então apenas tivera uma sorte inacreditável. Mas agora finalmente caíra a máscara e eles estariam a par do estado da minha arte!" Há tantas pessoas competentes e versadas que andam pela vida temendo que logo serão desmascaradas. Não é uma boa sensação.

Você se reconhece em algum desses pontos? Talvez em muitos deles? Ou até em todos?

Não abandone a esperança. Em vez disso, diga para si mesmo que sorte grande você tem por ter ao alcance da mão o saber e a possibilidade de construir a sua autoestima!

Mas também você que não se identifica com nenhum desses pontos pode fazer algum trabalho de construção. Assim como uma casa velha tem de ser reformada e um automóvel deveria passar por uma inspeção regular, também a autoestima é uma mercadoria perecível que precisa ser bem cuidada e mantida.

O que você pode fazer para construir sua autoestima

◆ **Pare de se comparar o tempo todo com as outras pessoas.** Você continua bela, mesmo quando uma rainha da beleza em pessoa acaba de dobrar a esquina. Você fez uma boa corrida, mesmo que alguém tenha sido mais rápido. Você pode se mostrar exatamente assim como é – admita isso!

Minitarefa I

Da próxima vez que você se flagrar comparando a si mesmo com alguém (e pondere que geralmente se trata de alguém que fez algo que praticamente não se vê!), não permita que essas ideias se fixem no seu sistema – porque ideias negativas são como mofo: elas se disseminam rapidamente, penetram cada vez mais fundo e lá pelas tantas começam a exalar mau cheiro. Exercite-se em descartar essas ideias comparativas. Rompa esse nó de ideias e considere a si mesma e o que você faz como algo que pode subsistir por si mesmo, sem qualquer comparação!

♥ **Você tem voz própria; dê ouvidos a ela.** Você é importante. Sua opinião é importante. Seus valores e apreciações são importantes. Escute a si mesma e interesse-se pelo que VOCÊ quer, pelo modo como VOCÊ vivencia uma situação, pelas pessoas com quem VOCÊ pode concordar. Quanto mais escutar a sua própria voz, tanto melhor você se conhecerá.

- **Imponha seus limites,** dizendo NÃO quando você quiser dizer não e dizendo SIM quando quiser dizer sim.

Minitarefa II

Em pensamento, passe em revista a última semana; você disse SIM para algo a que teria preferido dizer NÃO? Ainda é possível voltar atrás? Caso não seja, leva essa experiência com você para a próxima vez e então decida por si mesmo. E, na semana que passou, você disse NÃO para algo que, na verdade, teria gostado de experimentar? Algo que você acredita que não vai conseguir, embora fosse interessante tentar? Essa decisão ainda pode ser mudada? Caso não possa, valha-se dessa experiência na próxima vez para dizer SIM!

- **Imponha limites de como os outros devem se portar com você.** Você não precisa aceitar quando alguém se dirige a você de uma maneira que não lhe agrada ou quando não o trata com gentileza e respeito. E, nesse tocante, não importa se for a sogra, o seu melhor amigo, o chefe, o rei, o vizinho ou o adolescente. Tampouco importa se sempre já foi assim e você antes sempre aceitou isso. Nunca é tarde para impor limites. Comece já!
- **Veja em cada insucesso, em cada fracasso, a chance de aprender algo.** O que você pode aprender do que saiu errado? O que você pode fazer para que isso não se repita? Há alguma razão especial que levou a isso? Nesse quesito, é interessante e importante ponderar como você fala consigo mesmo e como julga a si mesmo.

Quando um colega procura você para contar que se expôs ao ridículo ou uma amiga lhe telefona para queixar-se da aflição que está passando por causa de um erro colossal que cometeu – o que você faz? Naturalmente você consola, abraça e presta seu apoio, dizendo: “Isso não importa, você terá uma segunda chance e então vai se sair melhor, é possível que ninguém tenha percebido, e isso poderia acontecer com qualquer pessoa!” Ou qualquer outra coisa gentil.

Mas quando algo assim acontece com você, o modo como você dialoga consigo mesmo provavelmente é mais parecido com este: "Meu Deus, como é que alguém pode ser tão estúpido? Como pude deixar isso acontecer comigo? Como sou idiota! Não posso mais nem aparecer no meu trabalho; todos certamente estão me achando um imbecil. Sou obrigado a pedir demissão e me mudar daqui!" Ou não é assim? Desejo que você fale consigo mesmo com todo amor e respeito e que se trate como seu melhor amigo.

- **Pare de querer agradar a todos.** Posicione-se num lugar mais elevado na sua lista de prioridades – para variar, por que não em primeiro lugar? Você é a única pessoa com a qual certamente terá um relacionamento por toda vida; então também pode proporcionar a si mesmo um tratamento especial – e até mesmo mimar-se!
- **Conceda afirmação e elogios a si mesmo.** Naturalmente é bom receber cumprimentos e afirmação de outras pessoas, mas, se você ficar dependente disso, logo deixará de ser uma coisa boa. Transforma-se numa droga e você precisa de doses cada vez maiores. Sem a afirmação vinda de outros você é um ninguém; você mede sua importância por isso. Todas as coisas que gostaria de ouvir de outros – diga-as você mesmo!

Se você espera ser visto, mas ninguém olha para você, em seguida vem a decepção – tão certo como o amém na igreja. Naturalmente é bom receber cumprimentos e atenção dos outros, mas essa afirmação é um bônus! Não deixe cada dia simplesmente passar por você em brancas nuvens, mas vivencie-o conscientemente e conceda a si mesmo o reconhecimento de ser a pessoa fantástica que você é. Ressalte os seus bons aspectos e suas boas qualidades, para que você esteja ciente do quanto é uma pessoa singular.

Se passou metade da vida constantemente se chamando de imbecil, então já está mais do que na hora de mudar isso. Você é o que pensa ser e as ideias têm tanta força quanto um urso pardo. Formule ideias novas a seu respeito e conhecerá um aspecto novo de si mesmo. É preciso ser bastante persistente nisso.

Minitarefa III

Escreva um diário! Reflita sobre quem você é, quais são as suas boas qualidades, o que você tem a agradecer no dia de hoje, o que quer dar e o que receber, o que lhe proporciona energia e alegria. Como são as suas paixões, seus valores, sua força interior? Registre tudo, reveja as anotações em intervalos regulares e observe as mudanças em suas ideias no decorrer do tempo. Se antes você tinha certas concepções a seu respeito, elas talvez possam ser contestadas e questionadas quando você se tornar mais consciente de si mesmo, quando se conhecer melhor e puder conceder mais afirmação a si mesmo.

♥ **Encare as pessoas com quem você convive como enviadas pelo céu, com as quais você pode se exercitar e se desenvolver.** Este é um pensamento extraordinariamente maravilhoso do diretor de cinema sueco Kay Pollak, que ouvi numa palestra proferida por ele mesmo e que me inspirou profundamente. E, de fato, ele é muito útil! Experimente! Essa tartaruga na fila do caixa eletrônico, por exemplo, quando você está com muita pressa. Ela recebe uma aura bem diferente, quando você pensa o seguinte: "Hum, ali está alguém em quem devo exercitar alguma coisa para me desenvolver; alguém o pôs ali para mim".

Numa noite quente de primavera dei uma palestra sobre autoestima para várias centenas de pessoas. O público era agradável e mostrava-se interessado e eu estava no auge da minha forma. E, como sempre, convidei o público para fazer perguntas já durante a minha exposição e compartilhar comigo suas reflexões, pois sempre fico curiosa para saber o que pensam e vivenciam os meus semelhantes. Uma mulher do público levantou a mão e duvidou de uma tese minha. Não havia nenhum problema nisso, afinal podemos ter concepções totalmente distintas das coisas. E isso é uma coisa boa, disse eu. Mas então ela se manifestou de novo e de novo e de novo e acabei entendendo que ela contradizia tudo o que eu falava!

Isso não só foi um grande desafio para mim, mas sobretudo algo que custou muito esforço aos demais ouvintes presentes no auditório. E então me veio o seguinte pensamento: "Muito bem, então a vida colocou uma sabichona debaixo do meu nariz para que eu pudesse me exercitar!"

E foi o que fiz, exercitei-me para valer.

Tarefa 38

Realizei um treinamento de grupo para uma empresa de prestação de serviços financeiros, do qual fazia parte, entre outras, uma unidade sobre a autoestima. Todos os participantes estavam muito interessados e dispostos a partir logo para as mudanças. Mas quando tomaram consciência das muitas inovações que teriam de integrar no seu cotidiano para fortalecer sua autoestima, suspiraram: “Caramba, como conseguiremos fazer tudo isso? Como poderemos nos lembrar de tudo isso quando o cotidiano voltar a nos envolver e estivermos cansados e estressados?”

Minha sugestão foi que eles escolhessem um item e o experimentassem durante uma semana. E depois seria a vez do próximo. Quando tivessem passado todos, recomeçariam com o primeiro. Eles procederam exatamente desse modo e funcionou muito bem. Você também pode proceder da mesma forma quando tudo ficar muito complicado. Quando é demais, muitas vezes é mais fácil deixar tudo de lado. Mas isso seria uma lástima, você não acha?

Por exemplo, tente não se comparar com ninguém durante uma semana, concentre-se totalmente nisso, preste atenção no momento em que você faz isso, com que pessoas, por que e assim por diante. E, na semana seguinte, você pega outro item da lista.

E escreva o diário! Faça anotações sobre como estão andando as coisas.

Que reações você recebe de outros?

O que é difícil e o que é fácil de fazer?

Como você se sente quando funciona?

Como se manifestam as mudanças no seu caso?

Você percebe alguma transformação ao seu redor?

Registre por escrito suas ideias sobre isso.

Mas e quando se quer ganhar de qualquer jeito?

Uma forte autoestima é proveitosa também para pessoas cuja profissão se caracteriza principalmente pela obrigação de ganhar? Pela necessidade de um bom desempenho ou ao menos grandes resultados? Ou tem repercussões negativas em suas realizações? Esta pergunta me é feita com frequência.

Via de regra, respondo que alguém que tem boa autoestima não só tem melhores condições de participar de uma competição, mas também consegue lidar melhor com revezes ou êxitos. Essa pessoa pode a qualquer tempo acionar sua veia competitiva, pisar no acelerador e render o máximo. Em caso de vitória, é possível, não obstante, manter uma aura de modéstia; em caso de derrota pode verificar por que não foi suficiente para vencer e ponderar algumas melhorias para a próxima vez.

Nesse caso, o perfeccionismo é exatamente a ferramenta que deverá ser aplicada. Um acesso, um método, uma abordagem para serem aplicados quando é exigido o máximo e o melhor. Sem que o perdedor tenha de ser declarado como sem valor ou como alguém que praticamente não merece respirar o mesmo ar que nós.

Razões pelas quais a sua vida fica mais digna de viver com boa autoestima

♥ **Você assume a responsabilidade pela sua vida.** Você reconhece que, no decorrer da sua vida, tomou decisões que o levaram até onde hoje se encontra. Nunca mais diz "Isso acontece!" – é você que toma as decisões.

♥ **Você assume a responsabilidade por seus relacionamentos.** E não é mais vítima dos outros. Você para de colocar a culpa nos outros ou de responsabilizá-los por que a sua vida é como é ou se sente podado e usa apenas 70% do seu potencial.

♥ **Você consegue lidar melhor com as situações a que está exposto.** Não precisa ganhar o título do campeonato mundial de preparação e ter tudo sob controle. Você tem certeza de conseguir lidar a qualquer tempo com diferentes pessoas e diferentes situações sem entrar em pânico.

♥ **Você para de se irritar com os outros.** Pelo menos se irrita mais raramente, porque reconheceu que não pode mudar ninguém além de si mesmo. Mas você pode mudar seu comportamento em relação aos outros. Seja curioso e pergunte-se o que seguidamente provoca essa irritação em você.

♥ **Você é capaz de reconhecer a si mesmo e se elogiar**. Por essa razão, não é mais emocionalmente dependente de afirmação vinda de fora. Não é muito agradável ser viciado em elogios.

♥ **Você se despede de suas preocupações, angústias e da eterna ruminação sobre as coisas importantes e também sobre as irrelevantes.** Porque sabe que tudo ficará bem. Você tem segurança interior. Pode usar sua energia para outras coisas em vez de ficar imaginando catástrofes (pois o que se diz é que 85% das coisas com que nos preocupamos nunca sucedem).

♥ **Você aprende continuamente novas coisas sobre si mesmo e isso o deixa em condições de crescer e desenvolver-se.** Isto porque você é curioso e quer crescer!

♥ **Você consegue suportar críticas.** Porque está disposto a encarar também seus pontos fracos. Porque sabe que não é desvalorizado só porque uma (em cifras: 1) realização sua sofreu críticas. Você não forma uma unidade com suas ações, não precisando, portanto, levar para o lado pessoal quando fez alguma bobagem. Simplesmente escute o que está sendo dito, tente entender, e na próxima vez faça diferente.

♥ **Você se aprecia como ser humano.** Você se tem em alta conta e sabe que é a única pessoa com a qual certamente terá um relacionamento por toda vida. Todas as demais poderão morrer, desaparecer, mudar-se ou distanciar-se de alguma maneira. Mas os laços que o unem com você mesmo são sólidos, o que lhe permite aceitar a sua pessoa como ela é. Você tampouco precisa ser melhor do que os outros para ter valor. A vida não é uma competição.

♥ **Você se tranquiliza, se sente seguro, protegido e em harmonia, sendo uma companhia agradável tanto para si mesmo quanto para as pessoas que convivem com você.** Você não se deixa abalar mais tão rapidamente por pessoas e situações, tem menos oscilações de humor e explosões de sentimento imprevisíveis, o que lhe proporciona maior segurança e faz com que os outros se sintam mais seguros na sua presença.

♥ **Você tem coragem de fazer coisas novas.** Você se torna bem mais curioso e pensa ser capaz de aguentar uma derrota. Não faz mal que não saiba tudo de antemão, além do que isso é pura e simplesmente impossível.

♥ **Tem coragem de encarar seus medos.** Você é curioso, quer crescer e desenvolver-se, em vez de permanecer nos seus velhos padrões e medos e na sua estreiteza.

Pequeno conselho para mães e pais

É estranho que nós, como pais e mães, queiramos deixar para nossas crianças algo que nós mesmos não recebemos ou não temos. Nós até dizemos de vez em quando e refletimos sobre isso: minha criança receberá tudo o que eu nunca tive – não importa se a criaturinha quer isso ou não.

Concentramo-nos em conseguir que as crianças assumam uma postura correta à mesa, não espalhem suas roupas pelo chão e digam "muito obrigado". Mas os presentes mais bonitos – é o que acho como mãe de três crianças – que pais e mães podem dar às suas crianças são uma personalidade harmônica com uma forte autoestima, uma boa autoconfiança, segurança pessoal e muita curiosidade.

Fortaleça a autoestima da sua criança

♥ Hoje em dia se lê e se ouve em toda parte que não se deve dizer para a criança que ela é uma boa menina ou um bom menino e que é esforçada. De repente você fica com a língua travada porque não está habituado a não dizer isso. A palavra "esforçado" está tão presente que sai da boca automaticamente. Não há nada errado em dizer para a sua criança que ela é esforçada – mas dê um passo adiante e diga por que, o que você tem em mente ao dizer isso e associe o conceito com uma qualidade positiva. Se você fizer isso, ela adquirirá um sentido mais profundo.

♥ Minha reação é de contrariedade quando pais e mães dizem (e infelizmente isso acontece com muita frequência) para a sua criança que levou um tombo e está caída no chão tentando não chorar: "Puxa, como você é valente; nem está chorando". Por que se diz que não chorar quando alguma coisa está doendo é demonstração de valentia e uma coisa boa? Você deveria trocar esse comentário pelo seguinte: "Oh, venha cá, meu querido, ponha para fora todas essas lágrimas que já estão fazendo fila para sair; estou aqui e vou ficar abraçando você até a dor passar. Depois vamos lá dentro colocar um curativo em cima, mesmo que nem esteja sangrando". Não há nada errado em mostrar os sentimentos.

- ♥ À noite, na hora em que o seu pequeno tesouro deve dormir, sente-se na beira da cama – e não há por que parar de fazer isso depois que o tesouro se transformou num grande adolescente maneiro que só grunhe e resmunga, em vez de falar normalmente –, tome tempo e fale sobre o dia que passou, o que houve de bom nele e o que não foi tão bom, pelo que se pode agradecer e quais desafios nos aguardam no futuro.

Lembre-se de dizer para essa maravilha deitada em sua caminha por que você a ama e recorde-se de suas qualidades especiais: "Tirei a sorte grande de poder compartilhar a minha vida com você. Você é tão gentil, divertido e agradável; você enriquece a minha vida". Ou: "O mundo se tornou um lugar melhor no dia em que você nasceu". Ou: "Foi um dia chato depois que tudo isso aconteceu (leia-se: isso se refere a qualquer tipo de derrota ou falha cometida), mas também tem seu lado bom, porque nós dois pudemos tirar uma boa lição disso. E agora que estamos mais cientes do assunto, na próxima vez poderemos fazer de outra maneira".

- ♦ Escute com atenção o que o seu raio de sol está dizendo sem dar nota, assumir a responsabilidade, interpretar ou ter de entender tudo. Simplesmente escute com atenção enquanto lhe dá um abraço firme. Não forneça soluções expressas quando ele só precisa mesmo é de um abraço. Quanto melhor as crianças aprenderem a lidar com seus sentimentos – contando com o seu apoio amoroso –, tanto mais forte ficará a sua autoestima.
- ♦ Confira todos os pontos da sua lista e leve o seu tesouro para a sua viagem de treinamento. Preste auxílio, escute, encoraje e dê apoio durante o trajeto. Uma criança conseguir dizer não quando quer dizer não e conseguir dizer sim quando quer dizer sim vale tanto quanto falar fluentemente uma nova língua estrangeira.

E por fim uma palavra a todos os chefes

Fortaleçam a sua própria autoestima. Trabalhem duro para isso. Os cursos de fortalecimento da autoestima deveriam ser prioritários em relação a todos os cursos de gestão e seminários para lideranças. Isso trará grande benefício para vocês, não só para vocês pessoalmente, mas também para todos os colaboradores, para a empresa inteira e para a organização.

Esse investimento retornará centuplicado. Estou convencida disso.

12

Suficientemente bom, DESDE JÁ!

Não acredito em perfeccionismo. Isso não existe. Mas a energia que investimos para buscar coisas grandiosas é a energia dos perfeccionistas.

Reese Witherspoon, atriz norte-americana.

O que significa suficientemente bom?

O que você faz é suficiente e pode ficar contente. É suficientemente bom.

Você pode determinar de antemão para cada situação em que se envolverá o que significa o suficientemente bom nesse caso específico. Então você poderá buscar isso como alvo em vez de escolher o impossível, o resultado que jamais alcançará por estar totalmente fora da realidade, o resultado que sempre o deixará decepcionado porque você não pôde completar a jornada.

Operando com o suficientemente bom, você poderá obter uma pequena vitória de cada vez.

Um exemplo da minha vida: recebo uma oferta para dar uma palestra, digamos, sobre alegria de trabalhar numa empresa que quer inspirar seus colaboradores a sentir mais alegria no exercício do seu trabalho. Que eles se orgulhem da sua contribuição e assumam responsabilidade pelo seu trabalho. É claro que posso me preparar, buscar informações sobre a empresa, refletir sobre meus clientes, rever meus papéis e, na hora da palestra, dar o melhor de mim. Pois é claro que quero entregar 100% do que prometi, não quero ser monótona ou apenas recitar meu texto. Fico orgulhosa e grata por toda incumbência que recebo.

Porém, se eu extrapolar e assumir o projeto com a ambição de proferir a palestra perfeita, isso me atrapalhará mais do que me ajudará.

Se meu objetivo for fazer um trabalho suficientemente bom, isso me deixa descontraída, torna-me mais flexível e, desse modo, também mais profissional, porque permito-me ser espontânea. Fico preparada para o que vier e posso realmente ter um encontro face a face com as pessoas.

Encontre-se consigo de maneira nova!

Isso mesmo, é disso que se trata; uma abordagem diferente da usual. Uma mudança fundamental de atitude, a saber, não buscar mais o perfeccionismo quando ele se torna prejudicial e destrutivo para você.

Trata-se de esboçar novos modelos de pensamento, novas reações e novas perspectivas. E isso se refere ao seu comportamento, ao seu modo de pensar e à sua alma.

É difícil ajudar as pessoas perfeccionistas. Se ao menos pudessem moderar um pouquinho sua ambição – mas é justamente isso que elas não conseguem! Em vez disso, a ênfase deve ser posta na aceitação e na empatia, as necessidades humanas elementares que deveriam ser vistas e levadas em conta.

Roberto contou-me o seguinte

Tenho um apartamento de cobertura, um automóvel veloz, roupas de grife, relógios caros, no inverno viajo para lugares quentes, todo ano vou esquiar e bebo champanhe. Mas, que droga, não sou nem um pouco feliz!

Roberto sabe que a felicidade não se encontra nos bastidores da sua vida, mas no seu coração. Ele quase tinha esquecido isso por estar demasiadamente ocupado com comprar automóveis e relógios e contratar viagens. Isso não lhe deixava tempo para refletir sobre sua verdadeira felicidade.

Ele já parou para pensar no que realmente gosta de fazer? O que lhe dá mais alegria? Com quem ele se sente seguro e bem? Quais as qualidades de que mais gosta em si mesmo?

Provavelmente até agora ele ainda não tinha pensado nesse sentido.

Do que ele sente falta na sua vida? Não é de objetos!

Do que ele precisa para sentir-se feliz?

Roberto começou a apossar-se da sua vida depois de ter adquirido tudo que queria e descoberto que, ainda assim, não era feliz. Ele assumiu a responsabilidade pela sua vida, começou a frequentar aulas de *coaching* e, a cada sessão, aprende coisas novas sobre si mesmo.

Ser perfeito ou parecer perfeito?

Quando encontro pessoas nos mais diferentes contextos exigindo perfeição sem a mínima necessidade, muitas vezes me pergunto: o que importa para elas é estar contentes ou por trás disso há o desejo de que tudo pareça perfeito?

Há razões diferenciadas para que alguém se decida a ser um perfeccionista. Há pessoas que querem atingir um resultado perfeito em tudo por causa delas mesmas. E há aquelas que querem mostrar aos outros que conseguem atingir um resultado perfeito em tudo.

Para estas últimas, tudo depende do entorno.

Viviane contou-me o seguinte

Enquanto meu entorno me conceder reconhecimento, me vir, se impressionar comigo, me achar diligente e talentosa e gostar de mim, tudo estará bem.

Amélia contou-me o seguinte

Por mais que eu me esforce para fazer tudo perfeito, nunca fica suficientemente bom. Embora aquilo que eu entrego na verdade esteja perfeito. Só que tenho a sensação de que sempre falta algo.

Amélia me enviou um e-mail em que se queixava do seu sofrimento. Ela não tinha mais vontade de ficar se pressionando e sentir-se pressionada. Mas não há como preencher a partir de fora o vazio que tantos perfeccionistas sentem. É como se quiséssemos saciar a fome comendo no McDonald's® – não funciona. Comemos rápida e avidamente e logo ficamos com o estômago forrado. Mas isso dura mais ou menos uma hora e então sentimos mais fome do que antes.

Amélia tem de inverter o curso e preencher-se a partir de dentro, completar sua autoestima.

A pior experiência midiática da minha vida

Vou contar-lhe a maior derrota profissional que tive. Em conexão com a introdução da televisão digital, fui designada coordenadora e diretora de projetos da campanha nacional de informação da nossa emissora, a TV 4. Todo sueco tinha de familiarizar-se com essa mudança de tecnologia e eu deveria representar a emissora publicamente, o que queria dizer, aparecer em debates, transmissões de rádio, entrevistas na televisão e nos jornais.

Minha primeira aparição foi simultaneamente a estreia da campanha; ela aconteceu em Gotland, porque esse foi o primeiro lugar em que a televisão digital foi introduzida. Foi numa segunda-feira, um verdadeiro dia da imprensa, e eu deveria participar de uma transmissão radiofônica para todo o país, ao vivo e com um locutor de língua afiada, que conectava ouvintes (geralmente bastante agitados) ao vivo para que fizessem perguntas.

Eu me senti tremendamente desconfortável nesse estúdio e torcia freneticamente para que o sufoco passasse logo!

Mas de repente o locutor se dirigiu a mim com a pergunta de um ouvinte. Era um motorista de caminhão extremamente irritado por não poder mais captar o canal TV 4. Antigamente ele conseguia assisti-lo, mas agora simplesmente teria sumido e não se conseguia achá-lo em lugar nenhum do controle remoto. Não havia dúvida de que essa pergunta fora dirigida a mim, e fez-se um grande silêncio.

Eu não tinha a menor noção.

E por isso tampouco tinha uma resposta.

O locutor naturalmente aproveitou-se disso para fazer graça. Ele cavucou um pouco mais na ferida e me encostou na parede. Deu um branco e esqueci tudo o que havia lido nos últimos meses. Tudo o que eu sabia sobre televisão digital e política televisiva havia sumido como por encanto!

No final, desisti de responder e outra pessoa teve de assumir meu lugar e responder.

Saí do estúdio da rádio em Gotland com o rabinho entre as pernas. Ah, se naquele momento eu já soubesse que essa vivência seria decisiva para o rumo que viria a tomar no futuro, para aquilo que hoje faço, ensino e pratico.

Fui para o hotel e chorei, chorei até borrar os belos travesseiros brancos com a minha maquiagem. Pensei seriamente em pedir demissão. Como fui acreditar que podia dar conta de uma incumbência dessa magnitude? Sentar ali num estúdio de rádio e falar? Como pude ser tão presunçosa?

Mas outro pensamento também se apossou da minha mente: se eu fosse para casa e pedisse demissão, esse locutor teria ganho a parada. E junto com ele todos os outros que não tinham acreditado em mim. Por isso, fui obrigada a ficar lá e provar-lhes (principalmente para mim mesma, mas eu ainda não sabia disso naquela ocasião) que era capaz de retomar as rédeas imediatamente e tentar uma segunda vez. Então telefonei para casa e deixei que me consolassem e acarinhassem e depois me senti fortalecida de novo. Eu haveria de mostrar-lhes!

No dia seguinte eu já estava novamente sentada no palco para a conferência à imprensa, dessa vez entre o gerente da *Sveriges Television* [televisão da Suécia] e o ministro da cultura da Suécia. Diante de nós estava toda a imprensa reunida; respondi todas as suas perguntas como se em toda minha vida não tivesse feito outra coisa.

Isso foi grandioso!

Naquela ocasião, reconheci quanta força podem ter as ideias, como o nosso estado mental é importante para nós. Decidi aplicar no futuro o conhecimento que acabara de adquirir.

Que lição tirei da minha derrota?

♥ Nem no rádio nem em qualquer outro lugar preciso aparecer sem erro e perfeita.

♥ Raramente o resultado é como imaginei.

- ♥ Devo estar preparada para soluções espontâneas – ser mentalmente flexível!
- ♥ Não há nada errado em não saber tudo e não ter uma resposta para todas as perguntas.
- ♥ Posso fazer de conta que sei do que se trata e, desse modo, é como se eu soubesse do que se trata. Posso dizer para mim mesma que sei alguma coisa, que consigo e que posso dominar a situação.
- ♥ Desde que passei por isso, coleto sem cessar situações e momentos para usá-los nas minhas palestras, nos meus cursos e em outros contextos, inclusive neste livro, examinando meticulosamente minhas ações, reações, atitudes e decisões.
- ♥ Aprendi que sempre se faz perguntas a convidados em estúdios de rádio!

Hoje quando estou sendo entrevistada num estúdio radiofônico ou participando de um programa de televisão e tenho de falar sobre desenvolvimento da personalidade, *coaching*, comunicação, relacionamento ou o que quer que seja, então para mim suficientemente bom significa que (1) senti prazer em fazer isso, (2) disse pelo menos uma coisa inteligente e com sentido e (3) fui capaz de inspirar pelo menos uma pessoa – nada contra que sejam mais.

Por que tentar se não há como ganhar?

No acampamento de formação em Monte Gordo, Portugal, do qual já falei, tomei conhecimento de outra história. Eu estava lá para falar sobre a autoestima e fazer exercícios com os participantes. Falou-se muito de treinamento, corrida, competições, músculos, corridas de fundo, lesões no esporte e calçados. Então ouvi um homem dizer que jamais começaria a praticar uma modalidade de esporte se não tivesse certeza de ganhar.

Um amigo dele havia feito sua inscrição na maratona de Estocolmo, ao que este homem comentou assim: “Tá maluco? Por que você participa de uma competição dessas, mesmo sabendo que jamais conseguirá ganhar?”

Então ele mesmo correu a maratona que atravessa a capital, mas interrompeu sua corrida antes da linha de chegada por reconhecer que não conseguiria ganhá-la. Para ele, a única colocação que entrava em cogitação era o primeiro lugar. Ele estava totalmente fixado nas opiniões e reações de seu entorno: O que diriam os outros corredores e os colegas de treinamento se ele retornasse com algo menos do que o primeiro lugar? A decisão de interromper a corrida foi tomada, portanto, em vista das eventuais reações de outros e não devido a algum esgotamento físico ou coisa parecida. Seu olhar para si mesmo estava voltado tão somente para seu desempenho e para as reações dos outros.

Em algum lugar, li que Thomas Edison fez vários milhares de experimentos e testou muitas combinações antes de inventar a lâmpada incandescente. Por sorte ele não desistiu só porque não deu certo na primeira vez!

Medos nos limitam

O medo de experimentar uma derrota é tão forte na pessoa perfeccionista que ela prefere desistir de cara. Há diversos tipos de medo:

- O medo de ficar constrangido.
- O medo de perder o controle.
- O medo de não ser solicitado.
- O medo de ser rejeitado.
- O medo de não ser reconhecido pelos outros.
- O medo de não poder reconhecer a si mesmo.
- O medo de topar com pensamentos há muito reprimidos.
- O medo de seu lado obscuro.
- O medo de brilhar com luz própria.

Se você não quiser ser dominado pelos seus medos, você deve enfrentá-los.

Isso mesmo.

Se você tiver medo do escuro, tem de enfrentar esse medo para que ele não determine a sua vida. Isso pode se manifestar de maneiras bem diferentes no seu cotidiano. Talvez você tenha medo de dormir só, embora há muito já seja adulto, ou tenha medo de voar, embora queira ver o mundo, ou não tem coragem de falar diante de um grupo de pessoas e, por isso, você nunca profere um discurso ou nunca se manifesta em reuniões, embora você tenha uma boa porção de argumentos inteligentes à disposição.

Os seus medos o limitarão enquanto tiverem permissão para ser seus medos, em vez de serem uma dificuldade que você enfrenta e elabora.

As pessoas perfeccionistas têm muitos medos.

Tarefa 39

Do que você tem medo?

Registre por escrito suas ideias sobre isso.

E agora vamos andar de metrô – A história de Beatriz

Beatriz tinha medo de andar de metrô. Sua grande necessidade era a segurança e, num vagão de metrô com as portas trancadas, em túneis debaixo da terra, ela não se sentia nem um pouco segura.

Ela trabalhava em turno integral numa firma situada no centro da cidade e residia num subúrbio a oeste de Estocolmo. Toda manhã ela tomava o ônibus para o centro da cidade e ali tinha de trocar duas vezes de ônibus para chegar no seu local de trabalho. Depois de um dia cansativo de trabalho, ela mais uma vez precisava tomar três ônibus para chegar em casa.

A viagem de ida demorava uma hora e meia e a viagem de volta à noite o mesmo tempo. Somando, são três horas de ônibus todo santo dia. E isto que ela nem morava tão longe assim do seu local de trabalho. Nesse caso, o medo de andar de metrô havia assumido o comando; o medo de ficar trancada, de que o socorro não chegaria, de que não a vissem, limitava sua vida e suas possibilidades de ter mais qualidade de vida. Pois Beatriz não era fanática por ônibus. Ela estava estressada, cansada, tinha de conquistar seu lugar no ônibus, os ônibus vinham atrasados, Beatriz às vezes chegava atrasada no trabalho ou na creche.

Certa vez, ela viajou com seu marido para Londres. Um fim de semana livre, no qual eles queriam tomar chá e comer *scones*, assistir a um musical, fazer compras no Harrods e tomar uma cerveja num *pub*. Já no aeroporto, seu marido lhe comunicou: "Pois bem, minha querida, agora vamos andar de metrô, caso contrário ficaremos metade do fim de semana sentados em táxis e ônibus". Beatriz engoliu em seco, mas pensou que talvez a tentativa fosse válida; o marido ao seu lado lhe transmitia segurança suficiente, eles tinham bastante tempo e de fato era o meio de transporte mais apropriado.

Dito e feito. Durante a primeira viagem de Beatriz num metrô, e com isso realmente quero dizer a primeira viagem nos últimos sete anos, naturalmente houve um engarrafamento no túnel e o trem parou!

O trem ficou imóvel no túnel durante 45min. Abarrotado de gente, num anoitecer de quinta-feira na hora do *rush*. Beatriz mascou chicletes e contou os minutos, concentrou-se em outras coisas, observou os demais passageiros, respirou fundo e com regularidade. Por fim, o trem se pôs novamente em movimento – ela tinha conseguido!

Quatro dias depois era segunda-feira de manhã e Beatriz tinha de ir trabalhar. Seu marido fez questão que ela tomasse o metrô e não o ônibus. "Quem anda de metrô em Londres também pode fazer isso em Estocolmo", disse ele.

Beatriz muniu-se de um estoque de chicletes e foi de metrô. Tudo correu maravilhosamente bem! O que mais a entusiasmou foi o fato de ter ganho mais de uma hora de tempo. E a experiência de ter sido corajosa e ter crescido como pessoa.

Sempre descontente!

Cecília contou-me o seguinte

Comprei um cronômetro para usar no escritório e o posicionei na minha escrivaninha. Em cada tarefa que assumo, calculo antes quanto tempo quero dispender nela, digamos, vinte minutos. Então ligo o cronômetro e quando ele tiver soado, vinte minutos depois, a tarefa precisa estar terminada. Então, ela estará suficientemente boa. Melhor do que isso não ficará.

No quadro de um seminário para diretoras que queriam atingir o topo da hierarquia da empresa conheci uma mulher que me confessou nunca estar contente com nada. Quando recebia uma tarefa em companhia de outras do mesmo nível, nunca se sentia preparada para ela, nunca conseguia dá-la por terminada. Quando damos algo por terminado, ficamos contentes e quando estamos contentes também damos por terminado. Ela reconheceu que o único problema era que ela nunca ficava contente e bem por isso nunca conseguia dar nada por terminado. Pelos menos não a seu ver. Naturalmente ela era obrigada a apresentar seus resultados nos prazos combinados, mas nunca teve a sensação de ter realmente terminado algo. Tudo ela ainda teria podido fazer um pouco ou muito melhor.

Que cansativo!

Porém, ela me contou que o mero conhecimento disso já a tinha ajudado a refletir sobre como poderia mudar seus parâmetros para que houvesse uma escala e algumas nuanças. O que ela entendia mesmo por "estar contente"? A partir daí poderia se apropriar de uma nova postura e dizer também que conseguiu ficar contente com o resultado, que entregaria do jeito que estava e que havia ficado bom. A sensação é de que o produto está *ok* e, portanto, ela poderia se recostar na cadeira. Já estava suficientemente bom.

Tarefa 40

O que deixa você contente?

Registre por escrito suas ideias sobre isso.

Tarefa 41

Da próxima vez que você se defrontar com uma tarefa a executar – pode ser um convite para jantar em sua casa, uma nova incumbência no trabalho, a faxina doméstica, fazer uma trança, arrumar-se para uma festa, uma sessão de ioga ou a corrida diária, cavalgar uma vaca num gramado, tocar guitarra invisível, cantar uma canção, escolher um presente para um amigo – decida o que seria *suficientemente bom* para você em cada um desses contextos.

Tomemos como exemplo o jantar: você fica contente quando prepara um prato, mas compra o segundo pronto, como, por exemplo, um bolo como sobremesa? Ou parece coisa de preguiçoso se não oferecer um cardápio de três pratos mais os petiscos acompanhando os drinques? Ou tomemos a corrida: tendo só trinta minutos, você consegue ficar contente com essa uma volta que consegue completar? Ou você se incomoda por não conseguir correr por mais tempo e, assim, talvez não atinja o seu objetivo, que seria emagrecer mais cinco quilos até o início da estação do biquíni?

Brinque com este pensamento: como seria se eu ficasse contente com isso? E então diga para si mesma: "*Isto está suficientemente bom. Oito horas de trabalho; agora chega. Vou para casa; ainda não terminei tudo, mas estou faminto e cansado e quero ir para casa; por isso, considero que já está suficientemente bom. Estou contente com o que consegui fazer nesse tempo*".

Registre por escrito suas ideias sobre isso.

Alguns passos no seu caminho até o "suficientemente bom":

♥ **Comece a refletir sobre seus sonhos, seus desejos e suas visões, sobre aquilo que você realmente quer.**

♥ **Às vezes lance um olhar para trás e veja tudo que já conseguiu.** Habituamo-nos muito rápido à próxima etapa e, ao fazer isso, esquecemos os progressos que fizemos, tomamos como óbvio aquilo que já conseguimos. Tome ciência do quanto você já avançou e orgulhe-se disso. Isso leva a uma maior gratidão e, como resultado disso, a uma autoestima fortalecida.

♥ **Pense bem no que significa para você a etapa anterior ao "perfeito".** E o que significa para você propriamente a pressão por fazer progressos, por ter sucesso e encontrar a felicidade?

♥ **Você aprende com suas derrotas.** Elas fazem com que você cresça como pessoa; por isso, aprenda com elas em vez de temê-las. Temos de experimentar certas derrotas para poder aprender com elas. Basta lembrar as aulas de autoescola para obter a carteira de motorista e todos aqueles momentos constrangedores. Mas só assim você pôde aprender, ou não?

Minitarefa I

Recorde a derrota mais recente que você sofreu e liste algumas coisas que conseguiu aprender dela.

♥ **Mas você aprende também com os sucessos.** Por isso, fique esperto e preste atenção na razão pela qual as coisas correram bem. Por que a reunião de trabalho funcionou tão bem? Por que a conversa um tanto delicada com o seu marido, ou com sua esposa, transcorreu tão bem? Por que esse dia, no qual tudo parecia tão impossível, teve um desfecho tão satisfatório? Recapitule mentalmente o acontecimento e tome nota da razão do sucesso. E repita a dose na próxima vez.

Minitarefa II

Recorde o sucesso mais recente que você teve e liste algumas coisas que conseguiu aprender com ele.

♥ **Estabeleça objetivos realistas.** Fale com outras pessoas sobre o que poderia ser realista em cada caso; sozinhos geralmente somos um pouco cegos quando se trata de fazer uma estimativa. Pergunte para um amigo ou para alguém que já deu conta de uma tarefa desse tipo ou que já atingiu um objetivo parecido.

Não é curioso que alguém disposto a fazer dieta se alie com outras pessoas com a mesma intenção que talvez também já tenham falhado "trocentas vezes"? Ou o futuro não fumante que se junta com colegas que também já reincidiram várias vezes?

Faça diferente! Telefone para pessoas que já se encontram do outro lado! Pergunte-lhes como conseguiram. Que objetivo tinham quando começaram? Que aspectos levaram em conta? Que complicações surgiram? Por que foram bem-sucedidas? Quando fundei minha pequena empresa e quis iniciar minha atividade de *coach*, telefonei para os melhores *coaches* da Suécia, convidei-os para a minha casa e lhes fiz centenas de perguntas. Desse modo, fiquei sabendo em primeira mão como proceder, quanto tempo demoraria para consolidar uma empresa da qual eu pudesse viver, quais eram as armadilhas habituais e assim por diante.

Estabelecer metas fora da realidade que você jamais conseguirá atingir apenas diminuirá sua autoconfiança e sua autoestima, e você acaba tendo que recomeçar da estaca zero. Mas as metas realistas que você poderá atingir o fortalecerão e encherão de orgulho. Só não esqueça de comemorá-las!

- ♥ **Subdivida a sua meta em várias etapas.** Dê um passo de cada vez. Calcule antes de cada passo o que você poderá atingir com ele, quanto poderá avançar. E volto a me repetir: não esqueça de comemorar cada etapa vencida! Decida-se de preferência por mais etapas em vez de muito poucas. Se a distância a percorrer é longa, subdivido o percurso em trechos menores, ocupo-me de um deles de cada vez e num instante deixei todo o percurso para trás.
- ♥ **Fortaleça sua autoestima.** (Leia o capítulo "Autoestima = necessidade vital".) Isso é algo muito sério; desse modo, você adquirirá mais segurança interior e reconhecerá que é exatamente como deve ser. Terá mais facilidade em dar conta das mais díspares situações, saberá lidar melhor com seus relacionamentos, terá coragem de fracassar e, no final, chegará a uma harmonia interior que tantas pessoas anseiam e que falta às mesmas tantas.
- ♥ **Divirta-se nessa jornada!** Nem sempre tudo gira em torno do sucesso, mas também em torno da alegria e das possibilidades de desenvolvimento na própria jornada. Às vezes portamos antolhos tão grandes que só vislumbramos a meta distante, mas não o caminho que leva a ela. E assim deixamos escapar durante o processo importantes conhecimentos e experiências, das quais poderíamos tirar lições para nós.

Assim, leve em consideração na avaliação do processo o maior número possível de aspectos. Menciono um exemplo: uma agência de propaganda é contratada para montar uma campanha visando difundir certa mensagem, mediante a qual, no final, será vendido um produto. A meta principal naturalmente é apresentar o produto ao mercado e vendê-lo. Mas a meta da agência de propaganda é montar uma campanha que aumente o grau de conhecimento do produto e possa ser vista em toda parte – acima de tudo pelo grupo-alvo. Digamos que se almeja um grau de conhecimento de 80%. Esta é, portanto, a meta. Isso leva à execução de pesquisas, à redação de relatórios e à formulação de avaliações.

Mas quais são todas as coisas que acontecem para chegar lá? O que foi feito? Que conclusões foram tiradas no decorrer do trabalho? De onde vieram as ideias para a campanha? Quais foram as decisões tomadas e por quê? O que proporcionou prazer? O que foi difícil e monótono? Quando foi que os membros da equipe tiveram mais prazer de trabalhar e isso ficou registrado na campanha, tornou-se visível nela?

Quando você tem prazer em fazer algo e que providências você pode tomar para que tenha ainda mais prazer? Pense sobre isso.

- ♥ **Modere a sua ambição.** Sei que é tempo perdido dizer isso repetidamente para um perfeccionista, mas ainda assim: tente!

Minitarefa III

Tome qualquer atividade: um almoço, uma corrida, uma reunião de trabalho que você tem de coordenar, um cartão postal a ser escrito – e, em vez de almejar os costumeiros 100%, modere sua ambição para 90%. E observe o que acontece. Talvez da próxima vez você possa reduzir para 80%? Quais serão as consequências disso? Faça experimentos com essas ideias. E fique sabendo que você sobreviverá! Mesmo que não julgue possível que justamente você pudesse vir a contentar-se com 70%. Mas você pode!

- ♥ **Não faça a você exigências mais altas do que aos outros.** Quer dizer, trate a si mesmo com o mesmo amor e respeito com que você trata o seu próximo. Você é a única pessoa com a qual certamente terá um relacionamento por toda vida. Isso é verdade, todas as demais pessoas que você ama poderão mudar-se para o outro hemisfério, deixá-lo, morrer, cortar a amizade, desaparecer, mas você – você existirá até o dia em que chegar a hora de seguir adiante. Por essa razão, trate-se como seu melhor e mais precioso amigo. Com amor e respeito.
- ♥ **Caso suspeite ter herdado o seu perfeccionismo – é sua a responsabilidade pela condição em que se encontra a sua vida agora.** Inde-

pendentemente do fato de como ou onde ou com quem você cresceu. Faça um exame crítico dos relacionamentos que teve na infância.

♥ **Tenha coragem de dar vazão a todos os sentimentos.** Vulnerabilidade, alegria, tristeza, euforia, dúvida, vazio, decepção, força de vontade, raiva, inquietação, agitação – só para mencionar alguns. Exercite-se em realmente ouvir qual é o sentimento da vez, de onde ele vem. Os sentimentos são como as cores – não existe só vermelho, verde, amarelo e azul, mas também violeta, vermelho-sangue, púrpura, azul-cobalto, verde-jade e outras. Há muitas nuanças no espectro dos nossos sentimentos e cada sentimento tem um matiz. Se você ouvir, ficará mais ciente e poderá agir de modo correspondente ao sentimento verdadeiro, acertar a nuança correta. Se algo frustrar você – dê um passo adiante e pergunte-se o que o frustrou, de onde vem esse sentimento.

♥ **Enfrente os seus medos.** Sei que isso é mais fácil de dizer do que de fazer; é uma tarefa de fôlego. Numa palestra em Göteborg, os ouvintes deveriam se reunir em duplas e falar sobre seus medos e quem tivesse coragem poderia falar sobre eles em voz alta para o grupo todo. Uma mulher muito corajosa exclamou: "O meu maior medo é mostrar o meu verdadeiro eu!" Quando temos medo disso – e ela de modo algum é a única a senti-lo –, limitamos fortemente a nossa vida e nossa qualidade de vida. Temos só esta vida aqui na Terra e não permitimos que toda a nossa personalidade se desenvolva? Mas não somos só nós que tememos nossas possibilidades e temos medo de deixar brilhar nossa luz própria – outros também passam por isso. Quando uma colega no escritório pede demissão e vai fazer algo mais significativo, consegue um emprego melhor ou se torna autônoma, os demais colegas são lembrados justamente disto: que estão ficando para trás, embora as oportunidades estejam praticamente a seus pés, bastando ter coragem de agarrá-las. Pergunte a si mesma: Qual é a pior coisa que poderia acontecer? Geralmente ficamos imensamente decepcionados com a resposta.

♥ **Aprenda a estabelecer prioridades.** Nem tudo tem a mesma importância. Pense, por exemplo, na emergência de um hospital e em quantas vezes médicos e enfermeiras têm de estabelecer prioridades. Uma pessoa que dá entrada com um ataque cardíaco precisa ser atendida com mais presteza do que alguém que entra com um polegar fraturado. Mas todos recebem auxílio – a seu tempo. Aprenda a estabelecer prioridades; aprenda a discernir o que é o mais importante, o que vem depois e o que talvez até possa ser riscado da lista. Em que você gasta energia à toa? E onde ela seria mais bem investida?

Registre por escrito suas ideias sobre isso.

Fazer coisas novas para ter novas vivências

Se você quiser alguma mudança terá de efetuá-la.

Muitas vezes não consigo evitar de sorrir ao ver o jeito como as pessoas vêm até mim com um problema e querem que eu conserte tudo. Em certo sentido, isso é totalmente fascinante, mas o trabalho precisa ser feito unicamente pela própria pessoa interessada, embora eu, como acompanhante engajada, naturalmente faça o papel de *coach*, conduza, apoie e aplauda.

Se quiser se livrar do seu perfeccionismo, você deve andar na direção que trouxe você até ele. Tome uma medida após a outra, talvez uma por semana, e concentre-se intensamente nela. Avalie os resultados, observe como tudo transcorreu e então passe para a medida seguinte.

Você se surpreenderá com a melhora dos resultados obtidos quando tiver uma visão do conjunto e, acima de tudo, se prestar atenção na sensação de bem-estar. O perfeccionismo negativo não é um comportamento que, no longo prazo, traga frutos consideráveis e leve ao sucesso e à felicidade.

Se tempos atrás alguém me dissesse que num belo dia eu pisaria fundo no acelerador e chegaria ao desempenho máximo, ampliaria minhas fronteiras e quebraria meus próprios recordes quando fosse preciso, mas que de resto ficaria contente com um suficientemente bom, conseguiria tratar-me com brandura e que não precisaria punir-me adicionalmente por causa de uma derrota, e que poderia encorajar-me a tentar de novo – eu não teria acreditado. Jamais e em hipótese alguma teria acreditado!

Hoje eu sei até onde se pode chegar com o suficientemente bom. Sei que minha segurança pessoal, minha alegria de viver, meu jeito descontraído e – como me dizem os outros – agradável convidam outros a seguir meu exemplo. Em alguns trechos a viagem foi difícil, repleta de dúvidas, repleta de dor, mas ao mesmo tempo instigante: afastar-se dos antigos modos de ver as coisas e das velhas imagens de si, das concepções rígidas de como tudo tem de ser, não se deixar mais controlar por seus medos, desmontar as limitações e não mais depreciar a si própria.

De vez em quando emergem alguns resquícios soltos da velha ideia da competição, do desejo de comparar-se. A necessidade de afirmação e o perfeccionismo se manifestam, mas agora posso lembrar a maneira de reagir a eles, em vez de permitir que eles me atormentem.

E se eu de fato alguma vez tiver uma pequena recaída, tenho em mãos agora um livro inteiro que posso ler.

Referências

Seguem algumas dicas de outros livros interessantes e proveitosos e as referências a alguns estudos e algumas investigações mencionados neste livro.

BREITMANN, P. & HATCH, C. *Sag einfach nein und fühl dich gut*: Grenzen setzen in Partnerschaft, Familie und Beruf [Simplesmente diga não e sinta-se bem: impor limites na parceria, família e profissão]. Munique: Goldmann, 2005.

FLETT, G.L. & HEWITT, P.L. (eds.). *Perfectionism*: Theory, Research, and Treatment [Perfeccionismo: teoria, pesquisa e tratamento]. Washington DC: American Psychological Association, 2002.

HALLBERG, K. *Hångla mer!* [Abracem-se mais! Acariciem-se mais!). Estocolmo: Natur och Kultur, 2005.

JAMES, J. & FRIEDMAN, R. *The Grief Recovery Handbook*: The Action Program for Moving Beyond Death, Divorce, and Other Losses [Manual de superação do luto: o programa de ação para transcender a morte, o divórcio e outras perdas]. Nova York: Harper Paperbacks, 1998.

JUUL, J. *Was Familien trägt, Werte in Erziehung und Partnerschaft:* Ein Orientierungsbuch [A base de sustentação das famílias: guias dos valores na educação e na parceria], Weinheim: Beltz, 2012.

______. *Das kompetente Kind* [A criança competente], Reinbek: Rowohlt TB, 2003.

JUUL, J. & LAURITSEN, P.W. *Frag Jesper Juul: Gespräche mit Eltern* – Familiencoaching [Pergunte para Jesper Juul – conversas com pais e mães – *Coaching* de famílias]. Weinheim: Beltz, 2012.

McGRAW, P. *Lebensstrategien* – 10 Regeln, damit Ihnen das gelingt, worauf es im Leben wirklich ankommt [Estratégias de vida – 10 regras para que você consiga aquilo que realmente importa na vida]. Munique: Moderne Verlagsgesellschaft, 2007.

POLLAK, K. *Für die Freude entscheiden*: Gebrauchsanweisung für ein glücklicheres Leben [Decidir-se pela alegria: manual de instruções para uma vida mais feliz]. Munique: Südwest, 2008.

______. *Durch Begegnungen wachsen*: Für mehr Achtsamkeit und Nähe im Umgang mit anderen [Crescer através do encontro: por mais atenção e proximidade na maneira de tratar os outros]. Munique: Südwest, 2007.

RIMM, S. *Raising Preschoolers*: Parenting for Today [Criando pré-escolares: ser pai e mãe hoje]. Nova York: Three Rivers, 1997.

ROBBINS, A. *Das Robbins Power Prinzip*: Wie Sie Ihre wahren inneren Kräfte sofort einsetzen [O princípio da energia de Robbins: como você pode aplicar já suas energias interiores]. Berlim: Ullstein TB, 2004.

ROOS, I. *Energitjuvar* [Ladrões de energia]. Estocolmo: Forum, 2006.

ROSENBERG, M.B. *Gewaltfreie Kommunikation:* Eine Sprache des Lebens. [s.l.]: Junfermann, 2007.

SABOONCHI, F. *Perfectionism – Conceptual, Emotional, Psychopathological, and Health-Related Implications* [Perfeccionismo – implicações conceituais, emocionais, psicopatológicas e relacionadas com a saúde]. Estocolmo: Universidade de Estocolmo, 2000 [Tese de doutorado].

SPOCK, B. & ROTHENBERG, M.B. *Säuglings- und Kinderpflege* [Cuidar de lactentes e crianças]. Berlim: Ullstein, 1997.

TÖRNBLOM, M. *Was bin ich mir wert?* – Selbstachtung als Schlüssel zu einem erfüllten Leben [Que valor dou a mim mesmo? – Respeito próprio como chave para uma vida plena]. Munique: DTV, 2008.

WALSH, N.D. *Gespräche mit Gott Band 1*: Ein ungewöhnlicher Dialog [Conversas com Deus – Vol. 1: Um diálogo incomum]. Munique: Arkana TB, 2006.

WILLIAMSON, M. *Rückkehr zur Liebe*: Harmonie, Lebenssinn und Glück durch "Ein Kurs in Wundern" [Retorno ao amor: harmonia, sentido da vida e felicidade por meio de "Um curso em milagres"]. Munique: Goldmann, 1993.

Agradecimentos

Karin & Marie da Editora Forum

Durante um almoço com amigas, o telefone tocou e Karin me perguntou: “Você tem vontade de escrever um livro?” Hmm... Espere, preciso pensar... Um nanossegundo depois: “Siiiiiim!”

Karin, no final ainda conseguimos encontrar o núcleo, nosso ponto focal!

E como ficou bom depois que isso aconteceu!

Escutei umas quinze vezes seguidas a boa notícia que você deixou exultante na minha secretária eletrônica depois de ler o meu manuscrito. Maravilha!

E você, Marie, tanta compreensão da língua e tanto saber concentrados numa única pessoa. Impressionante!

Emelie & Alexandra & Bianca

As três garotas mais lindas, legais e maravilhosas do mundo!

Com as observações espirituosas de vocês sobre o que não poderia faltar no livro já se poderia escrever um autêntico *best-seller*... Lembro as muitas horas agradáveis com vocês na mesa da cozinha com canetas hidrográficas, desenhos de naves espaciais, tarefas de casa, chocolate quente, caracóis de canela, pilhas de bilhetes e material de pesquisa e, no meio de tudo, o manuscrito da mamãe.

Imbatível. Em nenhum momento, houve o silêncio e a solidão da escritora ao abrigo de uma caverna abandonada.

Vocês são meus diamantes, os mais belos que existem. E de todo coração me considero feliz por poder ser mãe de vocês.

Jonas

Agradeço pelas muitas refeições que você preparou para mim enquanto eu ficava sentada na frente do computador, pelas mãos cálidas no meu pescoço e todo o amor com que todo dia me presenteia.

Suas caretas, os bilhetes com juras de amor que encontro em toda parte e o muito que rimos juntos (ficaremos muito velhos!).

Você me conquistou com um "olá".

Minna & Elisabeth

Que coisa extraordinária poder trabalhar com duas supercolegas como vocês! Soltas, divertidas, profissionais, lindas.

Mia & Mari & Agneta

Minhas amigas que estão alguns livros à frente de mim. Grata pelas suas respostas a todas as minhas perguntas.

Grata a todas as pessoas que contribuíram para a composição deste livro com suas histórias sobre si e sobre outras.

Vocês são corajosas e fantásticas e são suficientemente boas exatamente como são agora.

Minha gratidão ao amor.

Elizabeth

C.G. JUNG – Uma biografia em livros

Sonu Shamdasani

Ricamente ilustrado, principalmente com fotografias de manuscritos nunca antes vistos, primeiras edições raras e livros anotados de autores que vão desde Homero, Ovídio, Mestre Eckhart e Dante até Wiliam Blake, Goethe, Hölderlin, Nietzsche e James Joyce, este livro apresenta a biografia intelectual de Jung, seguindo seus encontros essenciais com os livros e mostra como ele, através de seu envolvimento com eles, criou uma nova concepção de natureza humana.

Começando o estudo dos clássicos da literatura ocidental, por parte de Jung, este livro mostra como ele tentou transformar a compreensão da mitologia e da religião através da psicologia. Reconstrói a autoinvestigação que resultou num experimento literário: um volume caligráfico com ricas iluminuras, conhecido como *Livro Vermelho*. Situando-o na história da escrita, o presente livro estuda como as fontes literárias utilizadas por Jung informaram suas fantasias e como, ao refletir sobre elas, ele destilou ideias que levaram a uma nova psicologia, através da qual ele procurou iluminar a história do pensamento humano.

Através de um estudo dos seus cadernos alquímicos, este livro mostra como Jung chegou a entender o sentido simbólico da alquimia como autodesenvolvimento e como ele procurou criar uma psicologia intercultural de evolução superior em colaboração com eruditos de primeira linha, entre os quais Mircea Eliade, Karl Kerényi, D.T. Suzuki, Walter Evans-Wentz e Richard Wilhelm, que iriam revivificar as tradições religiosas e superar a ruptura entre ciência e religião nos tempos modernos.

Sonu Shamdasani *é professor da cátedra Philemon de História de Jung, no Centro para a História das Disciplinas Psicológicas, no University College de Londres. Trabalha sobre a história da psicologia e da psiquiatria e é amplamente considerado o principal historiador de Jung em atividade hoje. Entre numerosos livros, ele é o autor de* Jung and the Making of Modern Psychology: The Dream of a Science, *e editor e cotradutor do Livro Vermelho* de Jung.